Dados de Catalogação na Publicação (CIP) Internacional
(Câmara Brasileira do Livro, SP, Brasil)

D385a   del Casale, Franco, 1932-
Ajuda-me a crescer : desenvolvimento evoluti-
vo dos 0 ao 16 anos : análise transacional e terapia
refocalizadora / Franco del Casale ; [tradução de
Mariana F. V. Alves dos Santos Czertok]. — São
Paulo : Summus, 1986.

Bibliografia.

1. Análise transacional 2. Maturidade (Psicologia) 3. Personalidade 4. Psicoterapia I. Título.
II. Título: Desenvolvimento evolutivo dos 0 aos 16
anos. III. Título: Análise transacional e terapia
refocalizadora.

CDD-155.25
-158.2
-616.8914
86-0393   NLM-WM 420

Índices para catálogo sistemático:
1. Análise transacional : Psicologia aplicada
158.2
2. Desenvolvimento da personalidade : Psicologia
individual 155.25
3. Maturidade : Psicologia individual 155.25
4. Personalidade : Desenvolvimento e modificação :
Psicologia individual 155.25
5. Terapia refocalizadora : Psicoterapia : Medicina
616.8914

Franco del Casale

Ajuda-me a crescer

Desenvolvimento evolutivo dos 0 aos 16 anos

Análise Transacional e Terapia Refocalizadora

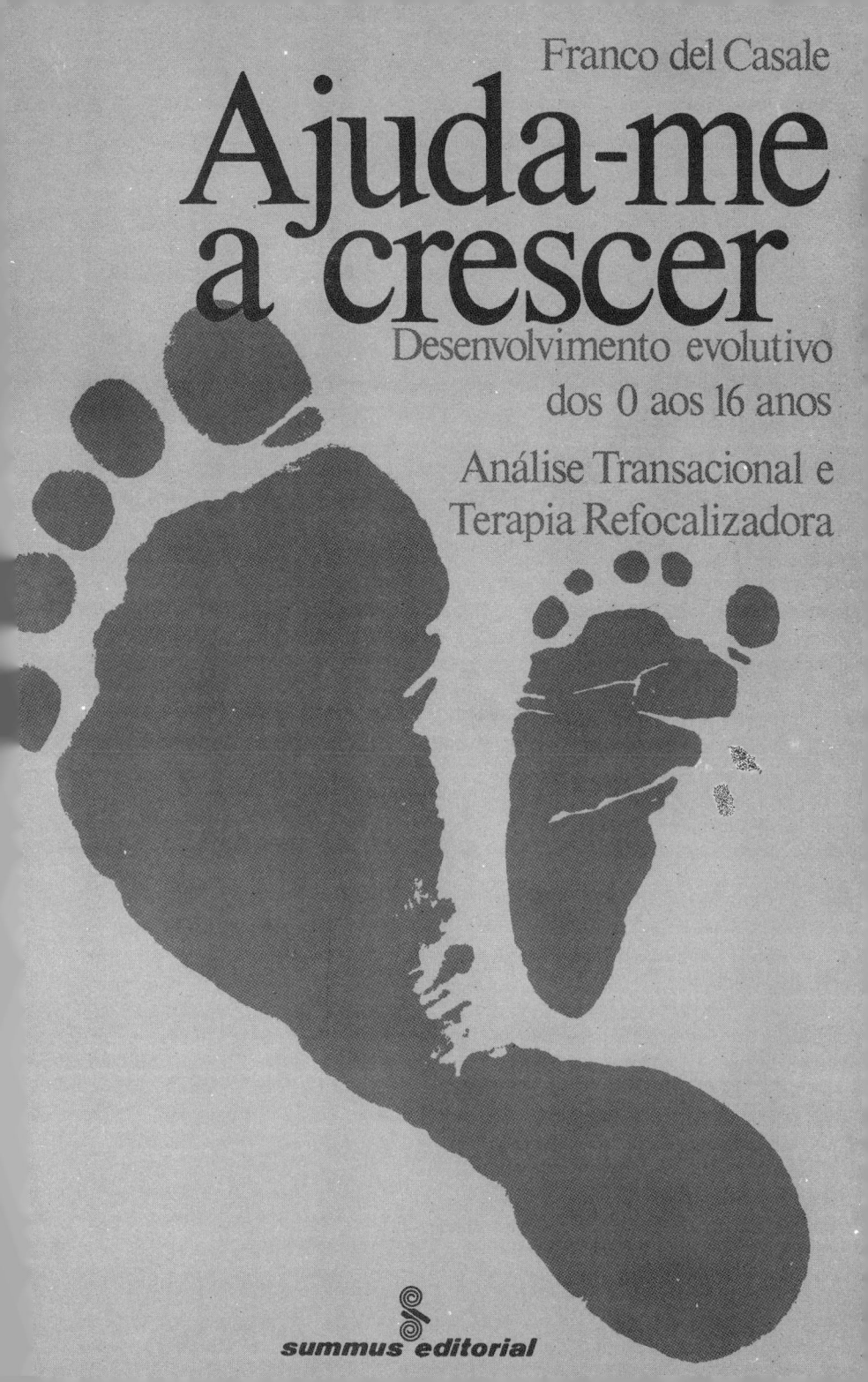

summus editorial

Do original em língua espanhola
AYUDENME A CRECER
Desarrollo Evolutivo de 0 a 16 Años
Copyright © Francisco del Casale

Tradução de:
Mariana F. V. Alves dos Santos Czertok

Capa de:
Claudio Rocha

Direitos para a língua portuguesa
adquiridos por
SUMMUS EDITORIAL LTDA.
Rua Cardoso de Almeida, 1287
05013-001 - São Paulo, SP
Telefone (011) 872-3322
Caixa Postal 62.505 - CEP 01295-970
que se reserva a propriedade desta tradução

Impresso no Brasil

ÍNDICE

MEU AGRADECIMENTO A...

Definitivamente, a obra de um homem é produto de suas possibilidades. Ou seja, do desenvolvimento que lhe é permitido por sua programação genética, em interação com a programação social que lhe coube viver.

Logo, este livro não escapa à regra. É minha obra e a de muitos outros que possibilitaram que ela fosse levada a termo.

Por isso, meu agradecimento:

* *a meus pais,* com cuja interação pude levar a cabo minhas investigações.

* *a meus mestres,* os quais, através dos diferentes caminhos que traçaram, possibilitaram que eu avançasse no desenvolvimento de minhas idéias.

* *a meus alunos* que, com suas perguntas e questionamentos, me induziram a refletir e a pôr em prática muitas hipóteses.

* *a meu grupo de trabalho*: Dr. Enrique Bravo, Laura Del Casale, Eraldo Fullone e Noemí Silva, por sua contribuição no levantamento bibliográfico e em sua crítica construtiva.

* e uma menção especial para Renée Curti. Ao longo de muitas horas, com paciência, acompanhou-me todas as terças-feiras e trabalhou em sua casa muitos sábados e domingos, logrando organizar e dar forma ao desordenado material que surgia de minhas anotações, expressando-o de uma maneira clara e inteligível.

Franco del Casale
Buenos Aires, 1985

Este livro é ao mesmo tempo simples e ambicioso.

Simples, pela objetiva clareza com que oferece a todos os pais — mas também a educadores, pedagogos, psicólogos e psiquiatras — orientação segura e abalizada sobre o processo evolutivo da criança, idade por idade. Nesse nível, sua leitura é fluente e inteiramente acessível, mesmo a leigos em Psicologia.

Contudo, as bases teóricas em que se assentam seus conselhos e técnicas de procedimento educativo estão num campo realmente novo para os leitores brasileiros: a chamada Terapia Refocalizadora — brilhante revisão do corpo teórico da Análise Transacional de Eric Berne, feita por Francisco del Casale.

Assim, a presente obra passou a ser de alto interesse para *dois* públicos, com motivações bastante distintas: primeiro para o conhecedor brasileiro da Análise Transacional clássica, que tem aqui oportunidade de acompanhar (ainda que *en passant*) o fruto de uma reflexão crítica e criativa sobre o universo da consagrada teoria; e, em segundo lugar, mas prioritariamente, para aquele público de pais e educadores interessados, muito especificamente, em orientação *imediata e prática* sobre a complexa (cada vez mais complexa) necessidade de educar filhos sadios e vencedores, hoje em dia.

Acontece que, para estes pais e educadores — eventualmente não familiarizados com os conceitos da AT — os comentários teóricos do Autor, periféricos (mas que demonstram as bases científicas de suas recomendações) parecerão talvez inacessíveis, ou de problemático entendimento. Preocupados com isso, decidimos, em concordância com del Casale, apresentar, de forma sucinta, nesta Introdução, os conceitos mais elementares de Análise Transacional clássica, como divulgada no Brasil. E o fizemos, reproduzindo algumas das fichas didáticas (apenas as concernentes ao texto de del Casale) que aparecem no livro *Análise Transacional da Propaganda*, desta Editora, por sinal de autoria do prefaciador de *Ajuda-me a Crescer*. Assim, qualquer leitor poderá se reportar, comodamente, às origens do pensamento de del Casale. E obter, por acréscimo, se for o caso, um primeiro contato com certos instrumentos e conceitos chaves da Análise Transacional clássica.

Quanto a del Casale, fica ele aqui nos devendo, e ao público brasileiro, um livro completo sobre o desenvolvimento de sua Terapia Refocalizadora, como já conhecida na Argentina, México e Itália.

Os Editores

ESTRUTURA DA PERSONALIDADE

A Análise Transacional pressupõe a existência, no indivíduo, de três Estados do Eu, três componentes estruturais da personalidade: Pai, Adulto e Criança (abreviação: PAC), representados da seguinte forma:

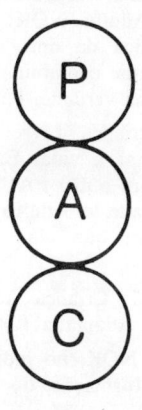

Eric Berne definiu Estado do Eu como "um sistema de emoções e pensamentos, acompanhado de um conjunto coerente de padrões de conduta".

1 — Dizemos que uma pessoa está no Estado do Eu Pai, quando fala ou pensa como o fizeram seus pais ou outras figuras importantes de sua influência. O Pai contém e transmite os elementos culturais, as pautas sociais, morais e religiosas, as regras de convivência; determina o que se *deve* fazer: um conceito *aprendido* de vida.

2 — Dizemos que uma pessoa está no Adulto quando funciona computando a realidade, processando-a e atuando em conseqüência. Corresponde aos juízos de realidade, ao raciocínio lógico, ao pensamento abstrato e racional. Conclui o que *convém* fazer: um conceito *pensado* de vida.

3 — Dizemos que uma pessoa está na Criança, quando pensa, sente e atua como em sua infância. Na Criança residem as emoções, a intuição, a criatividade e a espontaneidade, a pulsão biológica, o pensamento mágico. "O pior e o melhor de cada um de nós." Expressa o que se *gosta* de fazer: um conceito *sentido* de vida.

Cada pessoa vive num sistema OK, sadio, ou Não-OK (abreviatura: NOK), patológico. Então cada um dos três Estados pode operar de forma OK ou NOK:

1 — Há duas formas de Pai OK: o Protetor (Crítico OK) e o Permissor (Nutritivo OK). O primeiro dá *proteção*, estímulo, liderança, motivação face a situações concretas, em que tal atuação é necessária (Pai Protetor). O segundo, dá *permissão*, algo mais difícil de definir. Facilita o desenvolvimento natural dos outros. Reflete-se mais pelo aspecto tolerante da autoridade (Pai Permissor).

Igualmente, há duas formas de Pai NOK: o Perseguidor (Crítico NOK) e o Salvador (Nutritivo NOK). O primeiro, é preconceituoso, autoritário, impositivo, desvalorizador, tirânico (Perseguidor). O segundo (Nutritivo NOK) é o superprotetor: impede o desenvolvimento dos outros, impede que assumam sua responsabilidade.

2 — O Adulto é ético, racional, responsável, autônomo. (Autores consideram a existência de um Adulto NOK: robotizado, desonesto, empenhado, por exemplo, na prática de um "crime perfeito". Outros, interpretam tal "Adulto" como uma contaminação do Pai Crítico NOK, no Adulto real, obliterando-o. É, na verdade, Pai NOK disfarçado em Adulto.)

3 — A Criança OK é a Criança Livre: alegre, afetuosa, espontânea, autêntica, voltada para desfrutar a vida. Experimenta emoções autênticas. Além disso, tem dentro dela um outro PAC (análise estrutural de segunda ordem), onde uma nova entidade, o Adulto da Criança, chamado também "Pequeno Professor", faz com que ela seja também criativa, curiosa, intuitiva.

A Criança NOK é chamada de Criança Adaptada. Divide-se em Criança Adaptada Submissa e Criança Adaptada Rebelde.

A formação de tais entidades NOK, no indivíduo — Pai NOK e Criança Adaptada — identifica-se à formação do Argumento, apresentada mais adiante.

Por ora, basta saber que um indivíduo está na Criança Adaptada Rebelde quando é agressivo, rancoroso, vingativo, ou irracionalmente opositor. E na Criança Adaptada Submissa, quando se sente desvalorizado, temeroso, indefeso, envergonhado, confuso.

Em ambas as formas da Criança Adaptada, o indivíduo experimenta *rackets,* emoções não autênticas (embora sentidas como autênticas pela pessoa), substitutivas das emoções naturais da Criança Livre.

No sistema NOK, a Criança Adaptada Submissa e o Pai Crítico NOK, dialogam constantemente entre si, o que se denomina "diálogo interno". Tal diálogo expressa a autodesvalorização íntima do indivíduo.

TRANSAÇÕES

Transações, em Análise Transacional, são intercâmbios de estímulos e respostas entre Estados específicos do Eu de diferentes pessoas. Nelas, existe um estímulo (ação) e uma reação (resposta).

Uma pergunta "Que horas são?" é, em princípio, um estímulo Adulto-Adulto. Pode ser respondido com uma reação também Adulto-Adulto ("São três horas"); mas pode, por exemplo, ser respondido por um Pai-Criança ("Você nunca traz relógio?"), ou por uma Criança-Pai ("Não me diga que me atrasei de novo...") ou por um Pai-Pai ("Vamos ver se o bebê já dormiu") ou por uma Criança-Criança ("Que tal a gente ir para a praia?"). Todas as respostas que não provieram do Estado receptor, nem se dirigiram ao Estado emissor, promoveram uma *desqualificação* do estímulo original e acarretaram a chamada *transação cruzada*. (Única resposta correta à pergunta, no exemplo: "São três horas.")

Pode dar-se, contudo, que o indivíduo emissor tenha "segundas intenções". Ele dirá algo quando, na verdade, quer transmitir outra coisa. Por exemplo, um patrão que vê o empregado voltar atrasado do almoço; ele também perguntará, muito objetivamente: "Que horas são?" Mas ele não quer saber que horas são. Ele quer dizer, de fato, ao retardatário: "Te peguei atrasado de novo." Essa transação sub-reptícia chama-se *ulterior* e é apresentada por um vetor pontilhado:

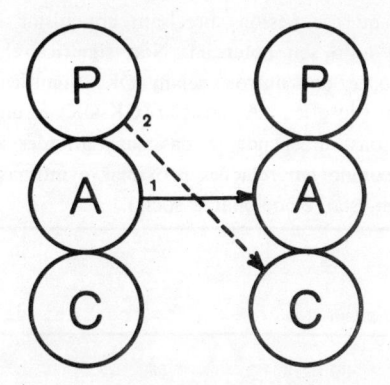

1 — "Que horas são"?

2 — "Te peguei, hem"?

Quando existe ulterior na comunicação, é ele que conduz realmente a mensagem importante. O resto é artifício, camuflagem.

POSIÇÃO EXISTENCIAL

Posição existencial é o sentimento básico que cada um assume e cultiva a respeito de si mesmo e dos outros. A primeira posição, natural, espontânea, com que todo mundo nasce, é "Eu sou OK, você é OK" (OK-OK). Conforme Claude Steiner: "Quando as pessoas, devido a circunstâncias em suas vidas, se desviam desta posição central para as outras três posições — NOK-OK, OK-NOK ou NOK-NOK — tornam-se cada vez mais infelizes, perturbadas, suas disfunções aumentam, e. diminui sua capacidade de se comportarem de maneira adequada em agrupamentos sociais."

1 — A posição NOK-OK é chamada de *depressiva*. O indivíduo coloca todos os aspectos negativos em si mesmo, e os positivos nos demais. Suas mensagens de infância (Mandatos) foram: "Não pense", "Não cresça", "Não me supere", "Não seja você mesmo".

2 — A posição OK-NOK é chamada de *paranóide*. O indivíduo coloca todos os aspectos negativos nos demais — inclusive suas próprias deficiên-

cias. Seu Mandato básico é "Não sinta". Outros Mandatos gregários a ele: "Não desfrute". "Não confie". "Não pertença" etc.

3 — A posição NOK-NOK é chamada de *niilista*. O indivíduo só vê aspectos negativos em si mesmo e nos demais. Mandato básico: "Não viva". Mensagens que recebeu: "Para que nasceu você?". "A vida não vale ser vivida". Ninguém — exceto dementes — permanece o tempo todo em qualquer dessas três posições. Diz-se que a posição existencial do indivíduo é aquela em que ele permanece mais tempo, preferencialmente.

4 — A posição OK-OK é aquela que as pessoas precisam conquistar e manter no sentido de desfrutar de todo seu potencial. Não significa ela que todas as atitudes do indivíduo, e dos outros, sejam OK. Significa, isso sim, uma tomada de posição filosófica. A posição OK-OK é um ponto de vista a respeito das pessoas, independente das suas atitudes e da sua força. Um ponto de vista exigido em relações próximas e íntimas, no sentido de tornar possível o bem-estar emocional e social.

MANDATOS E ARGUMENTOS

Mandatos (já mencionados atrás, de passagem) são proibições entranhadas no indivíduo, conseqüentes de mensagens parentais, particularmente não-verbais (o que os pais fazem), mais do que verbais (o que os pais dizem). Eles ficam gravados na Criança Adaptada Submissa do indivíduo. Gravando tais Mandatos, a criança toma *decisões básicas* que vão determinar sua posição existencial: NOK-OK, OK-NOK ou NOK-NOK.

A partir daí, o indivíduo começa a estruturar seu *Argumento de Vida*. Trata-se de "um plano pré-consciente de vida". Em definição mais completa, de Berne: "Um programa em marcha, desenvolvido na primeira infância, sob influência parental, que dirige a conduta do indivíduo nos aspectos mais importantes de sua vida."

O Argumento — uma condenação existencial, mas da qual o indivíduo tem meios de se livrar — pode ser de Vencedor (vence somente em áreas "permitidas"), Escalador, Empatador, Perdedor Banal e Perdedor Hamártico.

O Argumento relaciona-se não só com os Mandatos e Posição Existencial, porém com os demais instrumentos da AT: economia de Carícias, emoções, *rackets* etc.

Um indivíduo livre de Argumento é um Triunfador.

TRIÂNGULO DRAMÁTICO

Em função de sua Posição Existencial, e com a finalidade (inconsciente) de cumprir seu Argumento, o indivíduo se coloca, perante outros, em uma das pontas do chamado Triângulo Dramático. Nas duas pontas superiores estão os papéis de Perseguidor e o de Salvador (respectivamente Pai Crítico NOK e Pai Nutritivo NOK) e na ponta inferior o papel de Vítima (Criança Adaptada Submissa).

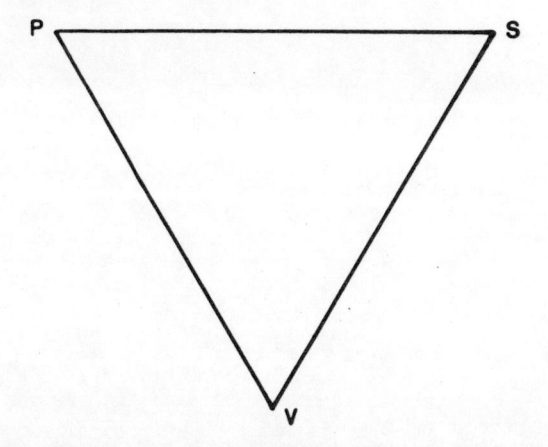

Pessoas colocadas nessas pontas trocarão de papéis em sucessão de lances (intrinsecamente discretos) denominados Jogos Psicológicos. Exemplo: Marido (no papel de Salvador) superprotege e desqualifica a responsabilidade da esposa (Vítima). De repente, Vítima se enfurece e agride (passa a Perseguidor) marido, agora no papel de Vítima. Marido, decepcionado, também se enfurece e passa a Perseguidor. Esposa volta a Vítima e chora. Marido se enternece e "protege" esposa (Salvador). Toda a cena serviu precipuamente para confirmar o papel de cada um (as desqualificações de cada um).

Há toda uma série de Jogos já estudados e diagramados — cerca de cem — cuja apresentação não cabe aqui. Há jogos maritais, sociais, sexuais, profissionais etc. Em caso de interesse, vide, por exemplo, Eric Berne, *Os Jogos da Vida* (Artenova, Rio, 1977).

CARÍCIAS

São estímulos intencionais dirigidos de uma pessoa a outra pessoa — sejam físicos, verbais, gestuais ou escritos. Dividem-se em positivos e negativos, podendo ser condicionais ou incondicionais.

As Carícias positivas são aquelas que nos convidam a nos sentir bem, que nos dão sensação de bem-estar e auto-estima. Por exemplo: um elogio espontâneo que alguém faça a um amigo. As Carícias negativas nos convidam a nos sentir mal, a entrarmos num sistema desqualificado de vida: podem ser agressivas, de lástima ("coitadinho..."), de adulação ("você é o maior gênio do mundo...").

Fala-se ainda, em certos textos, das chamadas "Carícias de plástico", Carícias totalmente insinceras, estereotipadas, absurdas.

PREFÁCIO

Freud notou, de mais importante e profundo, a impossibilidade de reconciliar instinto com cultura — entendida, por muitos, como a organização social que os homens estabelecem para se protegerem uns dos outros. Não se protegem, como provou, mais do que tudo, a I Grande Guerra (a II, uma continuação) que dissipou em 10 milhões de mortos o grande sonho, nascido do Iluminismo, de supremacia do Homem de Razão: ético, científico, "senhor da História e do futuro". Freud, ele também, é filho desse ideal racional. Mas seu estudo central do conflito entre natureza e cultura abalou irremediavelmente — juntamente com as formulações de Marx, Darwin e Einstein — as crenças mais diletas de nossa civilização, como a conhecíamos. O "Progresso do Espírito", para muitos, deu com os burros n'água...

Vivemos todos hoje, eu e você, leitor, tenhamos disso consciência ou não (pelo menos nos centros urbanos do Ocidente), sob o impacto desses descobridores geniais e "catastróficos". No caso específico de Freud, ele flui, espreita, praticamente através de *toda* a literatura moderna, costumes, concepção de vida e comunicação social. Diluído, fragmentado, requentado, aguado, desentendido. Mas substrato onipresente de uma época de congestionamento e decadência. Nem a antiga, estática síntese medieval, nem as certezas gratificantes e auto-congratulatórias da burguesia no apogeu, expressas no primado da "Razão", conseguem mais se suster, expressivamente, ante o caldo grosso e cáustico da teoria freudiana. Nesse sentido, o velho foi profético (e notavelmente sincero), ao comentar para Jung, em viagem a Nova York, tão logo divisaram a altaneira estátua que ilumina o universo: "Eles não sabem que lhes trazemos a peste"...

Talvez fosse um exagero. Na época, valeu. Hoje ainda vale, como descerramento do perturbador desafio freudiano, em contraposição a cenários ilusionistas, mitos tirânicos e sofrimento reais. E, principalmente, como testemunho de um amor irreprimível pela Verdade — pela busca da Verdade. O velho era cheio de dúvidas, escrúpulos, desenganos, temores — ao lado de fortes convicções morais e intelectuais. Não pretendeu jamais ser o ícone (uma nova "estátua da liberdade"?) em que certa confraria psicanalítica trabalhou por transformá-lo. Foi o maior gênio da Psicologia; na verdade, o fundador da Psicologia como a conhecemos (além de um marco em qualquer história do pensamento humano).

Escrevendo a Marie Bonaparte, em 4 de junho de 1926, dizia esse desbravador: "Lançando um olhar para trás, para parte do trabalho que me foi dado realizar na vida, posso dizer que abri muitos caminhos e dei muitos impulsos que poderão chegar a algo no futuro. Pessoalmente, não posso saber se esse algo será muito ou pouco."

Hoje, nós sabemos: foi muito, em quantidade e qualidade. Impossível sequer pretender um levantamento de toda a repercussão da obra de Freud no mundo em que vivemos. O que tratamos aqui é de parte desse "algo" que Freud previu, parte nascida da criatividade de um freudiano canadense, judeu e ateu como Freud, sério e escrupuloso como Freud, menos culto, com menos visão humanista, porém mais prático, otimista, espirituoso e "criativo" do que Freud: Eric Berne.

Berne (o que, dos muitos que o conhecem, poucos parecem levar em conta) é um honroso e consciente tributário de Freud (exemplo de desdobramento que, pela citada carta a Marie Bonaparte, a despeito de sua conhecida intolerância à dissidência, era de previsão e desejo de Freud). Além da formulação dos Estados do Eu (Pai, Adulto e Criança), que tem certas raízes na estrutura psicanalítica da personalidade, segundo Freud (Superego, Ego e Id), a principal parte da obra de Berne reside na conceituação e análise dos Argumentos, a que dedicou centenas de páginas, sempre citando, em abono de sua teoria, o nome de Sigmund Freud. Em *Sexo e Amor* validou as premissas básicas de *A Interpretação dos Sonhos*, pedra fundamental da obra de Freud. Afirma, em seu principal e póstumo livro, que o estudo de Freud sobre da Vinci foi a primeira análise de Argumento jamais elaborada. No mesmo livro, define sua Análise Transacional como "uma extensão da Psicanálise". E informa que, de modo algum, a análise de Argumentos pode ser considerada como "antifreudiana".

Em Freud, o substrato genético, biológico, "natural", aparece na conceituação do Id. Quanto à cultura, ou melhor, o peso opressivo das exigências culturais, ficou esquematizado na constituição do Superego individual, reflexo dos padrões de certo e errado dos pais, inculcados no indivíduo, e que ele incorporou pelo processo de identificação. Como os padrões dos pais são os da sociedade em que vivem, ou de seus subgrupos, a criança, através de seu Superego, adota normas de conduta da sociedade, em detrimento de seus impulsos naturais. O que esse processo pode acarretar para a infelicidade final das pessoas (segundo Freud) está exposto em *O Mal-Estar da Civilização*.

Em Berne, o núcleo biológico intratável freudiano ainda sobrevive na (sua) descrição da Criança Natural, que contém "O Demônio" — vestígio evidente do vulcão incontrolável do Id. Quanto à cultura, porém — ainda que Berne, pessoalmente, se interessasse por leituras antropológicas — ficou ela relegada a secundárias "gravações" no Estado do Eu Pai, irrelevantes (segundo Berne) à formação do Argumento (plano psicopatológico de vida, e constructo central da teoria da AT). O Estado do Eu Pai, constituído, à semelhança do Superego, pela incorporação de atributos, inclusive morais, dos pais do indivíduo, passou a expressar, prioritariamente, aspectos *pessoais, únicos*, totalmente variáveis de indivíduo a indivíduo. A contradição natureza-cultura, potencialmente explosiva e revolucionária em Freud (vide Herbert Marcuse, *Eros e Civilização*) dissolve-se, sai de discussão. É verdade que o discurso berneano ainda possibilita sua retomada (a despeito de Berne) — mas o próprio Berne, filho cultural de uma sociedade afluente (Califórnia), em processo de franca expansão material, e sem maiores tradições filosóficas ou político-contestatórias (ao contrário da Europa), tratou pessoalmente de desencorajar qualquer tentativa de desdobramento "social" de sua teoria. O Homem, em AT, perde seus contornos de Ser histórico, econômico, social e cultural, para deixar-se ver apenas como um Ser psicológico — ou, em casos posteriores, mais simplórios e medíocres, apenas como um Ser *clínico*.

Que significa hoje Freud... depois de Freud? Difícil dizer. Vivemos numa época de *mélange* cultural, onde cabem associações do mestre vienense com as mais herméticas elucubrações teóricas, a contestação marxista, a vida de São Bento, saraus tropicalistas e o I-Ching. Isso, com um dos pensamentos mais conhecidos por seu rigor intelectualístico original —, ainda que formalmente simples e acessível. É uma época cheia de atrações, a nossa.

E que significa Berne... depois de Berne? Idem — no mínimo. A riqueza de erudição, o intelectualismo, o caráter de Berne, parecem hoje, nos meios de AT, oriundos de outro planeta. Quanto à velha e dinâmica dicotomia — "Cultura" x "Natureza" — simplesmente *sumiu* do quadro teórico, sem deixar rastro. Deixou amavelmente de existir! Foi substituída, em geral, por um referencial puramente psicológico, como, por exemplo, os "dons" da Criança Livre (afeto, alegria, espontaneidade, criatividade), a "eficiência" do Adulto, a "abundância de carícias" etc., bem como a promessa de uma conquista de autonomia ("sair do Argumento") inteiramente alheia às relações político-sociais concretas do indivíduo. Que se pode fazer? Vivemos uma época, como disse, cheia de simplificações atraentes. Já houve tempo (curto) em que protestei contra o que me pareceu a excessiva vulgarização das concepções de AT, principalmente em certos discursos e Congressos, mas hoje acho muito natural que tudo seja assim mesmo...

De resto, nem de longe tal banalização pode ser comparada, em termos de desperdício de potencialidade humana, a certos descalabros econômicos, políticos, sociais e ecológicos, que nos cercam, e que se alastram. Apenas lastimo que, por causa dela, e do verniz de oba-oba que ela deu a tantos episódios ligados à AT, a AT seja hoje (injustamente) assunto praticamente barrado na grande imprensa brasileira (ao contrário da Psicanálise), bem como razão de aberta prevenção por parte de vários setores da sociedade. Seria melhor se as pessoas fossem julgadas — mas a teoria não.

Porque é uma grande, uma soberba teoria. A mais fascinante que já encontrei, em qualquer campo do conhecimento — e a mais prática e promissora. Detentora de um quadro referencial que, se realmente conhecido e valorizado pela *intelligentsia* da sociedade, certamente ocuparia espaços culturais de enorme extensão e conseqüência. Lastimavelmente, a "imagem" do produto ficou, pelo menos no Brasil, rebaixada ao nível de "abundância de carícias"... Mas tudo foi feito, acho eu, no melhor dos propósitos. Podia ser pior.

Faltou, pelo menos no Brasil, em minha opinião, *informação extensiva e abrangente*, que desse à AT estofo teórico amplo, e mesmo erudição formal, capazes de elevá-la à posição de dialogar, de igual para igual, com as demais áreas das Ciências Sociais (incluindo aqui a própria Psicanálise), bem como a filosofia das Artes e da História. Quando digo "faltou", não falo em sentido abstrato e sonhador, como nosso poeta ao chorar "a vida que podia ter sido e que não foi". Estou me referindo, muito especificamente, às oportunidades perdidas, no Brasil, em fins da década de 70, de se fixar entre nós, como fonte de formação e informação, o dr. Franco del Casale. Mais que oportunidades perdidas, pareceram-me até oportunidades bloqueadas.

Por mim, tive o grato e valioso prazer de acompanhar, com minha mulher — a princípio por curiosidade, depois por fascinação — todo um Curso seu de formação profissional (mesmo quando já formado na Área Especial), e só então travei conhecimento, pela primeira vez, com uma Análise Transacional em plena maioridade, culta, universitária, humanista e, principalmente, questionada, *pensada*. Não fosse por ela, pelo que aprendi nessa oportunidade, teria sido impossível para mim escrever os livros que escrevi, levando a AT a analisar, como instrumento capaz, o consumismo mundial, os tipos sociológicos de David Riesman e a vida de Mozart.* De repente, eu estava aprendendo uma AT ampla, como aprendi um dia Direito Civil, pela cátedra de San Thiago Dantas...

---

* *Análise Transacional da Propaganda*; *Análise Transacional e Caráter Social*; *A Magia Transacional de 'A Flauta Mágica'*, publicados por esta editora (nota do Editor).

Nesta AT que nos foi apresentada, a um pequeno grupo no Rio, já se viam os suportes básicos do que Franco hoje reapresenta, neste livro, com o nome de Terapia Refocalizadora. Não adiantarei aqui definições ou comentários, antes de tudo porque estaria privando o leitor de um apresentador melhor: o próprio Franco. Mas faço questão de destacar — como um divisor de águas nítido e significativo — as palavras iniciais da descrição de Franco sobre estrutura da personalidade, a partir do enfoque de sua Terapia Refocalizadora:

"A estrutura da personalidade é resultante da interação entre a programação genética e a programação social. Quando uma criança nasce, traz nos genes a programação para seu desenvolvimento. Se tal desenvolvimento se cumprisse fora de um contexto social, reproduziria quase que fielmente esta programação; contudo, a sociedade vai influindo sobre ela para que se adapte ao momento histórico, social e cultural em que lhe cabe viver."

E, mais adiante:

"Do enfrentamento entre a manifestação motivacional da programação genética e a programação social derivam todas as alterações da vida emocional. Na agressão à programação genética estarão então ancorados os pontos de origem da neurose ou da psicose, segundo a gravidade desse avassalamento. Assim, a estruturação da personalidade resulta do frágil equilíbrio entre os requerimentos internos que fazem o ser individual e as postulações e exigências externas que condicionam o ser social."

E sobre autonomia, já na Introdução: "A autonomia, que é a meta do indivíduo, é relativa, pois não escapa à pressão sociocultural."

Assim, a difícil, problemática, talvez irresolvível polarização natureza/cultura, conscientizada pela primeira vez, como um campo de estudo racional, por Freud — mas discutida, como Arte, desde os gregos — é refocalizada sobre um tecido teórico (a Análise Transacional) que pretendeu, propositadamente ou não — por deficiência intelectual ou não — simplesmente ignorá-la. Tal enfoque (reenfoque?) e outras abordagens inéditas, expostas neste livro, tornam Franco del Casale, creio eu, simultânea e paradoxalmente, um egresso da Análise Transacional; e o principal autor vivo de Análise Transacional (pelo menos entre os que conheço).

Mas talvez todos esses nomes sejam apenas rótulos. De resto, existe — sempre existiu — por toda parte, superficialidade e profundeza, consistência e fatuidade, concentração e dissipação. Tudo é necessário. O mundo é muito vasto, muito complicado, cada vez mais complicado, e penso ser muito saudável poder não levá-lo (sempre que possível) demasiadamente a sério...

O fato é que está aqui, neste livro, um exemplo não de superficialidade, mas de consistência, profundeza e qualidade. Congratulome com o leitor por essa boa oportunidade de saber mais, com mais coerência e abalizamento, crescer, ajudar os outros a crescer, viver melhor.

E mesmo para quem ache, hoje, o assunto da AT eventualmente "desgastado" — "vulgarizado" — a refocalização de Franco del Casale tem o sabor quase galante da pergunta de Freud a Hilda Doolittle: "A senhora não acha que ainda valha a pena me amar?"

Roberto Menna Barreto

INTRODUÇÃO

O objetivo deste trabalho é a investigação do desenvolvimento evolutivo para determinar os diferentes modos, momentos e formas de expressão do cabedal energético do indivíduo, em seus aspectos instintivos e motivacionais, como expressão do desenvolvimento da sua personalidade.

Estas observações têm dois importantes níveis de aplicação:

a) *Nível clínico*: que possibilitará, em relação à sintomatologia do paciente, situar com maior precisão e economia de meios os momentos de conflito, permitindo abordagens regressivas mais circunscritas.

b) *Nível psicoprofilático*: enriquecerá os trabalhos preventivos dirigidos à preservação e reparação dos modelos da criança.

Entendo que o desenvolvimento do indivíduo atravessa diferentes etapas de complexidade crescente, já que as aquisições ocorridas em cada uma vão se incluindo nas seguintes. Cada etapa caracteriza-se por determinadas possibilidades, que determinam necessidades relacionadas aos níveis instintivo (biológico) e motivacional (psicológico). Do intercâmbio entre estas expectativas individuais e as respostas do meio a elas, surgirá uma síntese de realização.

Isto quer dizer que, da interação entre as possibilidades do indivíduo e as respostas do meio a essas possibilidades, surgirá uma determinada estrutura de personalidade, de características predominantemente adequadas ou patológicas, e digo predominantemente porque não existe o estar OK como forma absoluta do ser.

A autonomia, que é a meta do indivíduo, é relativa, pois não escapa à pressão sociocultural. Esta autonomia vai se forjando através da satisfação de necessidades, da realização de possibilidades que são diferentes nos diferentes momentos do desenvolvimento e que, conforme sejam ou não facilitadas, permitirão um desenvolvimento mais ou menos OK.

O desenvolvimento do indivíduo se dá em dois níveis, que se complementam entre si e com o meio em que está inserido. São os níveis biológico e sociológico. Ambos se interinfluenciam e têm diferentes momentos de preeminência.

Neste desenvolvimento fixei determinados períodos, de acordo com as características psicológicas desses momentos, os quais são determinantes da estrutura da personalidade, na medida em que se vinculam às Permissões e Mandatos, isto é, ao Argumento de vida.

1) *0-3 anos*: Período de sensibilização para a estruturação de Permissões e Mandatos.

2) *3-7 anos*: Período de estruturação de Permissões e Mandatos.

3) *7-12 anos*: Período de atuação de Permissões e Mandatos.

4) *12-16 anos*: Período de revisão, confirmação ou retificação de Permissões e Mandatos.

Tomei estas idades em relação aos seus processos mais destacados.

1) *0-3 anos*: A este chamo de período de sensibilização, porque nele se registram as primeiras impressões educativas por parte dos pais. Esses registros têm uma ressonância predominantemente sensorial-vivencial, uma vez que as estruturas neurológicas que possibilitam outras formas de captação e compreensão se encontram em processo de maturação.

2) *3-7 anos*: A partir do processo de socialização surgirá um primeiro desprendimento do meio familiar. A criança começará a escolher, por um mecanismo de seleção e sensibilização perceptiva, figuras semelhantes às que a haviam rodeado até esse momento e extrapolando, no contato com elas, modelos adquiridos para facilitar e definir com maior precisão esses novos contatos. Essas reiterações vão favorecer a consolidação e a estruturação daqueles comportamentos para os quais fora sensibilizada.

3) *7-12 anos*: Atuação de Permissões e Mandatos reforçados na etapa anterior. A criança começará a poder usá-los em suas relações sociais e nesta atuação se produzirá uma materialização daquele material anteriormente estruturado, isto é, adquirirá definições mais claras.

4) *12-16 anos*: Revisão ligada ao processo adolescente de desassimilação de figuras parentais e adoção de novos modelos, com a ajuda dos avanços do pensamento no campo da abstração e da lógica, que lhe permitirão uma análise mais objetiva.

Vejamos um exemplo desses desenvolvimentos:

Uma criança que tenha gravado sensorialmente uma mensagem de NÃO PERTENCER. Ao iniciar o Jardim da Infância terá dificuldade de aproximação e integração, sem que isto represente um isolamento absoluto (exceto patologia muito grave), pois a professora vai tirá-la, com freqüência, dessas situações, ajudando-a a se entrosar.

A partir dos 7 anos, essa retração vai se firmando e se tornando mais duradoura. As dificuldades com o grupo irão se acentuando na medida em que seus colegas não tenderão, certamente, a resolver essas situações.

Aos 12 anos, por estar num período de crise e de questionamentos, poderia rever essas decisões com os pais ou através de um processo terapêutico. Do contrário, atuará reafirmando as Permissões e Mandatos anteriormente instalados.

Como vemos, trata-se de um processo que poderíamos descrever como de "destilação" de Permissões e Mandatos.

A fim de alcançar uma visão mais integral e esclarecedora da linguagem técnica, esboço a seguir uma síntese da Estrutura da Personalidade pela perspectiva da Análise Transacional clássica (Eric Berne) e um resumo dos meus enfoques sobre esse tema, pela Terapia Refocalizadora.

Deste modo, tornar-se-ão também mais compreensíveis alguns termos novos que se encontram no desenvolvimento desta obra.

ESTRUTURA DA PERSONALIDADE

A TERAPIA REFOCALIZADORA E A ANÁLISE TRANSACIONAL

A Terapia Refocalizadora consiste numa teoria da personalidade considerada a partir de uma perspectiva estrutural, evolutiva e social. Utiliza um método diagnóstico e terapêutico orientado para a reestruturação e desenvolvimento integral da personalidade, facilitando a resolução das motivações genuínas em concordância com as possibilidades reais e atuais do indivíduo. Facilita, além disso, a reassunção das próprias responsabilidades e o reconhecimento dos próprios sentimentos, pensamentos e valores para que se possa alcançar a autonomia.

A Terapia Refocalizadora tem como antecedente mais direto a Análise Transacional, já que surgiu da minha intenção de atribuir à AT um corpo teórico mais científico, dado que suas origens foram fundamentalmente de caráter descritivo.

Conserva dela muitos termos e conceitos, alguns sensivelmente modificados, tendo incorporado outros, tais como:

a) Sistemas positivo e negativo — Estado do Eu Normativo negativo e positivo — Adulto Defeituoso — Triângulo Dramático interno — Recurso e Jogada.

b) Estudos sobre: vivências, emoções, sentimentos e seus respectivos *rackets*.

c) Fases evolutivas. Revisão dos conceitos de: Mandatos e Permissões positivos e negativos — Argumento.

d) Teoria da Consciência e da Paraconsciência — Comunicação Defeituosa.

e) Estratégias diagnósticas: Mandatograma, Papelograma, Afunilação, Questionamento de casais, Guia para o argumento.

f) Técnicas de aplicação terapêutica.

A ESTRUTURA DA PERSONALIDADE PELO ENFOQUE DA TERAPIA REFOCALIZADORA

A estrutura da personalidade é a resultante da interação entre a programação genética e a programação social.

Quando uma criança nasce, traz nos genes uma programação para seu desenvolvimento. Se este desenvolvimento se desse fora de um contexto social, reproduziria quase fielmente essa programação; mas a sociedade vai influindo sobre ela para que se adapte ao momento histórico, social e cultural em que deve viver.

Sabemos que há coisas que os seres humanos fazem e que não se aprendem, pois já estão programadas dentro dos genes. Isto também acontece com os animais. As aves que emigram de um continente para outro não precisam aprender o percurso para chegar ao destino; em seus genes está gravado o conhecimento das estrelas pelas quais se vão guiar.

Enquanto nos animais há um só tipo de programação, que corresponde ao desenvolvimento biológico e fisiológico, no ser humano há dois níveis diferentes de programação. Um que se refere ao desenvolvimento biológico e fisiológico e outro que se refere ao desenvolvimento psicossocial.

Ou melhor: uma programação que determina a forma do corpo, dos órgãos, e a função desse corpo e desses órgãos; e outra que determina o desenvolvimento espiritual, psíquico e social. Estas duas programações manifestam-se através de dois níveis de energia, que são qualitativamente diferentes entre si. Um é fechado, diferenciado, tem princípio e fim. É o que determina o desenvolvimento biológico, morfológico e funcional. Ou seja, precisa estruturar-se de forma determinada: em forma de fígado, de estômago, de pulmão etc. e quanto à função desses órgãos. Começa a agir no momento da concepção do indivíduo e nele residem todas as transformações filogenéticas.

A outra energia é aberta: sabemos quando e como começa, mas desconhecemos como vai ser estruturada. Irá se diferenciando à medida que o indivíduo vai amadurecendo. Durante esse amadurecimento surgirão determinadas necessidades em forma de motivação, que precisarão de um acompanhamento do meio, uma facilitação por parte deste, para estruturar-se adequadamente e conformar este peculiar modo de ser que é a personalidade.

A energia diferenciada manifesta-se pelos instintos; a energia indiferenciada manifesta-se pelas motivações.

A energia instintiva tem começo e tende sempre a terminar do mesmo modo. Os animais começam um trabalho e têm que terminá-lo, mesmo que seja interrompido em alguma de suas partes. Este é o caso das abelhas quando fazem uma colméia: colocam os alvéolos e depois precisam cobri-los. Se esses alvéolos lhes forem tirados, não recomeçam o trabalho, mas fazem a cobertura como se estivessem ali. Isto significa que a energia instintiva tem um começo e um fim que tendem a ser cumpridos mesmo que ocorram interrupções.

A energia da motivação, ao contrário, é capaz de ir se acomodando, de ir corrigindo o que está feito para lograr um resultado mais eficaz. Esta é a base da aprendizagem, possível através da tentativa, erro e correção. Em todas as aprendizagens há tentativa, erro e correção. Nas crianças percebe-se melhor porque a tentativa e o erro são mais grosseiros. Nas pessoas adultas existe a possibilidade de conscientizar os *feedbacks* que vão aparecendo nos segmentos de conduta, o que permite uma correção da mesma para atingir o fim, enquanto nas crianças, de um modo geral, a conscientização do *feedback* se dá ao se completar o ciclo de conduta.

Isto também se deve ao fato de que nas condutas dos adultos predominam metas mais complexas e de resolução mediata, enquanto que nas crianças predominam metas mais simples e de resolução imediata. Num trabalho científico podemos analisar estas formas de aprendizagem. Faz-se primeiro uma hipótese de trabalho, depois uma comprovação e, se for necessário, procede-se a correções até estruturá-lo de modo condizente com a idéia inicial, adequando-o ao objeto da investigação.

Estas duas formas energéticas, instintiva e motivacional, irão expressar-se de maneira diferente em cada etapa do desenvolvimento do indivíduo. Do instinto não somos conscientes. O organismo age dirigido pelos instintos sem que o saibamos.

Não temos consciência, por exemplo, de que nos vamos adaptando às diferentes situações climáticas. Sabemos que sentimos frio ou calor, mas não somos conscientes do processo adaptativo interno que é dirigido pela energia instintiva. Não somos conscientes da reprodução celular que acontece numa ferida do nosso corpo; no entanto, as células se regeneram continuamente, movidas por essa energia instintiva.

Já o trabalho que resulta da energia indiferenciada pode ser elaborado conscientemente, através das motivações. A sociedade não ataca de modo aberto e incisivo a expressão do instinto. Não obstante, em muitos casos, condiciona e determina sua manifestação. É o caso do instinto sexual, cercado por diferentes normas em cada cultura e, na nossa sociedade, limitado e reprimido em maior ou menor grau, conforme a época e seus grupos de convivência.

A alimentação é pautada e condicionada por vários rituais, mas só é limitada em casos extremos, como na miséria ou nas catástrofes (guerras, terremotos etc.). Do contrário, toda a necessidade instintiva é satisfeita sem maiores dificuldades.

Não ocorre o mesmo com o motivacional. Quando o homem quer expressar o que é, o que sente, o que pensa, é comum aparecer uma resistência externa. Essa resistência, que poderia se converter em ataque, é um mecanismo defensivo do meio, que tenta projetar seu "não estar OK" sobre o outro. É a manifestação de vivência de debilidade do meio externo, que ataca a excelência da personalidade do indivíduo. A grande pressão social vai ser exercida sobre as motivações do indivíduo à medida que estas vão surgindo, através do ataque, da repressão ou do desvio. Muitas são condicionadas a um processo adaptativo, que aliena grande parte da possibilidade de desenvolvimento da personalidade.

Deste confronto entre a manifestação motivacional da Programação Genética e a Programação Social derivam todas as alterações da vida emocional.

Na agressão à Programação Genética estarão fincados, assim, os pontos de origem da neurose e da psicose (conforme a intensidade dessa agressão). Como vemos, a estruturação da personalidade resulta do frágil equilíbrio entre as demandas internas que fazem o ser individual e as postulações e exigências externas que condicionam o ser social (fig. 1).

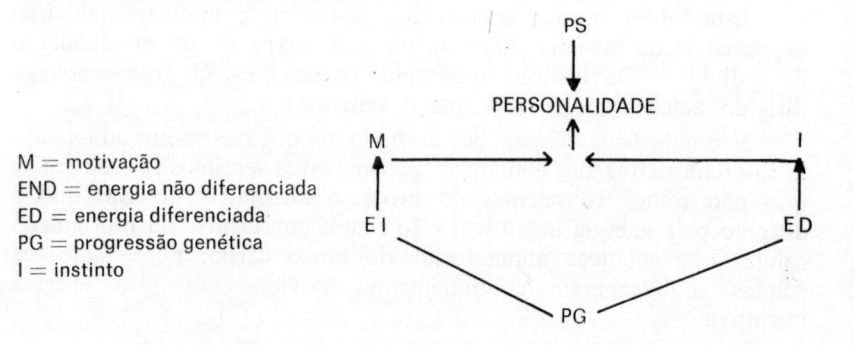

M = motivação
END = energia não diferenciada
ED = energia diferenciada
PG = progressão genética
I = instinto

Figura 1 — O equilíbrio da estrutura da personalidade

Quando essas exigências externas não coincidem com as necessidades do indivíduo, impondo-lhe um esforço adaptativo, irá se formando o que se denomina transacionalmente Criança Adaptada (Não-OK), enquanto que um meio mais compreensivo e facilitador, que promova o desenvolvimento das motivações, estimulará a formação da Criança Adequada (OK).

O surgimento da Criança Adequada se manifesta num processo formativo que respeita, orienta e facilita o desenvolvimento motivacional. Adequação significa um reconhecimento dos atos, pensamentos, emoções, sentimentos e valores como próprios, primeiro passo para a conquista da autonomia.

Falo, assim, de um processo de adaptação ou adequação, conforme ocorra no plano inconsciente, através de coerção, ou no plano consciente, através da facilitação. Neurose e adequação.

Quando nos referimos a aspectos positivos estamos acostumados a falar de condutas adultas, ou seja, mais adequadas, pois ao falarmos de condutas adultas poderia se ter a impressão de que limitamos estas à intervenção do Estado do Eu Adulto, quando, na verdade, o que queremos dizer é que se trata de uma conduta resultante da interação dos Estados do Eu que integram o Sistema Positivo: ou seja, Estado do Eu Normativo Positivo, Adulto Integrado e Criança Adequada. Quer dizer que na adequação da conduta intervém todo o Sistema Positivo.

Na relação adaptativa intervém o Sistema Negativo, não somente a Criança Adaptada, mas tudo o que forma a parte interna NÃO-OK do indivíduo. Isso dá lugar à conduta neurótica.

A partir dessas noções iremos conhecendo em que fase da vida uma motivação foi facilitada ou reprimida. Nas diferentes etapas da vida vão surgindo várias motivações e, para que se possam desenvolver e ir adquirindo forma, precisam de estimulação e de meio adequado, isto é, a estimulação deve ser concorde com a motivação, para que esta não seja mutilada ou inibida em sua manifestação.

Nos primeiros três meses há um predomínio do instinto; dos seis meses em diante começam a surgir as primeiras motivações. Por isso, vou discorrer brevemente sobre os instintos e extensamente sobre as motivações.

Quando falamos de oligofrenia cultural, por exemplo, referimo-nos a pessoas que não conseguiram *estruturar* suas motivações. Não por falta de maturidade, mas por falta de estímulo. Essas pessoas parecem débeis mentais, mas não o são, pois têm a estrutura neurológica amadurecida por completo, mas que não chegou a se manifestar. Isto significa que a possibilidade de expressar uma motivação existe, mas como não foi estimulada, não se estruturou formando parte de sua personalidade. A estruturação de uma motivação pressupõe a confluência de diferentes condutas por parte do meio: uma facilitação de expressão que ajude o indivíduo a mostrar suas inquietudes, seus interesses e necessidades; uma informação adequada e a possibilidade de confronto dessa informação por meios diferentes, que lhe permitam aproximar-se dessa realidade incorporada.

Vejamos um exemplo: sabemos que o rádio e a televisão já chegaram ao campo, e que representam uma maior conexão com o meio urbano e uma facilitação para satisfazer uma motivação de conhecimento, através das informações recebidas destes meios de difusão. Não obstante, essas informações nem sempre são corretas e, pela impossibilidade de se dispor de outros meios de confronto e contato com uma realidade mais abrangente, o desenvolvimento do Adulto pode ficar limitado, constrangido e de algum modo passível de deformações preconceituosas que levam à formação de um Adulto Defeituoso, já que a partir de premissas falsas, mesmo que inseridas num processo de raciocínio correto, chega-se a conclusões falsas. Entretanto, esta não é necessariamente a realidade específica do homem do campo, mas de todos aqueles que se vêem limitados a determinadas áreas, pois podemos observar resultado semelhante no homem urbano, que responde acriticamente aos estímulos dos meios de comunicação de massa.

Esse defeito pode limitar-se a determinadas áreas, já que, em outras, experiência e conhecimento se ajustam adequadamente ao objeto, trazendo ao camponês tudo o que se refere ao cultivo e manejo da terra que, seguramente, pertencera a uma experiência firmada anteriormente e correspondente ao âmbito do seu desenvolvimento. Assim, o Adulto pode ser limitado em alguns aspectos e estimulado em outros. Isto resulta da atenção a determinadas motivações e desatenção ou postergação de outras.

CIRCUITOS MOTIVACIONAIS

Dizia eu que o desenvolvimento motivacional determina o desenvolvimento da personalidade.

As possibilidades do indivíduo se expressam através das motivações, que geram nele necessidades cuja satisfação o meio pode ou não facilitar. Se a resolução é positiva, a motivação é satisfeita, produzindo-se uma troca auto e alopsíquica, que permitirá a expressão de uma nova motivação, e assim sucessivamente.

Nesse caso, instaura-se no indivíduo uma permissão para se expressar motivacionalmente, decodificada a partir da atitude facilitadora permissiva do meio. Chamo este circuito motivacional de positivo, uma vez que possibilita a expressão mais genuína do indivíduo em harmonia com o seu meio, o que resulta um *feedback* de satisfação, auto-afirmação e confiança para prosseguir expressando-se e dar vazão a novas motivações (fig. 2).

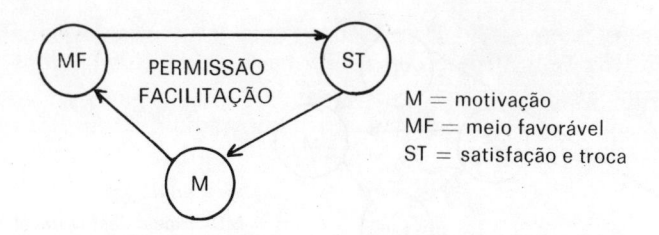

Figura 2 — Circuito motivacional positivo

Se, ao contrário, frente a uma motivação, o meio lhe é desfavorável, rechaçante, desqualificante, incompreensivo ou ameaçador, o indivíduo sentir-se-á mal. Este mal-estar irá aumentando, pois a energia que impulsiona a motivação gerará um estado de desequilíbrio interno até que se possa estruturar.

Esta ameaça do meio transforma-se numa vivência catastrófica insustentável, que o indivíduo tentará evitar. Com seu Adulto precário, decidirá não mais experimentar aquela motivação. Essa proibição implica um Mandato, uma ordem de renunciar a essa motivação. Optará, então, por comportamentos substitutivos, que contem com a aceitação do seu meio.

O Mandato apaziguará a vivência catastrófica, embora a motivação genuína crie novas tensões internas em busca da sua realização, ante as quais o indivíduo repetirá comportamentos substitutivos estereotipados, que determinam seu caráter neurótico.

A formação desse circuito negativo, num primeiro momento, indicava a sobrevivência, mas, com o tempo, dificultará um desenvolvimento adequado. Assim, toda vez que a motivação genuína surgir (este conceito é importantíssimo para a abordagem terapêutica) pôr-se-á em marcha, automaticamente, o circuito negativo: Motivação genuína — Meio Desfavorável — Vivência catastrófica — Mandato — Motivação falsa — Permissão falsa — Reforço do Mandato (fig. 3).

A partir deste circuito motivacional negativo, o indivíduo incorporará: 1) um modo de sentir-se a si mesmo e de sentir o mundo que definirá sua posição existencial; 2) os jogos psicológicos, ou seja, o modo de relacionamento consigo e com os demais de um modo enganoso e que deixará como saldo sempre uma emoção negativa; 3) os *rackets*: de conduta, de pensamentos e de sentimentos; 4) estruturará um Adulto defeituoso, um Sistema Normativo negativo, uma

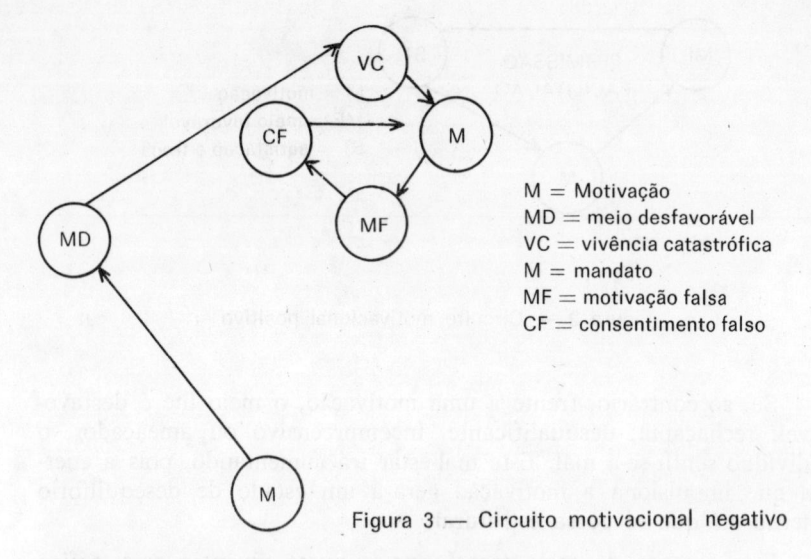

M = Motivação
MD = meio desfavorável
VC = vivência catastrófica
M = mandato
MF = motivação falsa
CF = consentimento falso

Figura 3 — Circuito motivacional negativo

Criança Adaptada com seus diferentes modos de ser, de acordo com a qualidade do ambiente em que lhe cabe viver. Deste modo, conformará o Argumento e o co-argumento negativo.

SISTEMAS POSITIVO E NEGATIVO

A personalidade se estrutura a partir da interação entre a programação genética e a programação social. Como resultado dessa interação, surgem dois tipos de sistemas: um positivo e outro negativo, que, por sua vez, conformarão dois tipos de Argumento, também positivo e negativo.

SISTEMA POSITIVO

É constituído pelo Estado do Eu Normativo positivo (EDEN+), pelo Adulto (A) e pela Criança Adequada (CA).

Estado do Eu Normativo Positivo (EDEN+)

Vai se conformando a partir do nascimento, com a incorporação das figuras parentais. No futuro, quando tiver início a auto-socialização, serão incluídas novas figuras normativas que, em determinado ponto, ultrapassarão as figuras parentais originais.

As primeiras incorporações produzem uma sensibilização perceptiva que orientará, no futuro, a seleção de figuras normativas semelhantes. De todo modo, esse sistema é suficientemente elástico para permitir a aquisição de valores similares e diferentes aos dos pais, o que, no futuro, facilitará a formação da sua estrutura ética. O mesmo não ocorre com o Sistema negativo, no qual a seleção é muito mais rígida e favorece a acumulação de figuras negativas semelhantes às dos pais.

Também é importante que conheça suas qualidades, suas possibilidades, para fomentá-las e atuá-las de modo que permaneçam a maior parte do tempo dentro do Sistema positivo, descurando do negativo.

Todos os conflitos registrados nos primeiros anos de vida que inibem, desviam ou adiam a realização das motivações genuínas, estão dentro do Sistema negativo. Quanto menos tempo o indivíduo funcionar dentro desse sistema, melhor viverá.

A revalorização do Sistema positivo permite-nos obter resultados melhores, utilizando as técnicas de redecisão e de reparentalização.

Adulto (A)

Desenvolve-se a partir da intuição e da criatividade, qualidades atribuídas ao Adulto da Criança.

O Adulto é, para mim, o Adulto da Criança desenvolvida.

Apresenta três subestados: Adulto Sentimental (AS), Adulto Cientista (AC) e Adulto Ético (AE).

Adulto Sentimental (AS)

Caracteriza-se pelo aspecto sentimental, empático, espiritual. Torna possível alcançar o sentimento de nós mesmos, o qual se adquire tomando consciência das emoções da Criança Adequada, do próprio corpo e das próprias sensações.

A espiritualidade do Adulto Sentimental difere daquela presente no Estado do Eu Normativo positivo, que é uma cópia do que está de fora. O Adulto Sentimental é o produto do próprio desenvolvimento, da análise e da atualização dos conteúdos do Estado do Eu Normativo positivo.

Resolvi denominar este subestado de Eu Adulto Sentimental em vez de Pathos, como o fez Berne, porque a etimologia da palavra Pathos, proveniente do grego, tem uma conotação de patético, desagradável; prefiro reservá-la para a parte defeituosa do Adulto (AD) que estabiliza as emoções desprazerosas da Criança Adaptada.

Adulto Cientista (AC)

O Adulto Cientista possui consciência de si próprio e do outro. Nele reside o juízo da realidade; confere à personalidade a capacidade de viver o tempo de modo unitário, integrando presente, passado e futuro, aqui e agora.

Essa capacidade é devida à faculdade de pensar abstratamente, por meio da qual pode antecipar-se ao futuro e retornar ao passado, utilizando no presente toda a experiência daquele para resolver as situações atuais. Relaciona-se com a consciência ativa e passiva, pois nele reside a capacidade de ser coerente no pensar, lúcido no conhecimento e de poder corrigir as informações sensoriais, transformando-as em percepções e, finalmente, em apercepções.

Adulto Ético (AE)

Nele reside a consciência ética, a consciência estética e os próprios valores da vida. É objetivo em suas avaliações e atualiza os valores do Estado do Eu Normativo, reexaminando-os e corrigindo-os.

Possui uma capacidade protetora diferente da proteção parental; é mais eficaz e produz maior bem-estar. A eficácia acontece por causa da sua capacidade de antecipação, sustentada pelo Adulto Cientista, e do caráter de horizontalidade das suas ações, enquanto que o Estado do Eu Normativo funciona sempre verticalmente e é muitas vezes inadequado, por sua falta de atualização.

O bem-estar está ligado ao componente afetivo, proveniente do Adulto Sentimental. É importante ressaltar que toda a ação do Adulto se dá de forma integrada, podendo predominar alguns dos subestados conforme as características da situação. Por exemplo: num ato protetor predomina o Adulto Ético; num ato de conhecimento, de programação, de tomada de decisões etc., predomina o Adulto Cientista; numa relação afetiva, sentimental, criativa, empática, predomina o Adulto Sentimental.

O Adulto Ético é horizontal, e o Estado do Eu Normativo é vertical. Com isto quero dizer que enquanto o Adulto Ético se vincula à pessoa total, o Estado do Eu Normativo se vincula à Criança do outro. De todo modo, muitas vezes é imprescindível a intervenção sucessiva e/ou simultânea dos dois Estados do Eu.

Criança Adequada (CA)

Desenvolve-se a partir das motivações em interação com as figuras normativas positivas que incorpora e que logo vai utilizar para si e para os outros.

A facilitação externa é acompanhada com o afeto, o apoio e a proteção do Estado do Eu Normativo positivo e do Adulto dos pais. Isto promove a formação do próprio Estado do Eu Normativo positivo, estimulando, por sua vez, o desenvolvimento do Adulto e da

Criança Adequada, conformando assim o Sistema Positivo da personalidade.

Na Criança Adequada residem as emoções; estas são o resultado da compreensão das vivências da Criança Natural e das Permissões que utilizará para a auto-realização. A Criança Adequada age sempre em interação com o Adulto e o Estado do Eu Normativo positivo; por isso suas manifestações emocionais são adequadas aos estímulos e às situações que enfrenta. Pode ser espontânea, isto é, livre de mecanismos defensivos.

A Criança Adequada tem a nossa idade e é mais velha que nosso Adulto, já que começa a desenvolver-se antes deste. Por essa razão, seus passatempos estão mais de acordo com a nossa situação atual e não com a de então. É certo que é útil gritar e saltar para facilitar expressões emocionais; entretanto, isto deve ser breve, pois provam-se mais úteis passatempos compatíveis com as possibilidades atuais, coerentes com a evolução dessa criança que também continua a crescer conosco.

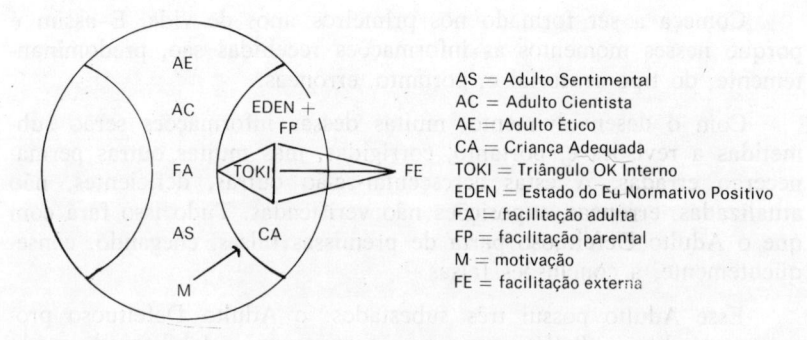

AS = Adulto Sentimental
AC = Adulto Cientista
AE = Adulto Ético
CA = Criança Adequada
TOKI = Triângulo OK Interno
EDEN = Estado do Eu Normativo Positivo
FA = facilitação adulta
FP = facilitação parental
M = motivação
FE = facilitação externa

Figura 4 — Sistema Positivo

CONCLUSÕES

O sistema positivo é formado pelo Estado do Eu Normativo, pelo Adulto e pela Criança Adequada. Eles interagem influenciando-se reciprocamente, estruturando um Argumento positivo cujas características são: ser aberto, imprevisível e promover a realização das possibilidades inatas do indivíduo.

Neste sistema, podemos observar o Triângulo OK Interno, no qual intervêm essas três instâncias em sua totalidade: o Estado do Eu Normativo, o Adulto e a Criança Adequada. Disto deriva a eficácia da conduta.

SISTEMA NEGATIVO

Compreende o Estado do Eu Normativo negativo, o Adulto Defeituoso e a Criança Adaptada.

Estado do Eu Normativo Negativo (EDEN—)

É constituído pela incorporação de normas externas que interferem nas possibilidades naturais do indivíduo.

Uma vez incorporadas, são utilizadas pelo indivíduo não conscientemente, para se autolimitar. Essas normas atendem, num primeiro momento, a figuras parentais, mas, depois, por sensibilização perceptiva, pressionam para que haja uma seleção de figuras semelhantes, constituindo o próprio Estado do Eu Normativo negativo.

Estas figuras podem ser injustas, punitivas, desafiantes, incrédulas, desprezadoras, superprotetoras, desvalorizantes. Geram, reativamente, a Criança Adaptada, em seus diferentes modos de ser.

Adulto Defeituoso (AD)

Começa a ser formado nos primeiros anos de vida. E assim é porque nesses momentos as informações recebidas são, predominantemente, do tipo sensorial e, portanto, errôneas.

Com o desenvolvimento, muitas dessas informações serão submetidas a revisões e, portanto, corrigidas, mas muitas outras permanecerão erradas. A estas acrescentar-se-ão outras, deficientes, não atualizadas, errôneas, suposições não verificadas. Tudo isso fará com que o Adulto Defeituoso parta de premissas falsas, chegando, conseqüentemente, a conclusões falsas.

Esse Adulto possui três subestados: o Adulto Defeituoso propriamente dito, o *Pathos*, que se caracteriza por estabilizar de modo patológico as emoções da Criança Adaptada. É o preconceituoso que fixa os conceitos *a priori* do Estado do Eu Normativo negativo.

O conceito de Adulto Defeituoso é importantíssimo para a compreensão das psicoses, e substitui o conceito de Contaminação, da Análise Transacional clássica. De acordo com os últimos estudos da neurofisiologia, é possível que os dois Adultos descritos por mim tenham uma relação neurofisiológica com os diferentes hemisférios cerebrais.

Criança Adaptada (CA)

Possui três subestados: 1) Criança Adaptada Submissa Desvalida; 2) Criança Adaptada Vingativa, e 3) Criança Adaptada Rebelde Opositora.

Criança Adaptada Submissa Desvalida (CASD)

É constituída pela interação de figuras desvalorizantes, superprotetoras, desprezadoras e desprotetoras. Caracteriza-se fundamentalmente pela agressão passiva. Traduz as vivências da Criança Natural em tristeza, culpa e incapacidade, formando *rackets* de primeira ordem. Está em contínua interação com o Estado do Eu Normativo negativo, conformando a argumentação: salvador-perdedor.

É preciso destacar que todos os atos de interação com figuras negativas são registrados globalmente: jogos psicológicos, jogadas, manipulações e recursos que em breve utilizará para si introjetivamente e, com os outros, projetivamente.

Tudo isso formará o Triângulo Dramático Interno.

Criança Adaptada Vingativa (CAV)

É estruturada pela interação de figuras injustas, castigadoras e desafiantes. Traduz vivências da Criança Natural em detalhes de raiva e desafio.

No mais, o desenvolvimento é semelhante ao da Criança Adaptada Submissa Desvalida.

Criança Adaptada Rebelde Opositora (CARO)

Forma-se com a interação de figuras desafiantes, incrédulas e competitivas. Transforma as vivências da Criança Natural em *rackets* de falso triunfo. Sua mensagem básica é: "nunca é bastante".

A Criança Adaptada Vingativa e a Criança Adaptada Rebelde Opositora possuem um Argumento escalador-perdedor hamártico.

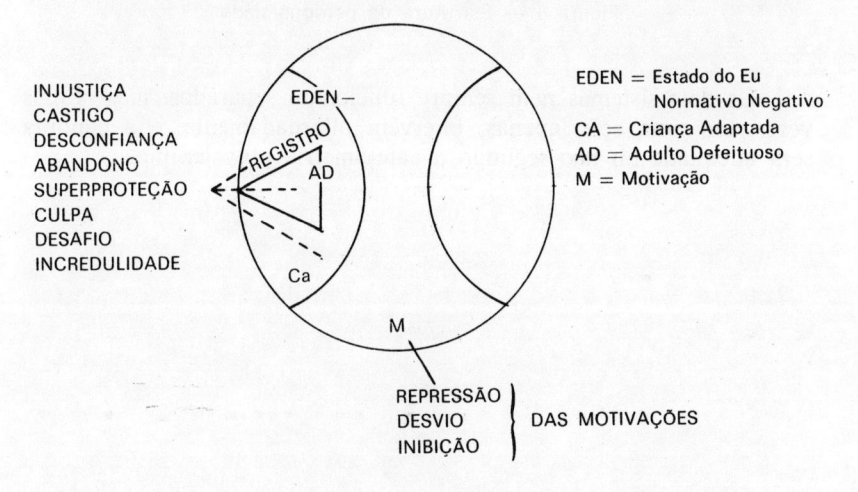

Figura 5 — Sistema Negativo

A figura 6 mostra a estruturação da personalidade completa. Ressalte-se que os sistemas são alimentados energeticamente pela programação genética, ou, classicamente, pela energia da Criança Natural.

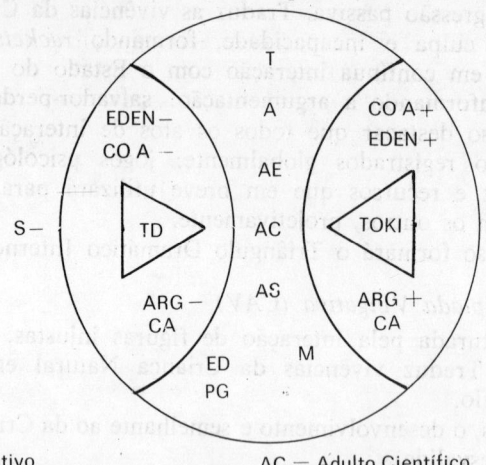

S = Sistema Negativo
ARG = Argumento Negativo
CA = Criança Adaptada
AD = Adulto Defeituoso
EDEN = Estado do Eu Normativo Negativo
CO A = Co-argumento Negativo
TD = Triângulo Dramático
S = Sistema Positivo
AS = Adulto Sentimental

AC = Adulto Científico
AE = Adulto Ético
A = Autonomia
T = Transcendência
CO A = Co-argumento Positivo
EDEN = Estado do Eu Normativo Positivo
TOKI = Triângulo OK Interno
CA = Criança Adequada
ARG = Argumento Positivo

Figura 6 — Estrutura da personalidade

Os dois sistemas nem sempre funcionam separados, mas muitas vezes, em uma ação apenas, intervêm alternadamente, e a conduta será adequada ou não segundo a catetometria prevalecente.

O DESENVOLVIMENTO EVOLUTIVO
E SUAS ETAPAS

Considero este desenvolvimento nos seus aspectos biológico, psicológico e social.

Partindo dos princípios da Psicologia Evolutiva, abordá-lo-ei dividindo-o em fases. Essa divisão tem apenas um objetivo instrumental-didático, pois entendo que as etapas não podem ser enrijecidas cronologicamente nem simplificadas em traços determinantes, considerando que cada uma é, a seu tempo, complemento da anterior e esboço de novas formas comportamentais, já que se trata de um processo de desenvolvimento.

ETAPAS DO DESENVOLVIMENTO EVOLUTIVO

A) FASE DE SENSIBILIZAÇÃO: 0 A 3 ANOS

PRIMEIRA ETAPA: 0 A 3 MESES

Fixei o limite desta etapa nos três meses porque durante esse período, aproximadamente, se dá uma aquisição de amadurecimento que permite discriminar importantes matizes da conduta. Refiro-me à tonicidade dos músculos da nuca do bebê, que permite não só manter a cabeça ereta, mas também movimentá-la de um lado para outro, possibilitando um contato maior e melhor com o ambiente e com os objetos que dele fazem parte.

Este contato não representa, no momento, uma diferenciação dos vários elementos que constituem o meio (pessoas e objetos) pois a criança vive ligada a ele de maneira sincrética, isto é, o meio e ela são a mesma coisa.

Vejamos as características mais importantes dessa etapa.

Estados do Eu: O Estado do Eu predominante nos três primeiros meses de vida é o da Criança Natural. Esta é a portadora da programação genética que se manifestará fundamentalmente nessa fase, a partir do desenvolvimento da Energia Diferenciada, em direção ao completamento biológico pós-natal.

Sabemos que embora a criança nasça com toda a estrutura corporal, esta se encontra em processo de maturação, especialmente no que concerne ao sistema nervoso central.

Nesse período as motivações não aparecem, ou seja, não há manifestação da energia indiferenciada. A programação da energia indiferenciada existe enquanto possibilidade, mas para que se possa ir expressando, é preciso que haja uma maturidade neurológica adequada. Essa energia irá se desenvolvendo à medida que a maturidade avance.

Freud denomina essa etapa de "Narcisismo e auto-erotismo primário". Entendo esse narcisismo e auto-erotismo vinculados ao sincretismo com que a criança se une ao meio. Ela e o mundo são a mesma coisa. Não há separação: Eu-objeto. Portanto, as situações prazenteiras que advêm da satisfação das necessidades básicas, por exemplo a alimentação (sucção), são vividas pela criança como próprias e extensíveis a outras semelhantes (sucção dos dedos), viabilizando um prazer que ela dá a si mesmo.

Atividade: Até o terceiro mês, aproximadamente, a criança permanece a maior parte do tempo deitada. A partir do segundo mês, semi-sentada, com o apoio total do corpo, sobre o qual não possui ainda independência segmentar, a não ser dos braços e das pernas, que consegue agitar. Dorme quase constantemente e, nos intervalos do sono, é alimentada, higienizada e sujeita a mudanças de posição de acordo com as necessidades e as manifestações afetivas (erguê-la, mexer com ela). Os períodos de vigília tornar-se-ão cada vez mais amplos em relação à maturidade, que também vai possibilitando contatos mais adequados com o meio. Tomemos como exemplo a evolução da visão. Antes dos trinta dias de vida, a criança não enxerga com nitidez, só percebe vultos e formas não definidas. Reconhece a mãe principalmente pelo cheiro, pelo andar, pela voz. Depois de um mês, a visão vai se aperfeiçoando, até atingir uma imagem nítida. Nesta fase, tanto a atividade interna como a externa, são nitidamente reflexas, com predomínio das necessidades internas (fome, sede, sono, necessidades esfincterianas).

Essa atividade reflexa, diz Piaget, não implica uma passividade mecânica, mas sim a manifestação de uma *"assimilação"* sensorimotriz precoce, a qual equivaleria, na nossa linguagem, a uma precoce forma de aproximação e ação sobre o meio (mas vinculado à satisfação do instinto).

Estas primeiras condutas reflexas, de caráter congênito, mostrarão logo, além de um aperfeiçoamento, diz Piaget, certos sinais de individualidade, produto do exercício. Por exemplo, no caso reflexo de sucção, o bebê: a) *reitera*: isto é, continua a sugar mesmo no vazio; b) *generaliza*: estende esse exercício a seus próprios dedos ou aos de outrem; c) *discrimina*: tem uma conduta seletiva diante de chupetas ou bicos de mamadeira, aceitando-os ou rejeitando-os. Wallon chama este período de *"Impulsividade motriz"* e o vincula com duas grandes necessidades: *alimento* e *modificação da postura*. Esta última especialmente vinculada à necessidade de contato físico como modo de discriminação emocional do mundo exterior.

A atividade deste período carece de intencionalidade quanto à antecipação da conduta, por não estar ainda em condições de ascender aos níveis de representação e abstração. Tudo se dá no plano do concreto, do aqui e agora, com predominância da estimulação interna. Atende aos estímulos externos só quando são particularmente intensos, já que sua capacidade de adaptação aos estímulos ondulantes ou monótonos, aos que são sempre iguais, a mantém serenamente integrada a eles. Se de repente sobrevém um estímulo forte, então se sobressalta, mas se acalma facilmente, exceto se este for num crescendo.

Segundo Piaget, surgem aqui as "reações circulares primárias", que têm a ver com a reiteração de ações casuais que lhe foram agradáveis. Se levou o dedo à boca casualmente e achou gostoso, tenderá a repeti-lo. Estas condutas não implicam intencionalidade, mas uma modalidade reflexa.

Se nesta fase da vida ocorrerem conflitos sérios para a criança, esta atitude de chupar o dedo pode fixar-se e prolongar-se até idade avançada. Atendi um paciente que, com 35 anos, continuava a chupar o dedo, às escondidas, por vergonha. A causa desta fixação foi a morte do pai, num acidente de trânsito, quando ele tinha dois meses de idade.

Necessidades: As necessidades básicas desse período têm a ver com a aceitação e o reconhecimento como ser vivo: carícias físicas, alimentação, higiene e todos os cuidados físicos em geral.

Ao nascer, a criança precisa ser aceita, que lhe façam sentir visceralmente a qualidade afetiva que os pais, ou os que a recebem, lhe dedicam. Este é um dos fatos que levaram um obstetra francês a fazer com que os partos fossem feitos em silêncio, com música suave e carícias, para que o momento do nascimento tivesse uma qualidade afetiva que estimulasse um registro visceral traduzido numa Permissão para viver.

O reconhecimento tem que se expressar fundamentalmente a nível físico, pois ele o recepciona visceralmente. Por esta qualidade de registro, as gravações negativas desta fase da vida são as mais difíceis de resolver. Nesta etapa pode começar a sensibilização para a formação do suicida. Um suicida visceral se mata, antes ou depois, se na terapia não se descobre, através de regressões, a base da instalação dessa tendência. Quando nos encontramos diante de um paciente que fala pouco e que nos diz que "a vida não vale a pena ser vivida" e que já tem planejado como deixar de viver, é bem possível que estejamos diante de um autêntico suicida e devemos, portanto, tomar todas as precauções para protegê-lo. Esta situação é diferente daquela em que o indivíduo ameaça permanentemente se matar, talvez para obter um benefício secundário (pretexto).

Os contatos físicos são então os mais apropriados. A criança não chega a compreender palavras, por mais ternas que sejam. Mas poderá resgatar o encanto de um som melodioso que nunca, porém, a acariciará tanto quanto um contato de pele.

A higiene favorece esses contatos. Houve época em que as normas que a regiam foram influenciadas por um psicologismo que pretendia que a criança não devia ser "despojada" de seus excrementos, porque eles lhe pertenciam e ela precisava desse contato. O resultado dessa orientação foi: crianças com escaras, em chagas, incomodadas e doloridas. Sabemos que a conexão que a criança mantém com o mundo passa pelo prazer-desprazer. O estar higienizado produz uma sensação de prazer e portanto se traduz numa experiência positiva.

Quando falo de carícias físicas refiro-me a contatos suaves, ternos, e não a apertões e beliscões com que às vezes os adultos tentam mostrar seu afeto. Esses tipos de carícias vão gravando sensações desagradáveis, assustadoras, que podem sensibilizá-la visceralmente para a repulsa aos contatos físicos. Essas gravações viscerais só podem ser reduzidas a nível visceral, isto é, a partir de regressões que permitam uma revivência, uma correção dessa vivência através de acariciamentos que a sensibilizem para a recepção de carícias positivas. Falo aqui de redução e não de redecisão, pois a gravação visceral não implica uma decisão. Para que haja decisão é necessário contar com um nível intelectual que o indivíduo só atinge muitos anos mais tarde.

A respeito da alimentação houve divergências entre pediatras e psicólogos infantis, quanto ao estabelecimento ou não de horários fixos. Um caso a respeito pode mostrar a incidência desses pontos de vista. Uma vez os pais de uma criança de poucos meses vieram pedir-me conselho, desesperados porque o filho chorava a noite inteira, sem parar. Haviam consultado o pediatra várias vezes sem qualquer resultado. Ao interrogá-los sobre a alimentação, responderam-se que tinham um horário fixo para a última mamadeira, depois da qual, a conselho médico, não deviam dar mais nada. Aconselhei-os a, se a criança chorasse, darem-lhe de comer. Assim fizeram e conseguiram que descansasse. Tinha fome. Chorava de fome.

É um erro pretender adaptar uma criança, nessa fase reflexa, a uma freqüência rígida de alimentação. As normas alimentares devem estar relacionadas com o desenvolvimento e este, à medida que ocorre, vai reclamando determinado tipo, quantidade e periodicidade da alimentação. A criança não come por gula, mas por ter fome e, quando saciada, recusa o alimento.

É o processo da maturação que vai determinar os intervalos de tempo na alimentação. Por si só a criança chega a um momento em que não toma mais a mamadeira da noite e não acorda.

A incidência extrema na conformação dos hábitos alimentares pode ter repercussões patológicas no futuro, tais como a anorexia ou a hiperorexia nervosas, com seus conseqüentes transtornos de magreza ou obesidade.

Informação: Por se tratar de um período de atividade predominantemente reflexa, é acompanhado de um predomínio sensorial. Isto significa que a informação que recebe do meio é a nível sensorial.

Sabemos que o sensório se organiza através de duas vias: *exteroceptiva* e *interoceptiva*. A primeira inclui todas as vias de comunicação com o exterior. A segunda recebe as sensações internas e divide-se em *visceroceptiva* (condução da sensibilidade visceral) e *proprioceptiva* (sensibilização músculo-articular).

Através do aparato sensorial, recebe as diferentes informações de seu mundo interno e do mundo externo, estruturando essas informações através das vivências do prazer-desprazer, o que mostra a precariedade objetiva do aparato informativo. A informação predominante será a que provém de dentro e principalmente a visceroceptiva, que transmite as sensações viscerais: fome, sede etc.

Esses registros facilitam a sensibilização para determinadas Permissões e Mandatos que se vão estruturar mais tarde. Lembremos que esta etapa está incluída no período chamado de *sensibilização* de Permissões e Mandatos (0-3 anos).

O predomínio de informação sensorial diz da fragilidade quanto a uma adequada captação da realidade, pois o aparelho sensorial, inclinado a oferecer imagens deformadas, estaria lançando as bases, num nível muito primário e temporário, sobre as quais se apoiará o Adulto Defeituoso, se não forem corrigidas.

Meio favorável — Sensibilização positiva: O sensório facilita à criança uma determinada informação de si mesma e do que a cerca. Através de ambas irá integrando necessidades e satisfações como Permissões e Mandatos.

Nessa etapa, uma resposta adequada ao meio significará, num nível amplo, Permissão para *Viver* e, subsidiariamente, Permissões para se alimentar adequadamente, para ser saudável, para desfrutar. Quer dizer, nesta etapa deverão ser favorecidos a manifestação e o desenvolvimento das necessidades instintivas, uma vez que ainda não há Motivações.

Tal como sucede com as Motivações, acontece com os instintos. Quando o instinto se manifesta e é satisfeito pelo meio, essa satisfação gera um *feedback* para o instinto, que reduz momentaneamente sua energia, permitindo a manifestação de outros e assim sucessivamente, por toda a vida.

Tomemos um exemplo: a criança chora porque tem fome. Se o meio é favorável, alimentá-la-á. O instinto receberá então, através da ingestão de alimento, uma informação satisfatória que, unida à assimilação desse alimento, representará um novo *feedback*; enquanto isso, o desenvolvimento corporal e fisiológico, que satisfará outras energias instintivas, levam à manutenção da homeostase biológica e funcional do indivíduo. Significa que derivam do instinto de conservação. A Permissão para viver, mantida pela expressão afetiva, a alimentação e higiene adequadas, promovem o prazer e o desfrute, isto é, facilitam a Permissão para desfrutar do afeto, para alimentar-se adequadamente, quando necessário (e não para fazer da comida uma manipulação), ainda a Permissão para ser saudável. A gravação dessas Permissões nesta fase da vida constituirá um pilar muito importante para o bem-estar, mesmo que ocorra algum revés mais adiante.

Meio desfavorável: Se o meio é desfavorável, sensibilizá-la-á para os Mandatos.

Os Mandatos que se dão ao nível instintivo poderiam ser estruturados nesta fase. Quer dizer que um Mandato de "Não Viva" pode ser gravado e estruturado se o estímulo for muito forte.

Os Mandatos referentes ao psicossocial precisam percorrer as fases anteriormente mencionadas para serem estruturados, enquanto aqui o Mandato básico "Não Viva" é capaz de já formar um suicida, se o conflito for muito severo. Isso porque é um Mandato referido ao instinto e que se dá a nível visceral.

Como será o indivíduo dentro do Sistema Positivo

Se receber tudo aquilo do meio favorável, reagirá vivencialmente de um modo adequado no futuro e terá a capacidade de poder ir estruturando essas vivências em emoções.

As vivências são da Criança e se referem, fundamentalmente, ao prazer ou desprazer. Mais tarde, através da interação social, entenderá que essa vivência é tristeza, raiva, alegria etc.

Uma vivência positiva, mesmo que seja de tristeza, se traduz numa emoção positiva dentro da Criança Adequada. Quer dizer que a emoção é a compreensão da vivência. Se é negativa, transformar-se-á em emoção dentro da Criança Adaptada.

Dentro do sistema positivo, irá carregando sua bateria de emoções positivas: positivas por serem correspondentes ao estímulo. Diante de uma perda, sentir tristeza é adequado e positivo, pois permite a descarga da energia negativa acumulada. Se, diante da perda, tem uma vivência negativa e a estrutura como uma emoção de raiva, esta já não é coincidente com o estímulo e, portanto, é inadequada. Essa tradução de tristeza em raiva seria um *racket* de primeira ordem.

Nesta fase, a criança não sabe o que sejam perdas, mas está se sensibilizando para este tipo de emoção. No futuro, as emoções que integram o sistema positivo permitir-lhe-ão uma adequação emocional e, portanto, uma boa relação afetiva com aqueles que a cercam.

Uma pessoa com um cabedal importante de emoções positivas, que lhe permitem uma boa relação afetiva com os outros, tem a capacidade de poder desfrutar das coisas que merecem ser desfrutadas.

Muitas pessoas desfrutam aparentemente e esse desfrutar nada mais é do que uma falsa alegria. É como se estivessem escondendo debaixo dessa alegria aparente, possivelmente, uma solidão profunda e um profundo temor dessa mesma solidão.

Mais adiante, com o desenvolvimento do Adulto, a transformação do vivencial em emocional, através da compreensão dessa emoção por uma parte do Adulto, transformar-se-á em sentimento. Esta seria a base para se chegar à formação sentimental do indivíduo. Essa discriminação e identificação emocional vai preparando a criança para desfrutar adequadamente. Tendo uma boa relação afetiva não apresentará temor ao repúdio e, portanto, não terá prevenção alguma para dar e receber Carícias. Será capaz de se fazer querida e de não pedir mais Carícias do que necessita, nem dar mais do que é preciso.

As pessoas carentes afetivamente são inseguras e insinceras; enfatizam o intercâmbio de Carícias como uma maneira de se libertarem de culpas ou vivências de abandono: a pessoa que tem uma formação interna adequada, não vai pedir Carícias a quem não sabe dá-las. É como se houvesse uma captação prévia a qualquer contato. A captação é: esta pessoa não sabe dar ou, sim, esta pessoa sabe dar. Ao contrário do que ocorre quando uma pessoa está sensibilizada para Carícias negativas, ou para não receber Carícias, irá pedi-las a quem não sabe dá-las ou dá mal, para reforçar seu aspecto argumental negativo.

As condutas futuras frente à alimentação estarão intimamente ligadas às experiências desta primeira etapa. Se a experiência foi positiva, alimentar-se-á adequadamente, isto é, quando crescer não terá gula, voracidade ou repúdio em relação aos alimentos. Enfim, não terá dificuldades com a alimentação.

Quando vemos uma pessoa desse tipo, podemos concluir que em seus três primeiros meses de vida viveu bem, dentro de um seio familiar adequado.

Como será o indivíduo dentro do Sistema Negativo

Dentro do Sistema Negativo instalam-se os Mandatos que implicam proibições num determinado sentido e, depois, as Permissões negativas como condutas substitutivas.

Os Mandatos somente dizem o que o indivíduo não tem que fazer, e não indicam o que deve ser feito "em lugar de", para o cumprimento desses Mandatos.

Por exemplo: se o Mandato é "Não Viva", necessitará uma Permissão negativa para sua concretização. A Permissão negativa é a indicação do que e como se deve fazer para que se chegue ao cumprimento do Mandato. O Mandato sempre precede a Permissão negativa, pois o primeiro bloqueia, e o segundo ativa.

Dentro dessa etapa se produz a *sensibilização* para os Mandatos e Permissões negativos referentes ao Mandato básico "Não Viva" e a todos os demais referentes à alimentação, à higiene, à saúde e ao desfrute e troca de Carícias físicas.

A esta fase devemos remeter-nos quando nos deparamos com pacientes obesos ou excessivamente magros (hiperorexia ou anorexia nervosa) e com os de tendências suicidas.

É de se notar que, embora esta seja uma fase de sensibilização de Mandatos e Permissões negativos que precisará de reforços posteriores para consolidá-los e estruturá-los, se a intensidade e a violência com que se instalam são muito grandes, podem completar seu ciclo nesta mesma fase.

As pessoas sem iniciativa para a diversão, que não gostam de dançar ou brincar e que recusam os prazeres físicos, pessoas que têm medo de tocar e de serem tocadas, enraizam essas dificuldades nesta fase da vida, onde ocorre basicamente tudo o que se refere ao nível sensorial.

A hipocondria começa aqui, mas se instaura na fase seguinte.

QUADRO SINÓPTICO

IDADE 0 A 3 MESES

EDE: • CC

ED :: I • PREDOMÍNIO INSTINTIVO
• AUTO-EROTISMO (NÃO DISTINGUE O EU DO PEITO MATERNO)

EI :: M

ATIVIDADE • REFLEXA — REAÇÕES CIRCULARES PRIMÁRIAS

NECESSIDADES • ACEITAÇÃO
• HIGIENE
• CARÍCIAS FÍSICAS
• ALIMENTAÇÃO

INFORMAÇÃO • SENSORIAL
• CAPTAÇÃO ATRAVÉS DO PRAZER E DESPRAZER

MEIO FAVORÁVEL • VIVA
SENSIBILIZAÇÃO • DESFRUTE
DE PERMISSÕES • ALIMENTE-SE ADEQUADAMENTE
• SEJA SÃO

MEIO DESFA-   *BÁSICOS:*   *P. NEGATIVAS*
VORÁVEL • NÃO VIVA • MORRA
SENSIBILIZAÇÃO DE
MANDATOS E
PERMISSÕES   *GREGÁRIOS:*
NEGATIVOS • NÃO DESFRUTE • ABORREÇA-SE
• NÃO SEJA LIMPO • SEJA SUJO
• NÃO PEÇA CARÍCIAS • SEJA DOENTE
• NÃO SINTA • SEJA INSENSÍVEL

SISTEMA + • REAÇÃO VIVENCIAL DE PRAZER
COMO SERÁ:
• CAPAZ DE DESFRUTAR
• DE DAR E RECEBER CARÍCIAS
• DIFERENCIARÁ VIVÊNCIAS, EMOÇÕES E SENTIMEN-TOS
• ALIMENTAR-SE-Á ADEQUADAMENTE

SISTEMA —
- VIVÊNCIAS DESAGRADÁVEIS
- FORMAÇÃO DE EMOÇÕES NEGATIVAS DE *RACKETS* NA CRIANÇA ADAPTADA EM SUAS DIFERENTES FORMAS

COMO SERÁ:
- GORDO OU FRACO
- ABORRECIDO
- RETRAÍDO
- HIPOCONDRÍACO
- INEXPRESSIVO AFETIVAMENTE
- VIVÊNCIAS DE REJEIÇÃO, DE NÃO SER ACEITO
- TENDÊNCIAS SUICIDAS

SEGUNDA ETAPA: 3 A 6 MESES

Estados do Eu: Nesta etapa continua predominando a função da Criança Natural. Este é o Estado do Eu que se manifesta a maior parte do tempo. Não obstante, começam a insinuar-se: 1) o Adulto da Criança; 2) a incorporação de registros que conformarão o Estado do Eu Pai e 3) os desenvolvimentos da Criança Natural (Criança Adequada e Criança Adaptada).

O Adulto da Criança é observável numa forma incipiente de curiosidade, que se mostra primeiro diante de determinados estímulos destacados (sombras, luz, ruídos etc.) e que se vai estendendo cada vez mais aos objetos em geral e, depois, com o aparecimento de um sorriso intencional. Olhar os objetos e segui-los com a vista está vinculado aos progressos de maturação, tais como erguer e ter maior mobilidade com a cabeça, bem como ao aperfeiçoamento visual.

Aos 3-4 meses sorri para as pessoas que se aproximam, especialmente para a mãe, a quem já reconhece, não só pelo som da voz ou pelo andar, mas também pelo rosto (aperfeiçoamento visual).

Aos 4-5 meses, este sorriso intencional manifesta-se com a atitude estimulante brincalhona de pessoas adultas. No período anterior, os esboços de sorriso eram de tipo reflexo, vinculados às vivências prazerosas da satisfação, predominantemente instintivas. Nesta fase evidencia-se a presença de registros no Estado do Eu Pai e ainda adapta-se com muito mais facilidade às mudanças de lugar, permanece sossegada mexendo os pés, levantando as mãos. Na fase anterior, tolerava mal mudanças de lugar, mostrando vontade de chorar. Esta maior tolerância representa o primeiro sinal da Criança Adequada.

Sabemos que o modo de ser dos pais promove conjuntamente os diversos desenvolvimentos da Criança. O aparecimento da Criança Adequada, implica na gravação de figuras parentais positivas. Deste modo começam a insinuar-se os Sistemas Positivo e Negativo, com a formação do Estado do Eu Pai e Eu Criança em estreita relação. A energia diferenciada predomina nos instintos de conservação. Nesta fase a criança repele, com mais vigor que na fase anterior, tudo o que possa prejudicá-la. Chora se é deixada muito tempo sozinha, se não recebe logo a mamadeira; o pequeno tirano da fase seguinte está se preparando.

Este modo de reclamar mais ativamente a satisfação das necessidades instintivas também se deve ao fato de estar a criança participando mais do que antes da atividade familiar, pois está mais atenta aos ruídos, às vozes, às figuras que a rodeiam. Dorme menos que antes e reclama mais atenção.

O instinto de conservação vai acompanhá-la por toda a vida, porém nas etapas de socialização passará para o segundo plano. Por não o atender é que bebemos, fumamos, passamos noites em claro. Se o atendêssemos, levaríamos uma vida mais saudável. As crianças, porém, atendem aos apelos instintivos. Estão numa vigília contínua não intencional, numa dependência contínua desses apelos, que comunicam com choro ou com gritos. Nesse período continua a predominar o auto-erotismo, tal como expliquei antes, pois continua fundido aos objetos e vivenciando-se a si própria como fonte do prazer que experimenta. Significa que toda a estimulação externa que causa prazer é vivida como parte de si.

Este sincretismo determinará que, se os estímulos são desagradáveis, ao serem vividos como próprios, conformarão uma vivência negativa de si, que no futuro poderá conduzir a comportamentos de autodestruição. Nesta etapa aparecem os primeiros esboços de Motivação, expressão da energia indiferenciada.

A Motivação manifesta-se na persistência da observação de determinados objetos, na sua busca com o olhar, às vezes virando a cabeça para segui-los e na reiteração de determinados atos. Nesta busca está a raiz do que será depois, na etapa da exploração, da experimentação, do querer conhecer, da raiz da motivação do conhecimento, uma das motivações fundamentais do ser humano; a primeira a aparecer e a última a desaparecer. Infelizmente, é a mais descuidada e avassalada pela sociedade e pelos governos totalitários, pois quanto menos e pior se conhece, maiores as possibilidades de dominação.

Atividade: A atividade continua a ser predominantemente reflexa, pela maior relevância do instinto. A criança continua atendendo a todos os apelos do instinto de conservação que lhe chegam através do sensório, especialmente do *visceroceptivo*. Tudo que é sensibilização sensorial, sensações sensoriais, está a serviço do instinto de conservação.

Tomemos, por exemplo, uma sensação exteroceptiva proveniente do tato. Se tocamos um objeto, ao tocá-lo com certa pressão surge ou não um prazer, mas se a pressão aumenta vem a dor. Neste momento nosso sensório nos está informando que isso pode nos machucar, então, automaticamente, retiramos a mão. Se estamos ao lado do fogo, se nos aproximarmos podemos nos queimar, então nos afastamos. Essa informação sensorial está a serviço do instinto de conservação, existe para nos proteger. Nós, adultos, não costumamos atender aos apelos deste instinto. Se estamos com dor de estômago, mesmo sabendo que não devemos, então, tomar álcool, fumar, comer coisas ácidas, tomar café, continuamos a fazê-lo, embora tomemos remédio para melhorar. Quer dizer que primeiro agredimos e depois queremos curar. Não atendemos ao instinto de conservação.

A criança, ao contrário, chora quando tem dor e não pára de chorar enquanto dói; é como se tivesse um alarme a avisar que está ocorrendo alguma coisa errada. É o seu modo de dizer aos pais: cuidem de mim, resolvam esta situação.

Começa, além disso, a pôr em prática alguns atos intencionais. Isto se nota especialmente na forma de observar, que implica uma intencionalidade concreta, pois limita-se à busca de objetos presentes em seu campo perceptivo, ao contrário da intencionalidade lógica ou abstrata, que implica processos de representação na ausência do objeto.

Nesta etapa, a criança é incapaz de um ato representativo, ou seja, de substituir um objeto ausente por uma representação, por não ter suficiente maturação neurológica. Tem início a atividade intuitiva, que vai fortificar o Adulto da Criança. Trata-se de uma forma concreta de intuição, ou seja, uma intuição que é possível dentro do campo perceptivo e não no plano da abstração. As brincadeiras desta etapa mostram maior atividade de sua parte, relacionada com os progressos dos músculos da postura e da preensão.

Ao completar 16 semanas, diz Gesell, notam-se importantes transformações no que concerne à coordenação óculo-manual. A cabeça fica mais móvel e ocupa, com freqüência, o plano médio, enfrentando o que a cerca com mais facilidade. Esta posição poderia, talvez, ser interpretada como a demonstração de uma participação mais ativa. Lembremos que na etapa anterior somente conseguia permanecer com a cabeça apoiada num lado, o que é um comportamento passivo.

Seus movimentos consistem em rotações sobre o tronco, o que lhe permite, alternativamente, estar de frente ou de costas, o que faz sorrindo. Esta atividade dura pouco, pois o nível de fadiga é alto.

Necessidades: As necessidades desta fase incluem as da etapa anterior, acrescidas da de ser acompanhado em suas brincadeiras e favorecido quanto à posição e à situação, que lhe permitam pôr em prática aquela primeira forma de observação.

Acompanhar e favorecer estas formas rudimentares de brincadeiras é facilitar as etapas seguintes, de maior estruturação, e representa uma Permissão a nível visceral para brincar. Colocar a criança em lugares onde possa exercitar sua necessidade de observação, também rudimentar, do que a cerca, é ir sensibilizando-a para conhecer.

A necessidade de alimentação nessa etapa inclui a introdução de alimentos semi-sólidos. A nível biológico ocorrem transformações para essa introdução: o fortalecimento das gengivas, o provável nascimento de algum dente, a salivação mais abundante. Essas possibilidades afetam o nível psicológico, pois ocorre uma participação maior e mais ativa da alimentação. Antigamente, o período de amamentação era mais prolongado e por isso a introdução de alimentos semi-sólidos era muito postergada. As mães estavam sensibilizadas para manter essa conduta, considerada a maneira ótima de alimentação. Acho que tal comportamento repercutia negativamente no aspecto psicológico, pois a amamentação prolongada representava, de certo modo, um prolongamento da simbiose materna.

A introdução de papinhas e do novo modo de alimentação, que supõe um encontro frente a frente, representa uma nova relação entre mãe e filho, que privilegia outras formas de comunicação: receber a comida acompanhada do sorriso materno, de palavras suaves, do olhar acariciante, é um convite, uma facilitação para a aquisição da própria personalidade. A essa necessidade de mudança do modo de relação mãe-filho, acrescentamos a necessidade de incorporação de limites úteis, que poderíamos apontar no final dessa etapa (final dos 6 meses) e que vão levar a criança a se afastar paulatinamente da dependência. Um dos limites importantes refere-se a ficar com ela por menos tempo ao colo. Nesta fase a criança prepara-se para ser tirana e a falta de limites a determinadas condutas pode facilitar o reforço do egocentrismo na etapa seguinte. Além disso, começa a sentar-se e a ficar sozinha com alguns brinquedos. Portanto, será positivo deixá-la sozinha por alguns momentos, não ceder às suas exigências de querer colo, estimular as suas brincadeiras, mas não depender dela, já que isso seria favorecer a instalação do egocentrismo futuro de modo mais impertinente do que o natural.

Informação: A informação nesta etapa é do tipo sensorial, mas já no seu final começa a esboçar-se o pensamento concreto, no sentido do reconhecimento dos objetos. Começa a reconhecer alguns deles. É claro que não pode fazer uma seriação ou classificação, visto estar-se numa fase pré-lógica. O pensamento concreto ocorre quando o campo do pensamento coincide com o campo da percepção, ou seja, quando ela pensa no que vê, no que toca, no que ouve.

O prazer-desprazer continuam sendo fontes importantes de informação. O prazer mantém o predomínio oral em relação à alimentação, embora se desloque para o resto do corpo. Nesse momento, a criança gosta que lhe façam cócegas e ri com este tipo de estimulação.

Meio Favorável — Sensibilização Positiva: Quando o meio lhe é favorável reforça todas as Permissões anteriores. Acompanhá-la em suas brincadeiras ou estimulá-la a procurar com os olhos, favorece o desenvolvimento da intuição. A intuição vai ter um desenvolvimento importante em torno dos dois anos, mas o fato de alimentá-la desde aqui, através destes acompanhamentos, implica em Permissão para ser intuitiva. Além disso, a mãe, ao brincar com ela, ao lhe sorrir, está lhe dando Permissão para brincar, para desfrutar, para pertencer, pois neste intercâmbio com a mãe está fazendo exatamente isto: pertencendo. Está lhe dando, também, um impulso para a motivação de conhecimento, que ainda não se estruturou como tal, mas começou a insinuar-se nesse olhar à volta de si, que representa uma preparação para alcançar, mais adiante, um conhecimento abstrato das coisas. Isto significa que está preparando a motivação do conhecimento, com a Permissão para olhar à volta de si, que neste caso quer dizer: "Olhe o que o cerca, para situar-se, para conhecer." Deste modo a criança vai sendo sensibilizada para ser intuitiva, para compartilhar, para participar e pertencer.

Meio Desfavorável — Sensibilização Negativa: Quanto a Permissões negativas, reforçam-se as anteriores e surgem novas, vinculadas aos novos Mandatos: Permissões para ser tolo, não situado ou egoísta. Esta última vinculada à dificuldade de estabelecimento de limites úteis.

Formação do Sistema Positivo

Dentro do Sistema Positivo, na Criança Adequada, vai se estabelecendo a capacidade de se acomodar a situações novas, a qual lhe permitirá aceitar, no futuro, sem maiores dificuldades, as diferentes situações novas, referentes a lugar e ambientação.

O desenvolvimento da Criança Adequada supõe concomitantemente o registro das figuras parentais que conformarão o Estado do Eu Pai positivo. Ambas as gravações representam uma impressão visceral, que a acompanhará por toda a vida. Além disso, como vimos, inicia-se o desenvolvimento da capacidade intuitiva e do conhecimento como conhecimento concreto. Este desenvolvimento do Adulto da Criança em relação ao conhecimento concreto inicia-se com a conexão corticolímbica ou límbico-cortical. Num primeiro momento, no cérebro, há um predomínio do sistema límbico. O sistema límbico possui vários núcleos cinzentos. Posteriormente, com o desenvolvimento cortical e através do processo de mielinização dos filetes nervosos, vai surgindo a conexão entre o córtex e aquele sistema. A conexão, na verdade, existe desde o nascimento, mas a mielinização só se completa no terceiro ano. Portanto, enquanto essa cobertura não está completa, a energia elétrica não passa de modo adequado de um sistema para outro.

No final do sexto mês já começam os primeiros interestímulos límbico-corticais que, embora muito pobres, já mostram que o Estado do Eu Adulto começa a se fazer notar como presença, embora não como ação.

Como será essa criança no futuro se tudo acontece dessa forma?

Além das qualidades anteriores, será uma pessoa intuitiva, capaz de compartilhar adequadamente tanto o afetivo como o material. Saberá integrar-se corretamente a grupos, pois ela e seus pais formaram um grupo que se foi gravando dentro dela como sistema familiar, no qual também estão incluídos os irmãos. Todos gravamos nosso sistema familiar, motivo pelo qual podemos desempenhar qualquer papel correspondente aos membros de nossa família. Isto começa muito cedo na família paterna e depois precisará de uma acomodação na família que a pessoa vem a formar; por isso custa tanto formar um casal. É preciso desacomodar toda a família do sistema anterior, para formar um novo sistema. Muitas vezes, por querer repetir normas daquele sistema neste novo, surgem os problemas.

O sistema familiar que o primeiro filho grava com maior força é mamãe, papai e eu; por isso, às vezes tem dificuldade em aceitar a inclusão de outra pessoa nesse sistema e, com o aparecimento do segundo filho, pode adotar três comportamentos: aceitação, repulsão agressiva ou passiva. A repulsão agressiva é protestar contra o irmão, e dizê-lo aos pais. A passiva expressa-se com vômitos, incontinência etc. para evitar incluir outra figura dentro do sistema familiar.

Formação do Sistema Negativo

As atitudes parentais negativas vão sendo gravadas e conformarão o Estado do Eu Pai negativo. Essas gravações produzirão na Criança Adaptada determinadas respostas vivenciais, de acordo com a sua qualidade. Se o comportamento externo é agressivo e injusto, ou superprotetor, vai provocar nessa Criança Adaptada desenvolvimentos agressivos (Criança Vingativa) ou de submissão (Criança Adaptada Submissa Desvalida). A Criança Adaptada Rebelde Opositora não aparece ainda, pois precisa de estímulos desafiantes que ainda não pode decodificar como tais. Começam os *rackets* e um início do Adulto Defeituoso em relação à grande quantidade de informação sensorial, que ainda não pode corrigir por não ter desenvolvido o Adulto Científico.

Como será quando crescer?

Além do que dissemos antes, poderá ser retraída, se os pais não a acompanharam nas brincadeiras, o que supõe falta de Permissão para compartilhar. Pode ser confusa, se não teve Permissão para observar, que era a base da Permissão para conhecer. Pode ser insociável, se não teve Permissão para pertencer, para integrar-se, para participar.

QUADRO SINÓPTICO

IDADE: 3 A 6 MESES

EDE   CN — AC — C. ADAPTADA — C. ADEQUADA — IMPRESSÕES
         PARENTAIS

ED = I
- INSTINTO DE CONSERVAÇÃO
- AUTO-EROTISMO
- PRAZER
- BOCA

EI = M   ESQUADRINHAR

ATIVIDADE
- REFLEXA
- COMEÇO DE ATOS INTENCIONAIS
- ERGUE A CABEÇA
- INTUITIVA

NECESSIDADES
- AS ANTERIORES, MAIS
- ACOMPANHAMENTO DO BRINQUEDO
- APRENDER A DEGLUTIR ALIMENTOS SÓLIDOS
- COMEÇO DE LIMITES ÚTEIS

INFORMAÇÃO
- SENSORIAL
- PENSAMENTO CONCRETO

MEIO FAVORÁVEL
SENSIBILIZAÇÃO
DE PERMISSÕES
- REFORÇO DOS ANTERIORES, MAIS
- SEJA INTUITIVO
- SEJA IMPORTANTE
- COMPARTILHE AS BRINCADEIRAS
- OBSERVE SEU AMBIENTE

MEIO DESFAVORÁVEL
SENSIBILIZAÇÃO DE
MANDATOS E PERMISSÕES
NEGATIVOS

REFORÇO DOS ANTERIORES
MAIS: • NÃO SEJA INTUITIVO
        • NÃO COMPARTILHE
        • NÃO CONHEÇA SEU AMBIENTE

PERMISSÕES NEGATIVAS
REFORÇO DAS ANTERIORES
MAIS: • SEJA TOLO
        • SEJA EGOÍSTA
        • SEJA DESLOCADO

SISTEMA +	• REFORÇO DO ANTERIOR, MAIS
	• INÍCIO DA GRAVAÇÃO DO EDE P+
	• ACOMODAÇÃO A SITUAÇÕES NOVAS PELA C. ADEQUADA
	• DESENVOLVIMENTO DO ADULTO DA CRIANÇA
	• *COMO SERÁ*:
	• INTUITIVO
	• CAPAZ DE COMPARTILHAR
	• CAPAZ DE INTEGRAR-SE EM GRUPOS
	• CRIATIVO
SISTEMA −	• COMEÇA A GRAVAÇÃO DO EDE P-
	• FORMAÇÃO DA CRIANÇA ADAPTADA
	• EMOÇÕES, *RACKETS*
	• COMEÇA O ADULTO DEFEITUOSO
	• *COMO SERÁ*:
	• RETRAÍDO
	• CONFUSO
	• INSOCIÁVEL

TERCEIRA ETAPA: 6 MESES A 1 ANO

Estados do Eu: Nesta etapa, o Estado do Eu (EDE) que continua a prevalecer é a Criança Natural. Adquirem também desenvolvimento importante a Criança Adequada e a Criança Adaptada, de acordo com as condutas respectivamente adequadas ou inadequadas dos pais, gravadas como EDE Pai positivo e negativo, respectivamente.

A sensibilização a limites úteis estimulará o desenvolvimento da Criança Adequada, enquanto a referente a limites inúteis estimulará o da Criança Adaptada, dando lugar às formações Criança Adaptada Submissa Desvalida e Criança Adaptada Vingativa ou Rebelde Opositora (esta última em torno dos 9 meses).

A criança precisa de acompanhamento e orientação nas primeiras brincadeiras. Este acompanhamento, porém, deve ser dado dentro de certos limites úteis, que favoreçam sua independência. Mesmo que, segundo Gesell, a criança ainda não esteja em condições para uma franca incorporação de limites, penso que as condutas dos pais em tal sentido vão criando uma predisposição para eles. A mãe que brinca o tempo todo com o filho ou vive pendente de cada um de seus atos (deposita seus medos no filho), corre o risco de estimular-lhe a intolerância futura a ficar só, prolongando no tempo uma dependência inadequada. Seja como for, este comportamento favorece o desenvolvimento e o arraigamento do ser egocêntrico e tirânico. Se, pelo contrário, a atenção for pouca, estimulará na criança vivências de abandono, conformando uma modalidade desafetiva abandônica. A criança começa a agir usando da intuição com certa intencionalidade e, então, o Adulto da Criança dá um grande salto. Este uso antecipado da intuição e a predominância da informação sensorial ajudam à consolidação do Adulto Defeituoso, porque a intuição, como captação prévia a qualquer racionalidade, pode ser ou não correta. A racionalidade posterior é que vai corrigindo e ampliando o conteúdo do ato intuitivo. Quer dizer, a intuição precisa de uma revisão racional, de uma análise, de uma comparação para ser retificada.

Vejamos, por exemplo, o que ocorre na terapia: intuo que o paciente quer me dizer algo diferente do que está expressando. Intuo, mas não tenho a certeza. Para atingir essa certeza, devo realizar algumas manobras de confrontação e, através de técnicas de indução, aproximá-lo daqueles conteúdos, para que ele mesmo os expresse. A minha intuição então passa a ter caráter de verdade, pois foi expressa e confrontada.

As crianças não podem fazer essa revisão racional nesta fase, por não terem desenvolvido ainda o Adulto Científico e, por isso, admitem como verdade toda a informação sensorial e intuitiva. Mais tarde, com o desenvolvimento do Adulto, irá corrigindo muitas dessas informações, enquanto outras ficarão em nível não consciente, conformando o Adulto Defeituoso, integrante do Sistema Negativo da Personalidade, que promoverá o movimento no Triângulo Dramático interno.

O Triângulo negativo vem num vértice, o Estado do Eu negativo, que reúne os classicamente denominados Pai Crítico e Pai Nutritivo negativos, pois a meu ver estas duas figuras funcionam juntas.

Se observarmos a política, por exemplo, o ditador é tirano e demagógico.

O Pai negativo é tirano e demagógico. Ou seja, o ditador funciona sob esses dois aspectos. Embora no sistema familiar esses papéis, às vezes, se dividam entre os pais, um funcionando como Crítico e outro como Salvador (Nutritivo negativo), o que funciona como salvador pode ser crítico e o que funciona como crítico pode ser salvador. Assim, os dois estão no mesmo vértice e causam o mesmo mal.

A criança e o Adulto Defeituoso levam à mobilização triangular, pois, tendo o Adulto Defeituoso informações deficientes, faz sempre tudo malfeito, por partir de informações erradas, premissas falsas e, em alguns casos, de ilusões da Criança. Sabemos que a ilusão é uma captação deformada da realidade. Se fizermos um processo racional a partir de uma ilusão, chegaremos a uma conclusão falsa. O mesmo acontece se partirmos de um preconceito parental, que é um conceito não atualizado, que pertence ao "lá" e ao "então". Ou seja, ilusões e preconceitos estão formando o Adulto Defeituoso como pontos de partida comportamentais negativos. A organização do comportamento do Estado do Eu Criança, dentro do sistema negativo, é feita pelo Adulto Defeituoso. Isto implica uma revisão do Triângulo Dramático, pois a colocação clássica tira toda a responsabilidade ao indivíduo.

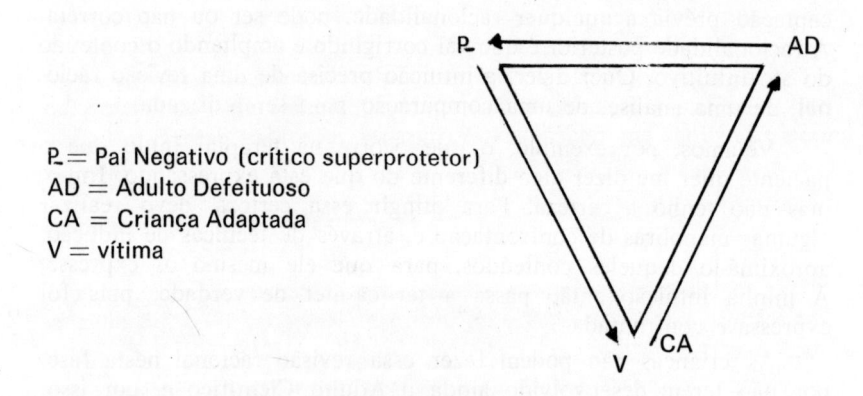

P. = Pai Negativo (crítico superprotetor)
AD = Adulto Defeituoso
CA = Criança Adaptada
V = vítima

Figura 7 — Triângulo Dramático

A partir deste enfoque, já não falo de Contaminação em termos clássicos. A Contaminação foi um conceito utilizado e entendido pragmaticamente, não quanto à sua gênese. De sua descrição parecia depreender-se que um Estado do Eu invadiria o outro. Isso não seria possível, pois dentro do córtex cerebral há confusões conceituais, por informação ilusória, e preconceitos, por gravações de conceitos de outras pessoas, mas não invasão de terrenos.

Energia

Nesta fase continua a predominar a energia diferenciada, através da maior relevância do instintivo (referente ao instinto de conservação) sobre o motivacional.

O prazer continua a ser experimentado, preferentemente, através da boca. A comida sólida lhe dá maior prazer porque no processo de deglutição ocupa maior superfície bucal. A sensibilidade gustativa estende-se à língua, ao paladar e à base posterior da faringe, junto à garganta, até onde chegam as papilas gustativas, possibilitando uma variedade de sensações. Há também uma procura do prazer corporal, através de aproximações físicas e dos novos contatos espontâneos com o espaço e os objetos que o deslocamento (engatinhar) favorece.

A energia indiferenciada expressa-se através do aparecimento da motivação de conhecimento, que se vai impondo continuamente pela vida afora, uma vez que só se esgota com a morte. A frase socrática: "Só sei que não sei nada" é um exemplo disso, pois, conforme se vai conhecendo, vão se vislumbrando limitações e novos objetivos de conhecimento, cada vez mais amplos.

A angústia existencial diante do desconhecimento do princípio e do fim das coisas, do mundo e da vida, está relacionada com esta motivação; o homem buscou respostas parcialmente satisfatórias, criando diversas imagens, às quais adjudicou caráter transcendente e divino. Esta motivação do conhecimento estrutura-se definitivamente por volta dos três anos, e vai sendo satisfeita, mais ou menos, ao longo da vida, em relação às Permissões recebidas para expressá-la. Nesta etapa, tal motivação manifestar-se-á através da curiosidade, da exploração, da experimentação e do pensamento concreto. A exploração primeiro é casual e depois intencional: está vinculada ao movimento.

Agora, a criança começa a sentar-se e a engatinhar. O engatinhar lhe permite a autodeslocação, quer dizer, certo grau de independência para alcançar os objetos.

A sociedade moderna, para comodidade dos pais, criou minicárceres, os famosos "chiqueirinhos", nos quais a criança aceita ficar por um pouco de tempo porque pode ficar de pé, agarrada às grades, e se distrai com seus brinquedos. Logo, porém, começa a gritar porque quer sair. Especialmente por volta dos oito ou nove meses, a necessidade de deslocamento é imperiosa, é como se sentisse o impulso de experimentar o espaço com seu próprio corpo. Mantê-la ali mais tempo do que o necessário é, de certo modo, dar-lhe um Mandato indireto de não se mover, de não explorar. Significa que podem desenhar-se aqui os Mandatos inibidores da curiosidade, da exploração, da pesquisa. A sensibilização a este tipo de Mandato lhe impõe depois ficar quieto, não experimentar, não ser curioso: ou seja, uma série de Mandatos muito prejudiciais para seu desenvolvimento psicossocial. Por tal razão, nesta fase é adequado favorecer o deslocamento da criança e seu contato com os objetos.

A experimentação agora inicia-se de modo casual, mas depois se reitera e estende de um para outro objeto, na busca de resultados semelhantes. Por exemplo: a criança toca casualmente um objeto e este se move; tende a repetir o gesto, intencionalmente, para obter o efeito anterior e, se não consegue, fica insistindo. Tenta o mesmo gesto com outro objeto e, se consegue um efeito semelhante, vai associando esses objetos, numa associação de tipo concreto. Ao reparar nos objetos, vai iniciando o conhecimento das coisas por suas funções, o qual se consolida em torno dos 2 ou 3 anos.

Se ao engatinhar encontra uma escada, é capaz de sentar-se, demonstrando que sabe que serve para se sentar. Esta tendência à experimentação levá-la-á a pegar tudo o que esteja perto de suas mãos. Por isso é importante tomar as precauções necessárias para evitar acidentes. Tirar de seu alcance objetos quebradiços, que possam feri-la (louça, vidros etc.). Só devem ser tiradas as coisas que representam perigo e deixadas as demais, favorecendo a curiosidade da criança. E mesmo ao limitá-la, deve-se usar de afeto e compreensão, para que ela possa ir aceitando tais limites sem um registro visceral disruptivo.

Se a orientação for adequada, a criança começa a fomentar o pensamento, ainda concreto e intuitivo. Começa a poder pensar. Começa a reconhecer e a diferenciar uma coisa da outra, dentro de seu campo perceptivo. A nível neurológico, inicia-se a relação límbico--cortical, que se estabelecerá por volta de um ano e lhe permitirá ter condutas antecipatórias. Um exemplo, saber o que fazer para evitar um castigo.

A representação não alcança o nível ótimo. Quando vê o objeto, reconhece-o, mas ainda não pode imaginá-lo na sua ausência.

Atividade: A atividade da criança, neste período, continua tendo predomínio reflexo, mas muitos outros elementos se vão agregando, pertencentes à energia indiferenciada, tais como a intencionalidade do ato de repetir uma experiência, de se dirigir por si mesma a um determinado objeto engatinhando, de erguer os olhos para a mãe ou para as pessoas que estão à sua volta.

Nesta fase tem a capacidade de sentar-se e brincar sozinha com um brinquedo, por muito tempo. Mas seu comportamento evidencia um processo assimilativo-destruidor, que corresponde ao instintivo. Pega as coisas e as quebra. Causa-lhe certo prazer pegar as coisas e deixá-las cair. Quebra por quebrar e não para conhecer, como fará mais tarde, quando procurará desmontá-las ou quebrá-las para saber como são feitas.

O aperfeiçoamento dos aspectos motores permite-lhe maior deslocamento espacial e melhor contato com as coisas. A atividade desta fase, como vimos, cumpre um papel preponderante no desenvolvimento dos processos do pensar. No instintivo predomina a assimilação e a destruição dos alimentos.

Necessidades: Às necessidades das etapas anteriores, que não desaparecem, acresce a de ser orientada em sua experiência. É muito importante que, quando atirar um objeto, e ele ficar longe demais, alguém o pegue e devolva, para que a criança possa atirá-lo de novo, pois este é o começo da experiência da fase seguinte, de pegar e atirar. Para lhe dar uma orientação adequada, favorecendo-a nas suas atividades experimentais, é necessário ficar com a criança por um bom tempo qualitativo, especialmente em torno de um ano de idade. Caso contrário, se não a orientarem, há de querer pegar em tudo e quebrar tudo. Se a inibirem, talvez se torne um ser (esquizóide) sem curiosidades, sem intuição, tímido e retraído.

Os pais devem conhecer o porquê desses atos, que pertencem a uma fase necessária, que se impõe pela natureza e na qual a criança precisa da colaboração deles para cumpri-la sem temores, sem repressões. É importante que comecem a dar-lhe brinquedos didáticos adequados para essa idade, bem como livros resistentes, de folhas duras e fortes, com desenhos grandes, pois gosta de olhar figuras, diante das quais tem exclamações de prazer. Este material estimulará sua capacidade de pensar e o desenvolvimento da motricidade. O acompanhamento deve ser dado com participação ativa, com proteção, com afeto e entusiasmo. Se a mãe não participa ativamente, se o faz apenas por obrigação — porque o pediatra ou a psicóloga mandaram — o filho captará isso vivencialmente e sentir-se-á mal e, por sentir-se mal, não quererá brincar, ou então promoverá algum tipo de alvoroço disruptivo da situação.

Vida Emocional

Começa a manifestar-se uma vida emocional (vivencial) mais ativa que nas etapas anteriores, em que só se manifestava pelo sentir-se bem ou mal. Diante de rostos desconhecidos expressava mal-estar, incômodo e repúdio. Estas manifestações não devem ser reprimidas, pois, se forçada poderia deslocar esse medo para as pessoas com as quais está familiarizada e apegar-se mais à mãe, que é a figura com quem está mais estreitamente relacionada. É preciso levar em conta que este comportamento é normal, pois se trata de uma insociabilidade momentânea.

Em torno dos oito ou nove meses, a criança mostra surtos de irritabilidade, é como se fosse o tirano da família, fica encolerizada, faz beicinho, chora e grita facilmente. Significa que ocorre uma variação do caráter afetivo muito importante, que na fase seguinte já desaparece. Diante dessa conduta, caberá dar-lhe o suficiente e esperar que a birra passe. Não entrar em respostas ansiosas que, longe de contribuir para uma solução, a distorcem e eventualmente transformam em modelo de extorsão. Muitas vezes, quando o filho faz birra, as mães oferecem-lhe um brinquedo, depois outro e mais outro, balas, caramelos, chocolate, mostrando a sua própria ansiedade e ineficiência para compreender a situação.

Desse modo, não se trabalha para que a tirania desapareça, mas, pelo contrário, para se afirmar o seu egocentrismo, que se traduz em querer ser o outro, em monopolizar a atenção da família, em estar numa permanente situação de auto-referência. É o período que Freud denominou de *fase narcisista*. Eu prefiro considerá-lo como o início de um período auto-afetivo importantíssimo para a futura consolidação da segurança em si mesmo.

Em face de um adulto egoísta, que tudo quer e tem caprichos irracionais, seria de pensar que nessa etapa da vida lhe aconteceu algo e que provavelmente não foi contido adequadamente nos seus transbordamentos afetivos. Um adulto que se superestima ou se subestima também pode ter tido dificuldades nessa etapa.

Informação: A informação começa a ficar complexa. Embora haja predomínio da informação sensorial, já se inicia a atividade do pensamento concreto. Neste, o campo do pensamento e o campo de percepção coincidem.

No final do primeiro ano, a criança começa a poder substituir o objeto por uma imagem, ou seja, entra na fase representativa. Isso é de suma importância, porque significa que nesse momento começa ela a saber que o objeto e ela própria são entidades diferentes. Prepara-se a separação da simbiose natural materna e começa a separação entre o eu e o outro. Surgem sentimentos, emoções e vivências de si mesmo, que indicam que ela e o outro são seres diferentes. Este é seu irmão e esta é ela. Tais conquistas firmar-se-ão na fase seguinte.

Estes seis meses são de enorme riqueza quanto à maturação da criança e requerem cuidado especial por parte dos pais para entendê-la e orientá-la. Além do conhecimento concreto, ocorre o começo da representação sensorial. Implica ela no aparecimento do pensamento abstrato, que permite a representação do objeto por uma imagem. E o ter em mente a imagem desse objeto. O começo do pensamento abstrato é o começo da formação do Adulto Científico.

Meio Favorável: Se o meio lhe é favorável, dentro do Sistema Normativo Positivo, começará a instalar-se a sensibilização à Permissão para existir, além de reforçar as anteriores. A Permissão para existir corresponde ao desenvolvimento psicossocial, assim como a Permissão para viver corresponde ao desenvolvimento biológico e morfológico.

Até agora, tudo girava em torno do biológico, ou seja, da Permissão para viver; agora, começa a dar realce aos aspectos existenciais. Quer dizer, começa a manifestar-se como pessoa. Ganha sensibilidade à Permissão para explorar e experimentar. Os pais vão estimular essas Permissões, acompanhando a criança em suas experiências e favorecendo que as repita. Quem tem instaladas essas permissões, quando realiza uma tarefa e se engana, é capaz de recomeçar e corrigir os erros, para conseguir êxito.

Muitas pessoas começam as coisas e, diante de qualquer dificuldade, logo as abandonam. No extremo máximo, está aí uma característica das personalidades esquizóides. Tal se deve, certamente, ao fato de não se terem instalado as Permissões para explorar, investigar e experimentar, cuja sensibilização se dá nesta fase da vida.

A interação com os pais favorece o reforço da sensibilização à Permissão para Pertencer.

Meio Desfavorável: Se o meio é desfavorável, vai sensibilizá-la para Mandatos e Permissões negativos.

O Mandato "Não exista", é o Mandato básico do psicossocial e seu cumprimento pode levar à loucura ou a outras formas de morte psicossocial. Pode-se cumpri-lo até o final ou chegar apenas a aspectos parciais, através de Mandatos gregários.

Um dos mais importantes Mandatos gregários do "Não exista" é o "Não pense". O indivíduo, ao não pensar, não desenvolve sua capacidade intelectual de acordo com o potencial natural inato. Para não pensar, não tem que usar tampouco todos os elementos necessários para o pensar, que poderiam funcionar em separado ou por si mesmos, como, por exemplo, a intuição, a curiosidade.

Com a curiosidade se instrumentaliza a intuição para o conhecimento. Ao não ser curioso anula-se a intuição, anula-se o impulso da motivação de conhecimento, impede-se experimentar e, portanto, não existe nenhuma possibilidade de pensar.

As Permissões negativas correspondentes ao "Não pense" são "Seja estúpido", "Seja confuso". Diante da Proibição de pensar, a criança ensaiará condutas com as quais tentará neutralizar a pulsão da energia motivacional: se uma dessas condutas for de estupidez ou de confusão e receber a reiterada aprovação dos pais, ela vai se sensibilizando para se fazer de estúpida e ter *rackets* de confusão. Se é confusa, não pode pensar correta e logicamente e, portanto, não desenvolve adequadamente seu pensar.

O Mandato "Não pertença" traz consigo a Permissão negativa para ficar só, que implica o "Não se integre", "Não se incorpore".

Sistema Positivo

Dentro do Sistema Positivo, gravará os atos externos de orientação e apoio às suas experiências e deslocamentos como Estado do Eu Pai positivo e, concomitantemente, as reações emocionais que essas condutas provocam na Criança Adequada, já que facilitam sua integração e adequação ao meio ambiente.

Essas vivências, que vão sendo entendidas como prazer, alegria ou tristeza, pertencem à Criança Adequada, que conseguiu essa compreensão transformando-as em emoções. Como resultado de suas experiências, e do surgimento de formas incipientes de pensar, começa a moldar-se, também, o Adulto. Em conexão com esses desenvolvimentos positivos, no futuro será adequada às circunstâncias. Adequada emocionalmente, porque aprendeu a reconhecer, compreender e diferenciar suas vivências. Adequada em suas ambições, porque conheceu os limites dos seus desejos, o que reverterá em ambições concordes com suas necessidades, suas capacidades e a realidade externa.

Será curiosa quando se sentir movida a investigar para conhecer o cotidiano e o que se refira à sua profissão.

(Todos deveríamos ser curiosos e pesquisadores de nossa vida cotidiana. Cada ato de nossa vida merece uma pesquisa. E note-se que não devemos pensar que curiosidade e investigação se restringem ao plano profissional: no plano cotidiano da vida, em que somos artífices e construtores de cada momento, é importante que atuemos atenta e reflexivamente.)

Será lógica, pela capacidade de pensamento abstrato, pela participação do Adulto, que dará ao seu comportamento correção e segurança, o que se transforma em autoridade. Terá, além disso, boa capacidade de integração familiar e grupal, na escola, no trabalho, nos grupos em geral.

Se o meio for negativo, agressivo, desprotetor ou superprotetor e invalidante, formará o Estado do Eu Pai negativo, bem como sua contrapartida emocional não consciente, a Criança Adaptada: vingativa, opositora ou submissa desvalida (segundo a qualidade do estímulo externo seja de agressão ou de superproteção).

Começa aqui a formação da Criança Adaptada Opositora, em conformidade com a tendência tirânica e egocêntrica da criança nesta fase. O Adulto Defeituoso vai se estruturando em conformidade com a intuição e a informação sensorial, não confrontadas adequadamente com a realidade através de um ato reflexivo, e preparará os instrumentos para pôr em marcha brincadeiras e *rackets*.

Se predominam estes elementos negativos, no futuro teremos um indivíduo inseguro e retraído, sem inquietações nem inclinações de curiosidade, inibido em sua criatividade, com desenvolvimento intelectual pobre, inclinado à confusão e ao embaraço.

Esta pode ser a fase preparatória de uma esquizofrenia. O esquizofrênico é um confuso remetido a etapas anteriores da vida.

QUADRO SINÓPTICO

IDADE: 6 MESES A 1 ANO

EDE: CN — AC — CA — P — P+ — A. Def. — A

ED :: I
- INSTINTO DE CONSERVAÇÃO
- PRAZER: BOCA
- NARCISISMO

EI :: M
- CONHECIMENTO — CURIOSIDADE / EXPLORAÇÃO / EXPERIMENTAÇÃO
- PENSAR CONCRETO
- PERTENÇA (ACOMPANHAMENTOS PATERNOS)

ATIVIDADE
- REFLEXA
- INTENCIONAL
- ASSIMILAÇÃO E DESTRUIÇÃO
- DESLOCAMENTO

NECESSIDADES
- O ANTERIOR, MAIS
- ORIENTAÇÃO EM SUAS EXPERIÊNCIAS
- COMPREENSÃO DE SEUS ATOS
- COORDENAÇÃO DE SUAS BRINCADEIRAS
- LIMITES ÚTEIS

VIDA EMOCIONAL
- MEDO DOS ESTRANHOS
- IRRITABILIDADE

INFORMAÇÃO
- SENSORIAL
- CONCRETA
- COMEÇA A CAPACIDADE REPRESENTATIVA

M. F.: SENSIBILIZAÇÃO DE PERMISSÕES
- REFORÇO DOS ANTERIORES, MAIS
- EXISTA
- MEXA-SE
- EXPLORE
- EXPERIMENTE
- INVESTIGUE
- PENSE
- PERTENÇA

M.D.: *SENSIBI-LIZAÇÃO DE MANDATOS E PERMISSÕES NEGATIVOS*	• REFORÇO DOS ANTERIORES, MAIS *PERMISSÕES NEGATIVAS*	
	• *NÃO:* EXISTA	• SEJA LOUCO
	SE MEXA	• FIQUE QUIETO
	EXPLORE	• SEJA CONFUSO
	EXPERIMENTE	• SEJA TOLO
	INVESTIGUE	• FIQUE SÓ
	PENSE	
	PERTENÇA	

SISTEMA +

- FORMAÇÃO DA CA
- RECONHECIMENTO EMOCIONAL
- DESENVOLVIMENTO DO AC
- COMEÇO DO A
- FORMAÇÃO DO P +

SERÁ:

• ADEQUADO ÀS CIRCUNSTÂNCIAS	• CURIOSO
• ADEQUADO EMOCIONALMENTE	• PESQUISADOR
• AMBIÇÃO ADEQUADA	• LÓGICO
	• CORRETO
	• SEGURO

SISTEMA −

- FORMAÇÃO DA CAd, ADULTO DEFEITUOSO E P −
- INCORPORAÇÃO DE *RACKETS* E BRINCADEIRAS

SERÁ:

• INSEGURO	• NÃO INTUITIVO
• NÃO CRIATIVO	• RETRAÍDO
• CONFUSO	• INSOCIALIZADO
	• VIVÊNCIA DE NÃO SER ACEITO

QUARTA ETAPA: 12 A 18 MESES

Neste estágio, entre os doze e os dezoito meses, vai tomando forma tudo o que foi obtido nas etapas anteriores, ao lado de novas formas de motivação, que precisam ser levadas em conta.

Estados do Eu

Entre os Estados do Eu, continuam a predominar a Criança da Criança e o Adulto da Criança.

Dentro do Sistema Negativo, prossegue seu desenvolvimento a Criança Adaptada em relação aos estímulos do Pai negativo e do Adulto Defeituoso. No Sistema Positivo, e de acordo com as incorporações do Pai Positivo, continua a se forjar a Criança Adequada.

O Adulto enriquece o aspecto científico e começa a desenvolver o aspecto sentimental.

Energia

A energia diferenciada, representada pelos instintos, dá início a um deslocamento do prazer para a zona anal. Nas fases anteriores predominava o prazer oral, mas agora predomina o prazer anal e seus conteúdos destrutivos.

Freud chama este período de sádico-anal, tendo em vista as pulsões agressivas-expulsivas vinculadas à defecação. Caberia aqui indagar se o destrutivo abrange também o motivacional.

Freud estabelecia uma relação entre o expulsivo, isto é, a não retenção esfincteriana e a caracterologia do indivíduo. Dizia que as pessoas que se fixam na fase de expulsão são pessoas não retentivas, isto é, com dificuldade de guardar, conservar. Portanto, têm problemas para conservar o que lhes pertence, para reter os afetos ou atividades e os trabalhos que empreendam.

A energia indiferenciada se expressa através das motivações de conhecimento, presença e propriedade. O conhecimento alcança novas formas através de um importante desenvolvimento do Adulto Científico, baseado no aperfeiçoamento maturativo, que possibilita sensíveis mudanças ao final desta etapa (aquisição da linguagem e início da representatividade a nível de pensamento).

O começar a andar, que ocorre por volta de um ano de idade, e que se vai consolidando pelo exercício, permite à criança ampliar o seu raio de exploração e experimentar (como disse Wallon) um "espaço locomotor" povoado de objetos cada vez mais discrimináveis, especialmente a partir de aquisição da linguagem. Esta etapa abrangeria dois dos estágios da fase sensoriomotriz de Piaget: o quinto estágio, de descobrimento de novos esquemas de conduta pela experimentação ativa (reações circulares terciárias) e o sexto estágio, de transição do ato intelectual sensoriomotor para a representação. O quinto estágio refere-se ao enriquecimento de possibilidades na experimentação e o sexto à interiorização dos modos de conduta pela imitação, que implicam representações simbólicas ainda incompletas (a criança de 14 meses abre e fecha a boca antes de abrir uma caixa, imitação de objetos e pessoas na presença ou ausência dos modelos).

A motivação de presença refere-se à necessidade da criança de se fazer notar, que estaria ligada com a evolução de sua personalidade no tocante à separação eu-não eu, ao reconhecimento de si mesma como ser separado e à concomitante angústia de perda e separação.

A motivação de pertença afirma-se através da expressão verbal, que favorece melhor conexão com o meio.

Atividade: A atividade reflexa vai perdendo o predomínio sobre a atividade voluntária. Esta tem sua máxima expressão na motricidade e na linguagem. Wallon (ao final deste período) denomina este estágio de sensoriomotor, caracterizado pela experimentação, pela pesquisa e pela mobilidade, que lhe permitem integrar os espaços num só: o "espaço locomotor". Esta verdadeira revolução pela marcha aumentará seu caudal de experiência, o que contribuirá para o desenvolvimento de representações mentais e para um conhecimento mais apurado do mundo dos objetos.

A criança, diz Gesell, encontra-se num movimento constante, de modalidade intrusiva, que será reforçada pela linguagem (solilóquio verborrágico), que lhe serve para se impor (a partir dos 15 meses aproximadamente). Sua atenção é rápida e móvel e a manipulação dos objetos mais adequada e discriminativa. Já descobriu a textura e a terceira dimensão. Reage adequadamente diante de algumas ordens simples e se mostra interessada e inclinada a imitar as condutas dos adultos.

Necessidades: Estes novos desenvolvimentos impõem à criança uma nova gama de necessidades, que o meio deveria estar em condições de satisfazer. Dizem eles respeito à afetividade, às novas motivações e aos limites. Nesta fase, há uma necessidade de expansão a partir do desenvolvimento e aperfeiçoamento da marcha. Satisfazê-la favorecerá a segurança da criança e seu desenvolvimento intelectual. Fornecerá igualmente a independência, na medida em que já não necessita dos adultos para se deslocar, o que melhora a discriminação de si mesma, ou seja, o processo de individualização.

Quanto ao desenvolvimento intelectual, ver-se-á estimulada em novas experiências, que ampliarão seu campo cognitivo. Lentamente, a linguagem vai se desenvolvendo, favorecendo a evolução do pensamento (já que palavra e representatividade andam juntas) a discriminação das coisas e um modo mais evidente de fazer sentir sua presença entre os seus.

É importante o estímulo desta nova e tão valiosa aquisição. Estimula-se a criança falando muito, acompanhando cada ato nosso com palavras explicativas e respondendo às suas perguntas.

A linguagem a ser usada deverá ser correta, simples e compreensível em seu conteúdo. As perguntas das crianças referem-se ao nome dos objetos e ao lugar em que se encontram. Isto lhes permite maior discriminação do objeto dentro do contexto perceptivo do qual faz parte, unindo-o a objetos semelhantes (Wallon).

No final desta fase, surgem os *por quê*? Basicamente, referem-se à motivação de conhecimento. Responder à indagação é estimular suas inclinações para a pesquisa e a análise, o que implica uma permissão para conhecer, pesquisar e analisar. Sua atividade precisa de se desenvolver num clima de limites úteis, que evitem o desenvolvimento de um comportamento anárquico ou inibido.

Vida Emocional

O medo a estranhos vai diminuindo e suas formas de reação emocional são mais adequadas às circunstâncias. Percebe e comunica, mesmo com seu mínimo vocabulário verbal, ampla gama de estados emocionais: dor, prazer, medo, cólera, desgosto, carinho, ansiedade, etc. Isto mostra o desenvolvimento do aspecto emocional da Criança Adequada, decodificadora das vivências da Criança Natural. Embora pequena, já existe uma distinção entre eu e os outros. Esta separação, iniciada a partir da relação simbiótica materna, dá origem a uma ansiedade de perda e depressão.

Informação: A informação continua tendo predomínio sensorial, pois continua a recebê-la através de todo o seu corpo, tanto no interoceptivo como no exteroceptivo.

Durante a vida toda recebemos este tipo de informação. Estamos submetidos à influência de, mais ou menos, dez mil estímulos diferentes por segundo. Nós, os adultos, somente conscientizamos dois deles, enquanto as crianças captam mais, não a nível consciente mas a nível vivencial, porque a atenção delas está mais no aqui e agora, enquanto que nós, de preferência, estamos entre os projetos e as recordações.

A criança vive mais presa à informação sensorial e ao pensar concreto, não obstante lhe seja possível fazer uma imagem mental dos objetos. No estágio anterior só reconhecia os objetos quando estavam em seu campo perceptivo. Neste momento, mesmo na ausência deles, consegue recompô-los em mente, o que representa uma forma de abstração. Esta capacidade representativa se reforça com a possibilidade de associar imagens de objetos, apesar de continuar numa fase pré-lógica do pensamento. A capacidade representativa favorece o desenvolvimento da linguagem porque, como dissemos antes, pensamento e linguagem caminham juntos. O representativo facilita a representação simbólica da palavra: a representação simbólica da palavra permite a sua expressão verbal. Esta expressão verbal aumenta a capacidade representativa. E assim sucessivamente, em realimentação contínua — representação e palavra — produzindo um desenvolvimento por mútua interinfluência. Estas aquisições estão vinculadas ao desenvolvimento do Adulto Científico.

Surgem aqui os elementos de tipo mágico. Por volta de um ano e meio, as crianças se encantam ao ouvir histórias simples e mágicas. O pensamento mágico é um pensamento natural no ser humano, faz parte de sua fantasia e não seria nocivo se lhe déssemos realmente a conotação mágica que tem: o mal é quando, por insegurança, lhe damos o controle da nossa vida. É aí que o pensamento mágico opera como tal, tornando-se negativo. Tecer fantasias é próprio da nossa Criança, que precisa delas, mas não se deve tomá-las como verdade, e sim reconhecê-las como tais. No momento em que se confunde a fantasia com a realidade, entra-se no psicótico. Quem não tem senso da realidade e toma suas fantasias como reais, tem um comportamento psicótico.

O pensamento mágico que, nesta época da vida, começa a acoplar-se às outras formas do pensamento, perdura e aumenta segundo a cultura. Sabemos que no Brasil há muito pensamento mágico, e muita gente acredita nele como real. Daí se originam depois muitos malefícios (reais). Do momento em que começa a instalar-se, o pensamento mágico pode ser fomentado pelos pais, em função dos seus temores irracionais (deles, pais). Se a criança vive num âmbito mágico, vai desenvolvendo essa forma de pensar. O pensamento mágico muda as leis de causalidade pelas da casualidade. Isto é, em vez de buscar as causas dos fatos, busca o casual deles. O que dá maior impulso a esta forma de pensamento é a vivência de inferioridade, de incompetência para enfrentar a problemática da vida, bem como a necessidade de criar um mundo defensivo, lançando a potência fora e longe de si. Quer dizer que, com o pensamento mágico, o ser humano vai se esvaziando de seus próprios conteúdos autênticos, para atribuir às coisas físicas, inclusive, a capacidade de ter influência, positiva ou negativa, sobre si e sobre os outros. As superstições e as cabalas fazem parte deste modelo animista. A religião é um pensamento mágico refinado. Esta forma de pensar faz que o indivíduo, sem o perceber, deixe de crer em si mesmo, porque atribui toda a segurança às forças externas que os deuses lhe deram.

Na realidade, podemos ser bruxos conosco, no sentido negativo, inventando auto-enganos, que atentam contra o nosso equilíbrio emocional. Poderíamos sê-lo em sentido positivo se utilizássemos adequadamente o poder da mente. O controle da mente tem possibilidades enormes, como a de curar uma ferida sem recorrer à suturação. Assim como aprendemos a adoecer pela mente, também podemos curar-nos pela mente. Lamentavelmente, aprendemos apenas o negativo. As doenças psicossomáticas são causadas pela mente. Então, se podemos fazer adoecer um órgão, também podemos curá-lo — temos que aprender como.

Todos os pensamentos mágicos fazem com que o indivíduo se refugie em procedimentos falsos para vencer sua impotência, em vez de procurar descobrir suas próprias capacidades para se tornar potente. Por isso é preciso ler coisas mágicas para as crianças, sem, contudo, querer com isso oferecer elementos de segurança — tal oferecimento seria nocivo para o perfeito desenvolvimento de sua personalidade.

Além do mágico, nesta fase se afirma um modo de pensamento por generalização. Esta significa estender qualidades ou condutas semelhantes a objetos semelhantes. Por exemplo: se a minha mãe agiu de determinada maneira, e a minha mãe é mulher, todas as mulheres podem agir da mesma maneira. Se a minha mãe não me ama, e ela é mulher, nenhuma mulher me vai amar. Se o meu pai não me ama, e ele é homem, nenhum homem me vai amar; o meu pai é inatingível para mim, portanto, nenhum homem será atingível para mim e, se algum está comigo dizendo que me ama, é mentira.

Meio Favorável: Se o meio é favorável, promoverá o desenvolvimento do Sistema Positivo e da sensibilização para Permissões vinculadas fundamentalmente à realização psicossocial: Permissões para conhecer, para experimentar, para pensar, para ser criativo, para transformar.

No final desta fase, mesmo os aparentes atos de destruição têm conotações de transformação. A criança começa a transformar as coisas. Simplesmente transforma o que encontra através da decomposição do objeto, para conhecê-lo, ou através do seu deslocamento, para conseguir uma mudança gestáltica. Isso é produto do impulso de pesquisa e de criatividade. Se a sua movimentação, o contato com os objetos e os questionamentos são favorecidos, adquire sensibilização às permissões necessárias para desencadear a motivação de conhecimento.

Essa facilitação também lhe favorecerá a consecução da independência.

O reconhecimento e a valorização de sua presença e de seus atos confirmarão na criança a auto-estima e o sentido de pertença.

Estas possibilidades de comportamento devem ser entendidas em sentido amplo, pois podem aplicar-se a todas as circunstâncias vitais. Um indivíduo que tem Permissão para pesquisar poderá aplicá-la em todas as situações e não exclusivamente no sentido profissional. Poderá pesquisar com suficiência para conhecer a forma de resolver seus problemas cotidianos. Investigando, poderá encontrar-se a si próprio, conhecer seus sentimentos e pensamentos, desenvolver valores éticos e adquirir autonomia.

Meio Desfavorável: Muitas vezes os pais fazem, por causa de sua experiência pessoal e de determinados modelos culturais, interpretações errôneas de alguns comportamentos. Por exemplo: confundem o desmontar de um objeto com uma ruptura intencional, e então castigam ou ameaçam a criança com a privação dos seus brinquedos. Tudo isso conduz a uma inibição da experimentação e, portanto, a um atraso ou, possivelmente, a uma inibição definitiva na capacidade de pesquisa, já que no princípio foi experimentação e ruptura, agora evolui para a transformação e decomposição. Isto representaria a sensibilização para Mandatos referentes à necessidade de conhecimento e investigação: "Não experimente", "Não pesquise", "Não seja curioso", "Não seja intuitivo", "Não aprenda". E levaria à incorporação de Permissões negativas opostas a essas realizações: "Seja abúlico", "Seja indiferente", "Seja incompetente".

Considerando que essas experiências favorecem o desenvolvimento do pensar, poderíamos acrescentar: "Não pense", "Não reflita", especialmente se falta o diálogo e o esclarecimento verbal. As Permissões negativas correlatas seriam: "Seja confuso", "Seja tolo", "Seja estúpido." Como corolário, teríamos um convite ao não crescimento, ao isolamento e à desvalorização.

Sistema Positivo

Um comportamento parental afetivo, moderadamente permissivo e esclarecedor incorporar-se-á como Estado do Eu positivo, promovendo o desenvolvimento da Criança Adequada inquieta, curiosa e espontânea, disposta a incorporar conhecimentos e a expressar-se sem inibições.

A maturação neurológica com as novas possibilidades favorecerá o desenvolvimento do Adulto Científico, através da crescente capacidade de abstração, bem como do Adulto Sentimental com relação a uma maior discriminação dos conteúdos emocionais. De acordo com estas formações, no futuro será um indivíduo capaz de refletir, pesquisar, seguro de si para a afetividade, para as suas realizações, espontâneo e curioso, integrado no seu meio. Será uma pessoa correta no sentido de que respeitará o espaço vital do outro e fará respeitar o seu próprio. Não luta por isso, a sua simples presença impõe respeito.

Será agradável para quem o rodeia, porque está OK e considera o outro OK. Por ter-se encontrado consigo mesmo, não precisa projetar seu mal-estar sobre os demais. Não precisa descarregar os dissabores ou a raiva sobre outras pessoas. Não se vale nem se aproveita dos demais, nem deixa que os outros se aproveitem dele. Sabe pedir a ajuda de que necessita a quem lha possa dar e aceitá-la enquanto dela precisa. É justo, exceto se está passando por um momento de tensões externas que o dominam.

Sistema Negativo

Se, pelo contrário, o meio é inibidor de suas inquietudes, de modo hostil ou superprotetor, surgirá o Estado do Eu Pai negativo, castrador ou desvalorizante. De forma não consciente, a Criança Adaptada dará respostas de rebeldia ou de submissão, segundo a qualidade do estímulo. Se o meio foi agressivo, ameaçador ou desafiante, promoverá o desenvolvimento de aspectos tirânicos, agressivos ou de oposição contínua. O Adulto Defeituoso acrescentará elementos resultantes da intuição e da informação sensorial, ambas precárias quanto à objetividade dos seus conteúdos.

Embora o excesso de limites resulte inibidor dos potenciais de conhecimento e criatividade, a sua falta absoluta levará a criança a um estado anárquico, que poderíamos identificar como formação psicopática. No futuro, e segundo o grau de desenvolvimento destas formações negativas, teremos um indivíduo reprimido no aspecto motivacional, com dificuldades para decodificar suas próprias necessidades, sem interesses, apático e indeciso, com um contato superficial com as coisas e as pessoas. Soem escolher como par, sob forma de compensação, pessoas que querem conduzir e controlar.

Às vezes, para chamar a atenção, o indivíduo recorre a comportamentos hipocondríacos. Se a ruptura da simbiose não for estimulada, o resultado será um Mandato de não crescer a nível afetivo ou intelectual. O nível afetivo é mais primitivo e mais grave, por ser regressivo, já que as manifestações afetivas começam mais cedo e os níveis de compromisso são de tipo visceral. Assim, poderia desembocar num bloqueio afetivo, quer dizer, não desenvolver as capacidades afetivas de dar e receber, aparentando estar sob pressão do Impulsor "Seja forte", mas na realidade acontece que tem necessidades internas que não pode expressar.

Poderia, também, expressar-se afetivamente, porém de forma imatura, o que lhes empresta características infantis. O "Não cresça" a nível intelectual vai-se evidenciando por volta dos 3 anos, embora a sensibilização a este Mandato tenha ocorrido anteriormente, com as repressões à expressão das necessidades de pesquisar, de curiosidade, de saber, de perguntar. Na realidade, se fizermos uma análise mais profunda, este "Não cresça" pertence mais ao afetivo do que ao intelectual, não obstante ter sido dada ao intelectual a primazia deste Mandato. Mandatos aparentemente referentes ao lado intelectual — "Não triunfe", "Não seja importante", "Não pense" — são gregários do Mandato básico "Não exista". Por isso, estou revendo o significado do "Não cresça", que é amplo e abrange muitos Mandatos gregários e que, no meu entender, estão na ordem afetiva.

Temos visto, em certas culturas, meninos-prodígio, que nem sempre tinham um suporte de coeficiente intelectual que lhes permitisse ser prodigiosos, crianças superestimuladas para fazer determinado trabalho, correspondente a pessoas maiores, mais velhas, como recitar poesias, tocar um instrumento musical, fazer operações matemáticas. Pois bem, muitas delas, quando chegam à idade adulta, deixam de existir como prodígios. Ao fazê-las desenvolver motivações por superestimulação, estruturando-as antes da possibilidade do acompanhamento da maturação, pareciam muito superiores às outras crianças não estimuladas dessa maneira. Uma criança que toca piano aos seis, sete ou oito anos, como um adulto, sabe muito mais que uma criança comum e, portanto, chama a atenção. Mas, quando for adulta, por falta de coeficiente adequado, será comparada com adultos e deixará de ser prodígio, pois toca ao mesmo nível. Não conseguiu ir além.

(Mozart tocava desde pequenino. Filho de músicos, viveu mamando música, mas tinha um grande cabedal como suporte e, aos sete anos, tocava piano como um deus. Em adulto, superou os adultos da época porque seu coeficiente intelectual era muito superior. Foi um menino-prodígio real.)

Essas estimulações exageradas representarão para a criança triunfos parciais, pois é provável que durem algum tempo, para depois cair no anonimato.

Quem tem pressa de crescer no afetivo, não tem capacidade de se divertir, de desfrutar. Não pode viver a etapa que lhe toca viver num crescimento adequado, acompanhando adequadamente o desenvolvimento, porque tem que se sobrecarregar de responsabilidades, muito prematuras para ele e, portanto, não pode desfrutar. Quem tiver pressa de fazê-lo na ordem intelectual, como tem de atender apenas a esse desenvolvimento, tampouco poderá atender às brincadeiras da criança que lhe toca viver nessa fase de crescimento.

QUADRO SINÓPTICO

IDADE: 12 A 18 MESES

EDE: CC — AC — CA — P + — CA — P — — AD — A —

ED : : I
- ANAL
- DESTRUTIVO
- SÁDICO
- EXPULSIVO

EI : : M
- CONHECIMENTO   EXPLORAÇÃO
  EXPERIMENTAÇÃO
  TRANSFORMAÇÃO
  EXPRESSÃO VERBAL
- PRESENÇA
- PERTENÇA

ATIVIDADE
- MARCHA INSEGURA
- ATIVIDADE EGOCÊNTRICA

VIDA EMOCIONAL
- MENOS TEMEROSO
- MENOS SORRIDENTE

NECESSIDADES
- EXPLICAÇÕES
- ENSINO
- RESPOSTA A SUAS PERGUNTAS
- ESTÍMULOS DE RECONHECIMENTO
- SER OBSERVADO
- LEVADO EM CONTA
- LIMITES ÚTEIS

INFORMAÇÃO
- SENSORIAL
- DESENVOLVE-SE A CAPACIDADE
  REPRESENTATIVA
- VAI-SE JUNTANDO O MÁGICO
- NO FINAL DESTE ESTÁGIO COMEÇA A
  PERCEPÇÃO CONCRETA DO OBJETO
- COMPREENSÃO DA LINGUAGEM
- PENSAMENTO POR GENERALIZAÇÃO

M.F. SENSIBILIZAÇÃO
DE PERMISSÕES AS ANTERIORES SE VÃO ESTRUTURANDO E
AFIRMANDO PARA: • CONHECER
• EXPERIMENTAR
• PENSAR
• CRIAR
• TRANSFORMAR
• PERTENCER
• SER INTUITIVO
• EXPLORAR
• APRENDER

M.D. SENSIBI-	• NÃO SEJA:	• SEJA:
LIZAÇÃO DE	SÃO	DOENTE
MANDATOS E	SENSÍVEL	INSENSÍVEL
PERMISSÕES	AFETIVO	NÃO AFETIVO
NEGATIVOS	CURIOSO	INCOMPETENTE
	CRIATIVO	ABÚLICO
	INTUITIVO	ESTÚPIDO
	• NÃO: PERTENÇA	SOLITÁRIO
	APRENDA	TOLO
	PENSE	CHATO

SISTEMA + • P +
• DESENVOLVIMENTO DA CA — COMEÇO DO AS
• INCORPORAÇÃO DE EXPERIÊNCIAS CONCRETAS
SERÁ: CAPAZ DE PESQUISAR
CAPAZ DE ESTAR SILENCIOSO
CORRETO
CAPAZ DE RESOLVER ADEQUADAMENTE
JUSTO
AFETIVO

SISTEMA — • ESTADO GRAVE PSICOPATA
• SEM MOTIVAÇÕES
• CHATO
• HIPOCONDRÍACO
• SEM AMBIÇÕES

QUINTA ETAPA: 18 A 24 MESES

Estados do Eu: Nesta fase, ocorre importante desenvolvimento do Adulto, relacionado aos aperfeiçoamentos de atividade cortical, que vão possibilitando a aquisição do pensamento abstrato. A capacidade de representação (substituir o objeto por sua imagem) ajuda a elaborar a separação da natural simbiose que a criança vivia com a mãe e é o começo da afirmação do Eu.

Aperfeiçoando a capacidade de deslocamento e de movimentação, está apto a viver experiências mais enriquecedoras. A linguagem, cada vez mais apropriada, irá dando nome às ações e às coisas. Estamos num período de polimento e acabamento do anterior. As figuras parentais continuarão incorporadas nos respectivos sistemas positivo e negativo, segundo a qualidade do seu comportamento, favorecendo o desenvolvimento da Criança Adequada ou da Criança Adaptada em relação com um e outro. A respeito da Criança Adaptada, sabemos que as condutas superprotetoras ou as de hostilidade podem induzir à submissão ou à oposição.

A atividade do Eu inicia-se com uma fase de negação instrumental para a auto-afirmação e que não deve ser interpretada como comportamento da Criança Rebelde Opositora. A criança começa a viver separada do mundo e, para reafirmar essa descoberta, tende a se opor a tudo que é estranho, como a confirmar que não faz parte dele.

Dizemos que a criança, neste período, nega tudo o que é alheio a si mesma, embora isso não signifique opor-se a algo ou a alguém. É um não sistemático e automático, como contraposição ao sim, provavelmente mais vinculado ao reconhecimento de tudo o que é diferente de si, o que não é ela mesma, o que não faz parte de si. Assim, se os pais, por desconhecimento destas características, entendem suas negações como comportamento caprichoso e, por sua vez, as enfrentam com obstinado e metódico oposicionismo, estarão preparando o desenvolvimento futuro da Criança Rebelde Opositora.

Diante da obstinada oposição dos pais, a criança tem uma vivência negativa, quase de desespero, porque não sente a compreensão nem a orientação de que necessita. Essa vivência vai-se gravar, depois, na Criança Opositora, dentro da Criança Adaptada, como emoção negativa de raiva. Chamo esta raiva de reelaboração de primeira ordem e as classifico como de primeira, segunda e terceira ordens, segundo a sua gênese e gravidade.

Racket de primeira ordem: Consiste na tradução de uma vivência em emoção negativa e errônea. A vivência é a resposta súbita a um estímulo e pode ser agradável ou desagradável. Por exemplo, diante de uma perda temos uma vivência desagradável, que corresponde, como expressão emocional, a tristeza. Assim se resolve o estado vivencial, gravando-se como emoção positiva na Criança Adequada. É positiva porque, com sua descarga, permite a resolução do estado emocional. Se, caso contrário, se expressasse uma emoção de raiva, ela seria negativa e errônea, gravando-se na Criança Adaptada para formar a reelaboração de primeira ordem. É negativa porque a sua expressão não resolve o estado emocional vivencial e tende a se repetir estereotipadamente.

Por exemplo, uma pessoa perde um familiar num acidente de trânsito. Diante desse fato, é natural que sinta tristeza. Se a expressar adequadamente, seu estado emocional tende a se resolver; contudo, se acaso expressar raiva, por exemplo, seu estado emocional não se resolverá, pois tal emoção não corresponde à situação real por que passa o indivíduo.

Racket *de segunda ordem*: Quando se grava um *racket* de primeira ordem, registra-se globalmente toda a situação: a situação de perda do exemplo anterior, a vivência correspondente e as figuras orientadoras para a tradução desta vivência em emoção. Isto vai formar internamente o que denominei Triângulo Primário interno negativo, que consiste em Pai negativo, perseguidor — Pai negativo salvador — Criança Adaptada. Dentro deste triângulo, cuja característica é o estereótipo, reforça-se continuamente a reelaboração de primeira ordem, que adquire maior força e estabilidade, o que a torna mais grave.

Racket *de terceira ordem*: Ocorre quando o estado emocional negativo é estabilizado em forma de sentimento negativo pelo *pathos* do Adulto Defeituoso. Isto é reforçado e sustentado pelo Adulto Preconceituoso, que soma ao sentimento negativo todos os conteúdos de julgamentos apriorísticos e errôneos, bem como pelo Adulto Defeituoso propriamente dito que, por partir de premissas falsas, chega a conclusões falsas, dando apoio interpretativo a esse sentimento. Assim se conforma o Triângulo interno NOK terciário, expressando o mais grave dos *rackets*, que em geral já está na área do psicótico.

Em maior ou menor grau, todos temos estes tipos de *rackets*, mas não chegamos necessariamente a pô-los em prática. Depende da quantidade de energia do nosso Sistema Positivo que nos permita controlá-los.

Não obstante, isso não significa que não sejam interiormente sentidas. Por exemplo, às vezes, sentimos mal-estar íntimo, que identificamos como emoção de raiva, sem que tenha havido nenhum estímulo promotor. Neste caso, estamos vivenciando uma reelaboração. O mesmo pode acontecer com qualquer tipo de emoção de *racket* que incorporamos anteriormente. Regra geral, isso se deve à dinâmica do Triângulo Primário interno NOK, que caracteriza os *rackets* de segunda ordem. O *racket* de primeira ordem se dá como resposta súbita a um estímulo externo; o de segunda ordem é mais mais estruturado e pode se expressar mesmo sem auxílio externo. O *racket* de terceira ordem, dado o seu apoio preconceituoso e interpretativo, caracteriza os estados pré-psicóticos e psicóticos.

Energia

Em correlação com a energia diferenciada, no final deste período, tem início o controle dos esfíncteres, que advém com a maturação do indivíduo. Muitas vezes os pais estimulam a criança a acelerar esse controle mediante coerção ou suborno, empregando castigos ou fazendo promessas, pretendendo uma coisa para a qual a criança ainda não está preparada. Uma expressão agressiva no rosto da mãe já representa uma ameaça e implica uma vivência catastrófica a nível visceral.

O controle dos esfíncteres deve ser orientado sem ameaças nem promessas, mas por meio de condutas facilitadoras que permitam depois, com a maturação, consegui-lo de forma adequada.

Nesta fase ocorre um começo de controle. Algumas crianças, aos quinze meses, já o têm, sobretudo durante o dia. O controle noturno é muito mais tardio.

A respectiva modalidade é *destrutiva-excretora*, na medida em que come, destrói o alimento e o excreta, correspondendo ao segundo estágio freudiano sádico-anal. Nele se podem reforçar as psicopatias sadomasoquistas. Há quem diga que a pessoa que controla os esfíncteres muito cedo, na idade adulta será avarenta.

Quando uma pessoa, por conflitos, tem uma fixação nesta fase, desenvolve uma mentalidade excretora, que lhe impede reter dinheiro, afetos etc.

Com a energia indiferenciada e motivacional, inicia-se a ruptura da simbiose materna.

Certas mães sofrem nessa fase da vida, porque o filho vai se desprendendo cada vez mais delas, e tendem, inconscientemente, a manter a simbiose, dificultando a separação. É muito importante que as mães saibam que, nesta fase, a criança precisa começar a fazer coisas por iniciativa própria, que não é adequado continuar a dar-lhe comida na boca, a atender a todas as suas vontades, a organizar suas brincadeiras, a dizer-lhe o que deve e o que não deve fazer, para que ela possa fazer o que tem vontade. É preciso acompanhá-la nesta separação de simbiose, dando-lhe permissão para crescer, para alcançar a afirmação do Eu.

O acompanhamento de suas iniciativas prepara a ruptura da simbiose, ruptura que se completará definitivamente na fase seguinte. A atuação da mãe que favoreça a continuação da simbiose produzirá um filho dependente.

O negativismo ocorre como expressão da motivação de ser ele mesmo, ou seja, a motivação não é o negativismo, mas algo que deriva da necessidade de afirmação do Eu.

Mãe: — Pare de brincar e venha comer.

Filho: — Não, não quero.

Mãe: — Sente-se aqui e coma!

Filho: — Não quero!

Às vezes, demora-se lavando as mãos, pois, como começou a fazê-lo sozinho, gosta de ficar muito tempo na água. Necessita de sentir o contato de suas mãos, de se reconhecer através desse contato com a água e o sabonete, que lhe dão uma sensação diferente. No entanto, isso costuma provocar os ralhos da mãe, aos quais responde com medo, choro ou retração. Permitir-lhe que brinque, que lave as mãos, que experimente essas sensações, que se vá reconhecendo, que vá distinguindo a sensação que a água lhe causa ao tocá-la, é positivo — e vai parar por si mesma quando se sentir satisfeita. Se a mãe o apressa, fica muito mais tempo, como se quisesse desobedecer e acentuando a irritação dela. É preciso entender esse comportamento, desfrutar e acompanhar o que a criança faz. Isto acelera a etapa de se lavar, já que, obtendo aprovação, conseguiu o reforço que estava precisando sentir. Se a aprovação lhe é negada, retarda-se a satisfação, fazendo com que persista nessa conduta. Compreender esta forma de negativismo é muito importante para a afirmação do eu e de ser ele próprio.

Outra motivação que surge na criança é sentir-se diferente dos outros. Esse sentir-se diferente, não por pedantismo nem por capricho, também responde à necessidade de sentir-se a si próprio. O ser diferente das outras crianças significa que ela é ela mesma e que, por maturação própria, vai se separando do mundo e diferenciando o mundo externo do mundo interno. Há pais que acentuam este ser diferente, inculcando-lhe uma permissão negativa: "Seja diferente." Ora, o que devem procurar é que o filho incorpore um "Seja você mesmo", em vez de ser diferente.

Em terapia de grupo, quando alguém quer mostrar-se diferente de todos os companheiros, é de se conjecturar que nesta fase da sua infância houve pressão dos pais em tal sentido.

Às vezes, os pais, no desejo de que o filho se destaque, insistem em detalhes que o mostrem diferente: um enfeite no uniforme escolar, um objeto que se saliente. Se um colega tem uma bola e o filho também quer uma, compram-lhe uma bola melhor ou maior (que, às vezes, depois, sequer ele consegue segurar nas mãos).

Com este comportamento, os pais conseguem que o filho grave um Mandato de ser diferente dos demais. A princípio, consegue sê-lo na aparência e dedicará muita energia para vestir roupa diferente, usar outro corte de cabelo etc. Mas isso não chega para que se sinta diferente e, portanto, adotará um comportamento que o distinga dos demais, ainda que essa conduta seja neurótica. Apesar de tudo, nem assim logrará sentir-se diferente, motivo pelo qual repetirá, estereotipadamente, aquele comportamento.

É preciso que se entenda o querer ser diferente como uma necessidade de sermos nós mesmos, o que se consegue através do respeito a nossas motivações. No caso da criança, orientando-a e participando desse desenvolvimento. Do mesmo modo, devemos interpretar a conduta possessiva a respeito dos objetos de sua propriedade: "Isto é meu, não deixo pegar nele porque me pertence". Se tentarmos tirar um brinquedo a uma criança desta idade, ela é capaz de declarar guerra. A não ser que tenha sido educada para ser submissa e perdedora: nesse caso o dá, por medo ao abandono dos pais e com grande sofrimento interno.

A posse do objeto afirma o ser eu mesmo, pois, se tenho alguma coisa, significa que existo antes dessa coisa. Entramos no terreno filosófico, se eu existo antes dessa coisa, então eu sou eu. Todo um processo que a criança entende visceralmente: através da obtenção do objeto, obtém sua própria segurança, a segurança de ser ela mesma. Surge também a necessidade de compartilhar brincadeiras com os outros, nos quais tende a impor-se com uma impressão individual. Como a brincadeira não tem regras nem estruturas, mas é improvisada, cada qual quer jogar à sua maneira e lá vêm as brigas. Com tudo isso, as crianças estão respondendo à necessidade de serem elas mesmas e de fazer as coisas tal como estão representadas dentro delas. Enfim, estão exteriorizando as coisas que têm como representações mentais.

Às vezes, no jogo entre pai e filho, se este quer impor suas regras, choca-se com a intenção do pai de impor as próprias. Aí se evidencia a Criança do pai numa regressão a essa fase, já que, em vez de usar a parte nutritiva para acompanhar e orientar a criatividade do filho, regride a esta fase para ser ele mesmo e, portanto, é provável que se aborreça e abandone o jogo.

O ser *eu mesmo*, predominante nesta fase, representa o começo da aquisição da identidade. A criança não sabe ainda quem é, para que existe, não sabe como veio, mas algo lhe diz que ela é, e isto é a preparação para chegar à autonomia. Chega-se ao *eu mesmo* através da integração do Adulto Sentimental, do Adulto Científico e do Adulto Ético, o que se inicia aqui, pois a criança já vai começando a incorporar uma escala de valores que lhe indicam o que é bom e o que é mau. Essa escala de valores é copiada, são valores dos pais. Depois, quando desenvolver o Adulto Ético, que questione os valores dos pais, que os atualize e personalize, serão seus próprios valores e será ele próprio.

Se as pessoas tivessem a vivência, a sensação e o conhecimento de si mesmas, não precisariam fazer terapia.

As condutas de exploração e de curiosidade acentuam-se com o desmanchar dos brinquedos para conhecê-los. Na fase anterior, quebravam-nos. Agora, desmontam-nos. Muitos pais se aborrecem com isso mas, na realidade, a criança desmonta os brinquedos para conhecê-los e depois tenta montá-los outra vez. É a fase da decomposição e da recomposição. Na fase seguinte veremos que o que lhe dá mais prazer é a recomposição.

Miguel, menino de cerca de três anos a quem dei um brinquedo didático para essa idade, quando o agarrou tratou logo de desmontá-lo. O que me chamou muito a atenção foi a seriação que fez: pegou em todas as peças iguais e as pôs num lado, outras peças semelhantes entre si colocou-as de outro lado, ou seja, estava muito adiantado na fase de seriação, de acordo com o que diz Piaget. Depois, iniciou a recomposição, colocando as peças nos lugares de onde as havia tirado, com pouca destreza, mas com a intenção de recompor o que tinha decomposto. Tudo isso foi um processo de pesquisa mais especializado, mais organizado e realista que nas fases anteriores, nas quais só quebrava. A decomposição por quebra é decomposição para conhecer; a recomposição é para construir.

Atividade: Quando a criança está desperta tem uma energia enorme e precisa gastá-la. Por isso corre. Na verdade, adquiriu muita segurança para andar, mas não tanta para correr. Poderá, então, machucar-se: por isso é importante que se facilite que corra em espaços abertos. Se for possível, deve ser levada à praça. Uma hora por dia na praça lhe fará muito bem, dadas as limitações dos pequenos apartamentos atuais.

Nesta fase, a criança desfruta também da observação, encanta-se em observar as coisas, pode entreter-se por muito tempo, especialmente se o objeto tem movimento. Isso ocorre conosco também, podemos ficar muito tempo olhando o fogo, ou o mar, ou uma cascata. Tudo o que tem movimento atrai a Criança. Se você reparar, quando está diante do mar, olhando as ondas sentirá que não pensa em nada, é como se neste momento os pensamentos fossem anárquicos, sem direção, porque há um contato direto de você com a sua Criança.

Nesta idade, a criança fica encantada olhando coisas que se movem; gosta de assistir como as pessoas brincam, sendo capaz de parar, mesmo sem participar, para observar, quando se trata de crianças maiores ou menores do que ele. Em compensação, face aos de sua idade, quer participar.

Como o desenvolvimento do Adulto já começou, e já tem a capacidade representativa do objeto — isto é, a imagem do objeto — a criança pode antecipar a ação. Quer dizer, nasce a capacidade de antecipação da conduta.

A organização da conduta inteligente faz que a criança tenha que representar mentalmente algumas atividades que vai executar depois, antecipando a conduta. A representação não é perfeita, mas é uma representação da atividade. Já é um ato inteligente. Nesta etapa da vida da criança, portanto, devemos ter muito cuidado com o que se conversa em sua presença. Cuidado com a qualidade dos temas e com a forma de expressão, pois, embora pareça distraída com seu brinquedo, é certo que a criança está ouvindo e pode compreender o que escuta. Grava tudo, registra tudo, e depois repete.

Vida Emocional

A vida emocional é muito mais ativa. O filho mostra-se delicado com os pais, com preferência pela mãe, porque a simbiose ainda não se desfez. Pede e dá beijinhos, mas pode se conduzir seletivamente com as pessoas e persistir na negação quando alguém não é do seu agrado.

Na expressão emocional, portanto, começa a ser mais ativo, expressa afeto a quem ama realmente, virando o rosto ou encarando com receio as pessoas que não lhe são simpáticas ou que lhe são indiferentes. Não se deve forçá-lo.

Começa a manifestar vergonha. A vergonha refere-se aos valores copiados que vai incorporando, ou seja, que lhe dão um certo conhecimento de se o que está fazendo é bom ou é mau. A vergonha é como uma demonstração diante dos outros, de suas deficiências e de seus erros, exprimindo a sua própria avaliação interna.

A vergonha também ocorre como uma fixação do pudor. O pudor é natural. A criança, em certa idade, tem pudor de mostrar seus órgãos genitais. Se os pais acentuam esse pudor como vergonha, significa que fazer isto é mau e então terá vergonha de mostrar os órgãos genitais. Se, pelo contrário, é levada a ver seus órgãos genitais como algo natural, poderá andar nua até os três, quatro ou cinco anos sem ter vergonha: depende de como é conduzida nesse assunto.

A vergonha vai se estendendo a outras coisas, como, por exemplo, expressar e mostrar habilidades ou conhecimentos.

Muitas vezes a criança aprende alguma coisa e a mãe, para brilhar diante de alguém, pede-lhe uma demonstração. O filho sente vergonha e se recusa, por vergonha e não por negativismo.

É preciso acompanhar e facilitar a criança a não instalar essa vergonha.

Necessidades: As necessidades vinculam-se ao emergir das motivações.

Os filhos precisam em primeiro lugar que a mãe os acompanhe na elaboração da crise simbiótica, isto é, que facilite a ruptura, que não se sinta abandonada pelo filho, pois isso seria algo regressivo para ele. Se à proporção que o filho for adquirindo sua identidade a mãe começa a se sentir abandonada por ele, isso pode levá-la a escalar condutas para manter a simbiose. É indispensável aceitar a separação, acompanhar e orientar a criança, estabelecendo limites úteis.

Por outro lado, não deixar que a criança ultrapasse esses limites. Por exemplo, se ela gosta de lavar as mãos e lava mais ou menos cinco minutos para isso, os pais devem pedir que as lave uns dez minutos antes da refeição para que esteja pronta na hora de comer. Quer dizer, a adequação tem que estar na mente dos pais, para implantá-la depois no filho.

Isso porque, no "ser ela própria" ou no "ser diferente" — caso os limites sejam inúteis, haja superproteção ou falta de proteção, pode dar vazão à formação de um egoísta, uma pessoa que quer ser sempre a melhor em tudo — o que é evidentemente negativo, neurótico.

O "ser ela própria", corretamente, implica uma adequação de si, através de seu próprio conhecimento, mesmo no âmbito social.

Como dizíamos dos brinquedos e dos jogos, a criança deve reconhecer o que é seu e o que é dos outros. É preciso ensinar-lhe, verbal e gestualmente, a reconhecer o que lhe pertence e o que pertence às outras crianças, pois é muito importante que adquira o sentido do que é seu e do que é do outro.

Informação: A informação predominante se dá através do conhecimento concreto, ao qual se segue o conhecimento simbólico e, finalmente, o conhecimento abstrato.

O conhecimento concreto vincula-se ao sistema límbico e o simbólico e abstrato já implica a intervenção cortical, a corticalização. Já vimos que o conhecimento da criança, nos primeiros momentos de vida, existe a nível sensorial, conhece através do prazer e desprazer. Posteriormente, acrescenta-se o conhecimento concreto, quer dizer, começa a conhecer e a reconhecer as coisas que estão em seu campo perceptivo. Em seguida, acrescenta-se o conhecimento simbólico, através da representação, que atinge o auge quando é capaz de representar um objeto simbolicamente, na imaginação, ou seja, substituir um objeto por uma imagem, que é o começo da separação do eu e do mundo; finalmente, implanta-se o pensamento abstrato.

Como se vê, aqui se repete, ontogeneticamente, o desenvolvimento filogenético, pois todo o desenvolvimento do ato de pensar, na espécie, seguiu essa linha. Nas bactérias, a informação se dá a nível sensorial e a ação é puramente reflexa. Nos animais superiores, o conhecimento é concreto e, finalmente, ao chegar ao homem, o pensamento já se transforma: além de concreto, pode ser simbólico e abstrato. Essa é a evolução da espécie, possível pelo desenvolvimento cerebral. Ontogeneticamente, o mesmo se repete: o primeiro é reflexo, estímulo-resposta, depois vem o desenvolvimento do sistema límbico, que é a primeira parte da escala filogenética e, finalmente, o desenvolvimento cortical. Acredita-se que este termina por volta dos dezoito anos.

Cada ser humano, em seu desenvolvimento, resume toda a história da espécie. Começamos por ser um espermatozóide e um óvulo, que depois se transforma em ovo. Isto já é vida, embora reflexa, como a da ameba, depois se vai gerando o feto, cuja vida intrauterina continua sendo reflexa e, finalmente, no nascimento, já há predomínio do sistema límbico. Com o crescimento, advém o desenvolvimento do córtex cerebral.

Meio Favorável: Se o meio é favorável, sensibiliza a criança, em primeiro lugar, para "ser ela mesma". A esta Permissão somam-se alguns reforços de Permissões anteriores e outros gregários desta Permissão para "ser ela mesma", a saber: Permissão para pertencer, para ser amistoso (entendida a amizade como a capacidade de compartilhar, reconhecendo o que é seu e o que é dos outros), bem como de se expressar afetivamente.

Quer dizer que lhe é dada a possibilidade de aproveitar as últimas aquisições numa relação amistosa com os outros. Também são reforçadas as Permissões para pesquisar, aprender e crescer. É nesta etapa que começa a Permissão para crescer, pois aqui começa a "ser ela própria" e a expressar-se afetiva e intelectualmente.

A partir da incorporação de valores parentais ocorre a Permissão para ser equânime.

Meio Desfavorável: Se o meio é desfavorável, ocorre a sensibilização para os seguintes Mandatos e Permissões negativos: "Não seja você mesmo", "Não seja amistoso", "Não seja curioso", "Não seja equânime", "Não pertença", "Não aprenda", "Não pense". Estes Mandatos vão impedir posteriormente a integração do Adulto.

As Permissões negativas são: "Seja o melhor", que inclui o "Seja diferente". Falo do "ser diferente" como necessidade, pois a superestimulação disto pode lhe inculcar que tem de ser o melhor, sob o que jaz a mensagem de "nunca é suficiente".

Realmente, ser o melhor não é específico e não inclui nenhum parâmetro, é muito amplo, quer dizer "Seja o melhor de tudo e de todos". Se dissesse, por exemplo, "Seja o melhor médico", poderia chegar a ser o melhor médico, se tivesse capacidade. Mas ter de ser o melhor médico, o melhor músico, o melhor pintor, o melhor desportista, isso é impossível. Portanto, como disso depende o sentir-se querido, aceito, tenta fazer de tudo, mas não se satisfaz. Se realiza alguma coisa, nada aproveita, porque "nunca é suficiente".

É possível observar isto em grandes industriais e empresários que buscam a segurança no poder econômico, ou nos profissionais que passam a vida metidos dentro de um laboratório, descuidando continuamente as outras áreas de sua vida e de seus papéis: as diversões, o afeto, a família, o cônjuge, os amigos etc. A preocupação deles é ter que ser o melhor, porque só "vencendo" encontrarão a paz: até lá, muitas vezes, vivem num inferno interior.

Sistema Positivo

Dentro do Sistema Positivo irá incorporando, no Estado do Eu Pai, figuras gregárias que formarão o Estado do Eu Normativo. A gravação dos pais supõe uma impressão de sensibilização que favorecerá, no indivíduo, uma seletividade para novas incorporações de caráter normativo. É isto que reforça a diferença entre os Pais internos e os Pais reais.

A Criança Adequada irá se desenvolvendo em relação com esta formação.

O Adulto da Criança vai se transformando em Adulto e neste se perfilam os níveis Sentimental (conscientização da emoção) e Científico (processo de corticalização).

De acordo com estes desenvolvimentos positivos, será um indivíduo com um comportamento adequado em todos os ambientes e situações, por ser ele próprio. "Sendo ele próprio" não dependerá do que os outros possam pensar ou esperar dele, pois ele decide, por si mesmo, o que pode dar, pedir ou aceitar. Será sociável mas seletivo nas suas relações, unindo-se às pessoas que lhe interessam. Nesses grupos será amistoso e responsável. Pode demonstrar afetiva, equânime e racionalmente essa amizade. É justo e respeitoso consigo e com os outros, evoluindo sempre, isto é, crescendo continuamente em todos os sentidos.

Sistema Negativo

No sistema negativo, em troca, pode ser agressivo se os pais foram injustos e castigadores; inadequado, se foram superprotetores: se foram opositores: ardiloso, desafiante, desrespeitoso, sem afeto, desconfiado, acanhado, rígido, infantil, solitário, retraído.

Quando vemos um paciente que se mostra ardiloso, desrespeitoso, desconfiado, sem afeto, rígido, é de pensar que nesta fase da vida os pais o obrigaram a fazer determinadas coisas à força, manejando-o com o medo, com o suborno, com castigos ou rigidez. Enquanto que, se vemos uma pessoa inadequada, sem afeto, infantil, solitária, retraída, é de pensar que os pais foram, nesta face, desqualificantes e superprotetores. Desqualificantes das necessidades e superprotetores, manejando-a através de recursos que a fizeram sentir culpa.

QUADRO SINÓPTICO

EDE:	CC — CA — AC — Ca O • PERFILA-SE O DESENVOLVIMENTO DO ADULTO A PARTIR DO AC AD • P: GRAVAM-SE FIGURAS GREGÁRIAS COMEÇANDO O EDE NORMATIVO (EDEN)
ED = I	• DESTRUTIVO • EXCREÇÃO • MELHOR CONTROLE ESFINCTERIANO • SÁDICO-ANAL • COME BEM E COM CAPRICHOS
EI = M	• CRISE DA SIMBIOSE MATERNA • SER DIFERENTE (ORIENTAR PARA QUE SEJA ELE MESMO) • BRINCAR COM OUTRAS CRIANÇAS • POSSE DOS OBJETOS • NEGATIVISMO • EXPLORAÇÃO • CURIOSIDADE
ATIVIDADE	• ANDA E CORRE • PODE AJOELHAR • OBSERVA OS OUTROS BRINCANDO • ANTECIPAÇÃO DAS CONDUTAS
VIDA EMOCIONAL	• DELICADO COM OS PAIS • EXPRESSÃO AFETIVA SELETIVA • COMEÇA A EXPRESSAR VERGONHA
NECESSIDADES	• ACOMPANHAMENTO NA SEPARAÇÃO SIMBIÓTICA • REFORÇAR E AMPLIAR OS LIMITES ÚTEIS • ORIENTAÇÃO PARA RECONHECER O QUE É SEU E O QUE É DO OUTRO
INFORMAÇÃO	• CONHECIMENTO CONCRETO, SIMBÓLICO, ABSTRATO

M. F. SENSIBILIZAÇÃO DE PERMISSÕES

- SEJA VOCÊ MESMO
- PERTENÇA
- SEJA AMISTOSO
- PESQUISE
- APRENDA
- CRESÇA
- PENSE
- SEJA EQUÂNIME

M. D. SENSIBILIZAÇÃO DE MANDATOS E PERMISSÕES NEGATIVAS

- *NÃO SEJA*: VOCÊ MESMO
  AMISTOSO
  CURIOSO
  EQUÂNIME

- *NÃO*: PERTENÇA
  APRENDA
  CRESÇA
  PENSE

P. NEGATIVO

- *SEJA*: O MELHOR
  ESTÚPIDO
  CONFUSO
  PEQUENO
  SOLITÁRIO

PERSONALIDADE

- REFORÇA-SE O A DA C: VAI DESENVOLVENDO AS I AC
- AS FIGURAS GREGÁRIAS EM EDE P — EDE NORMATIVO
- CA — C

SISTEMA +

- ADEQUADO
- SOCIÁVEL
- AMISTOSO
- AFETIVO
- EQUÂNIME
- RAZOÁVEL
- JUSTO
- RESPEITOSO DE SI E DOS OUTROS
- EVOLUTIVO

SISTEMA —

- AGRESSIVO
- INADEQUADO
- ARDILOSO
- DESRESPEITOSO
- SEM AFETOS
- DESCONFIADO
- PREGUIÇOSO
- RÍGIDO
- INFANTIL
- SOLITÁRIO
- RETRAÍDO

SEXTA ETAPA: 2 A 3 ANOS

Estados do Eu: Nesta fase, predomina o Adulto da Criança, o que significa que é uma fase de predomínio intuitivo. Tem prosseguimento, em relação às atitudes parentais, a formação da Criança Opositora, a qual já começou na fase anterior, devido à falta de orientação adequada para a sua atitude negativista.

Energia

No tocante à energia diferenciada, observamos novas expressões instintivas.

Os esfíncteres já estão controlados e, portanto, a criança começa a ser retentiva.

Alguma situação conflitiva experimentada nesta fase poderia promover um transtorno caracterológico, manifestado pela avareza, além de transtornos gastro-intestinais, traduzidos a nível de constipação.

Alguns autores afirmam que as pessoas que sofrem de prisão de ventre (retentivas) são avarentas. Por mim, descobri que, na sua maior parte, as pessoas obesas, embora não participem da característica da avareza, já que em geral são desprendidas, talvez pela tendência para agradar, têm fundamentalmente o Mandato de "Não seja você mesmo." Portanto, assumem o impulsor "Agrade-me", que as despersonaliza.

Ao pesquisar a origem da obesidade, encontrei em muita gente uma grande carência afetiva, cuja origem parte desta fase. O mecanismo é o seguinte: quando a criança chora, por carência afetiva, o que precisa para se sentir bem é justamente uma atitude acariciante positiva dos pais, mas estes, em vez de carícias para lhe acalmar o choro, dão-lhe guloseimas. Com a repetição desta conduta, a criança grava que, sempre que necessita de afeto, tem que recorrer à comida. Portanto, já grande, quando não recebe o afeto de que precisa (por não ser ela mesma), come em excesso, sem saber porquê.

Em suma, tais pessoas além de retentivas são orais, são incorporativas. O incorporativo e o retentivo poderiam ser complementares, no sentido de que retém tudo o que incorpora. Regra geral, porém, os obesos são bastante desprendidos, por serem complacentes. Muitas vezes, contudo, sentem-se mal por ter procedido assim e, devido ao mecanismo instalado na infância, compensam-se ingerindo alimentos.

Quanto ao instintivo, o mais importante é o desenvolvimento genital que se alcança nesta fase.

Entre os dois e três anos começa a brincar com o sexo, começa a tocar os órgãos genitais. É preciso tomar cuidado a esse respeito, porque podem ficar impressões, como veremos depois, para a impotência sexual, a frigidez ou a homossexualidade, conforme a orientação dada ao sexo. Se a criança brinca com o sexo, isso corresponde a um processo de maturação instintiva, significa que o faz respondendo a um impulso interno, e não é mórbido que o faça. Muitos pais, porém, tem vergonha diante disso e transmitem a própria vergonha à criança através de ameaças e repressões.

Alguns meninos desta idade tem um princípio de ereção, produzido por maior fluxo sangüíneo nos corpos cavernosos e não por maturação hormonal. Se tem uma ereção e se toca, a ereção se prolonga, embora ele não saiba que tocando ou manipulando o sexo aumente o fluxo de sangue. O pênis tem dois corpos cavernosos, dois corpos esponjosos que, se esvaziados de sangue, o deixam em repouso; se cheios, ocorre a ereção. É o sangue que lhe dá contextura rígida. Quando os pais vêem que o menino está com ereção, podem achar que se está masturbando, que quer "fazer mal" e começam a repreendê-lo. É preciso deixar que o menino brinque e até animá-lo para que não tenha vergonha dos órgãos genitais e não sinta medo ao ter uma ereção, pois é perfeitamente normal e corresponde à fase de maturação deste momento.

Nesta etapa, a criança começa a ter curiosidade pela diferença entre os sexos. Por volta dos três anos, os meninos querem saber como é o sexo das meninas e as meninas como é o dos meninos.

Os meninos podem ter ereção tanto dormindo como acordados, porque não incorporaram a inibição.

Na consulta por impotência, é importante perguntar o que ocorre durante as horas de sono: se de noite, quando sonha, acorda com o pênis ereto, ou de manhã, é porque não é impotente, está internamente proibido de ter uma ereção pois, quando está desperto, a inibição atua por inteiro.

Durante os sonhos, quando o indivíduo sonha com a Criança livre, a inibição desaparece por momentos e se produz a ereção. Os meninos, em geral, não têm inibição social e, portanto, podem ter ereção tanto dormindo como acordados. Também não têm sonhos eróticos: portanto, a ereção obedece a um impulso interno de maturação.

Este impulso de maturação deve ser acompanhado. É preciso estar muito atento nesta fase em que começa o despertar sexual, a qual dura aproximadamente até os cinco anos.

Muitas pacientes contam que por volta dos sete ou oito anos, quando andavam de bicicleta, ficavam sexualmente excitadas com o contato do selim e repetiam esse contato. Os meninos, é evidente, não tinham ejaculação nem as meninas tinham orgasmo aos oito anos, mas tinham prazer. A razão é que está ocorrendo uma ativação hormonal.

Enquanto na fase anterior a criança comia regularmente e tinha alguns caprichos durante a refeição, agora o ato de comer é bastante irregular. Penso que esta irregularidade está mais ligada a um processo de ordenação metabólica interna, porque estão ocorrendo novas secreções hormonais. Hormônios diferentes, que antes não estavam circulando, iniciam agora sua atividade, o que produz necessidades também diferentes na alimentação. Além disso, a incorporação de guloseimas fora de hora altera a ingestão da comida.

No tocante ao motivacional, a ruptura da simbiose materna vai se concretizando. Significa que a criança se vai afirmando mais como eu. Na fase anterior, valia-se do negativismo como afirmação do eu; aqui o faz procurando realizar as coisas sozinha. Lá pelos três anos, por exemplo, decide que roupa vai vestir: "Não quero esta, não quero esse calção, não gosto dele, quero o outro!". Quer decidir as coisas por si própria e quer, inclusive, tomar banho sozinha e depois chamar pela mãe. Aquilo que fazia antes com a defecação, faz agora com o banho, quer tomá-lo sozinha mas quer que a vejam. Deste modo afirma esse "aqui estou", "eu sou eu!".

A dissolução da simbiose natural vai ficando definida. Respeitar as decisões da criança, quando não a prejudicam, contribui para essa definição. Ela toma conhecimento mais preciso de si mesma e começa a sentir-se importante. Quer sentir-se importante para os pais, quer que os pais lhe prestem atenção, que a escutem quando fala, pois ao sentir que está sendo ouvida está afirmando sua própria importância.

Nesta fase, já conhece muitas palavras e começa a perguntar "Por quê?": "Por quê o bebê só fica na barriga da mãe?"

Muitas vezes não encontramos as palavras adequadas para lhe responder. Antes perguntava "O quê?" (pergunta de conteúdo mais concreto). O "por quê?" de agora é mais abstrato. É mais Adulto.

A motivação de conhecimento começa a tomar um impulso genuíno quanto ao conhecimento abstrato. Antes o era quanto ao conhecimento concreto.

Surge uma nova forma de comportamento que se manifesta muito com os brinquedos. Custa-lhe desprender-se dos brinquedos, embora estejam quebrados. Guarda-os todos, não quer se desfazer deles mesmo que, aparentemente, não sirvam para nada. Penso que isto obedece a um fenômeno de criatividade. O brinquedo quebrado é um brinquedo que não tem formas definidas, o que possibilita maior vôo de suas fantasias. A roda de um carrinho quebrado pode ser, para ele, um carrossel, pode ser uma fatia de queijo, voa com sua fantasia, pois é justamente neste período que começa o jogo da fantasia. Acho que este é um dos motivos pelos quais quer guardar os brinquedos quebrados.

O que é observado e entendido como época de conservação, mais derivada da retenção anal do que do real motivacional, penso que se deve a esse fenômeno. Inclusive, às vezes, a criança está mais inclinada a brincar com os brinquedos quebrados do que com os inteiros. Não os guarda, portanto, por guardá-los, mas para brincar ativamente com eles. Se ganha um lindo brinquedo novo entusiasma-se, a princípio para depois deixá-lo e voltar ao quebrado. E começa a fazer coisas diferentes com eles: organiza, empilha, desmonta, põe em fila, põe em círculo, faz uma garagem. Isto é fantasia. O brinquedo muito perfeito não lhe dá asas à imaginação, porque nele está dito tudo, enquanto que no quebrado está tudo por dizer.

Através dessas fantasias vai reafirmando o sentimento do eu. A fantasia está falando de um pensamento simbólico, que é uma importante atividade do pensamento abstrato. Então, no meu entender, desenvolve esta fantasia para poder voar mais fantasticamente, como afirmação do eu. O sentimento do eu está no Adulto Sentimental, portanto, o Adulto Sentimental está tendo aqui um impulso muito importante no desenvolvimento da criança quanto às motivações que surgem: separação da simbiose, decidir por si mesmo, ser importante, ser ouvido, conhecer o por quê, conservar, dialogar. Ela gosta de dialogar com os brinquedos, dizendo-lhes coisas e fantasiando. Na verdade é um monólogo, mas para ele tem sentido de diálogo. Tudo isto é importante para a reafirmação do eu, pois essas motivações contribuem, em definitivo, para esse fim.

Atividade: O andar já é correto, a criança é capaz de pular, não a corda, mas saltar na ponta dos pés, correr e jogar-se ao chão enquanto corre, de brincadeira, ou seja, sabe cair, sabe andar em linha reta e não ziguezagueando. Se estimulado, até dança, ou o faz espontaneamente quando ouve música.

A maturação motriz abre-lhe novas possibilidades: equilibrar-se numa perna só, chutar uma bola. Chutar a bola já supõe condutas antecipatórias bem estabelecidas, porque para isso tem que, antes, representar mentalmente o ato.

No começo desta fase, a criança mostra certa desobediência, devido à formação da Criança Opositora. Se lhe dizem algo responde com um "não". Às vezes, assim se manifesta também com relação à comida. A mãe diz: "Coma!" a criança não come e a partir daí iniciam-se, às vezes, condutas regressivas e prejudiciais. A mãe, no afã de alimentá-la, dá-lhe a comida na boca e em alguns casos recorre a certos artifícios para consegui-lo. Por exemplo, enquanto aproxima a colher, convida-a a não comer: "Não coma não, o passarinho é que vai comer".

A criança sabe que a mãe quer que coma e, desse modo, vai reforçando a Criança Rebelde Opositora.

No final dos três anos, é mais obediente, aí começa uma fase de maior aceitação.

Vida Emocional

No aspecto emocional, começam os ciúmes, especialmente se a criança tem irmãozinhos. Se não os tem, às vezes, fantasia os ciúmes com alguma das figuras dos pais.

Na prática clínica, observam-se, às vezes, condutas de ciúmes do pai, em relação à mãe. Quando a mãe começa a desempenhar seu papel materno de modo mais acentuado que o necessário, em prejuízo do papel de esposa, o pai entra num comportamento regressivo e começa a ter ciúmes do filho varão. Essa regressão corresponderia a gravações feitas nesta etapa. Ainda nesta fase, a criança mostra traços amistosos de pouca duração, brinca com os companheiros no jardim de infância, mas não é ainda constante nessa atividade.

Também se defende. Enquanto na fase anterior era reclamão, pela Criança Rebelde, agora é verbalmente agressivo. Se aprendeu a falar palavrões, usa-os agora para agredir, mas essa agressão verbal não traz implícita qualquer tentativa de prejudicar o próximo, é simplesmente um ato defensivo do seu eu, ao contrário de nós, adultos, que, ao agredir, queremos prejudicar.

Por sua necessidade de ser ouvido, pede, ou melhor, exige que lhe prestem atenção quando fala. Se fala e não lhe prestam atenção, reclama até ser ouvido.

Tudo isto é natural, é a expressão da necessidade de ser levado em conta. Se os pais não atuam adequadamente, ouvindo o que diz, podem reprimi-lo e, quando for grande, não será capaz de reclamar atenção de maneira adequada, mantendo-se retraído. Se, por outro lado, o provocam, como se dissessem "veja como pede atenção", poderá crescer egocêntrico, uma pessoa que sempre precisa estar no centro.

Nesta fase, surgem também traços assustadiços, que podem ser favorecidos ou reforçados pelos pais através de imagens assustadoras, por exemplo, a do homem sem cabeça, demônios ou fantasmas. Os temores noturnos já começaram pelos sonhos nas fases anteriores, portanto o terreno está propício a incorporar medos — e muitas vezes os pais se encarregam disso.

Alguns medos dos adultos são medos incorporados nesta época da vida, na qual, quando crianças, deram asas à fantasia a respeito de coisas que lhes mostraram, o que talvez os tenha assustado. E isso, que é puramente irracional, manifesta-se mais tarde.

A maior parte das pessoas tem medo de ir ao cemitério à noite por causa das histórias de fantasmas incorporadas desde esta idade, quando é agradável ouvir fábulas com conteúdos ao mesmo tempo desagradáveis e temíveis.

Tudo isso é importante para a sensibilização, preparação para a valorização e reconhecimento futuro de determinados estímulos. Vejamos um exemplo de sensibilização. As pessoas que em criança foram sensibilizadas para a religião e, já grandes, decidem por algum motivo não crer em Deus, diante de situações extremas invocam a Deus. Se, num dado momento, passam por situação de muito risco, de muito perigo, invocam a Deus. Está aí a sensibilização, pois nesses momentos ocorrem comportamentos regressivos e voltados à fase de sensibilização, diante da impotência.

Necessidades: Para promover o desenvolvimento das motivações, a criança precisa de compreensão. Apoio em termos daquilo que quer dizer por si mesma, à separação da simbiose, às brincadeiras com os genitais. Precisa de explicações que saiba entender, de resposta às suas perguntas, aos *por quê* que levanta. Dando-lhe explicações, estaremos dando à criança permissão para perguntar e permissão para pensar. Devem-se respeitar suas fantasias, não contradizê-las, não desqualificá-las, porque para ela são uma verdade.

Nesta etapa da vida, a criança não separa o mundo da realidade do mundo da fábula, ou seja, a fábula faz parte de seu mundo da realidade. Não devemos, assim, contradizê-la mas acompanhá-la, respondendo às suas perguntas e respeitando suas fantasias. Além disso, participar de suas brincadeiras, brincar com ela sem competir. Há muitos pais que competem, que querem ganhar dos filhos, o que é regressivo. E mais: contar-lhe histórias, especialmente aquelas em que possa haver identificação com o herói delas, pois gostará de tomar o seu lugar, de ser essa personagem: "Era uma vez um menino que se chamava Filipe (ele sorri) e ficava brincando com carrinhos, mas quando não conseguia soltar os parafusos embirrava e parava de brincar. Até que um dia chamou pela mãe, ela veio, soltou os parafusos, explicou como se faz. O Filipe entendeu, fez igualzinho e ficou muito feliz..." Isto o deixa encantado e pede: "Conta mais, conta outra vez!". Histórias assim a criança desfruta inteiramente, porque pode se identificar ao mesmo tempo que aprende (no caso, estamos ensinando que, quando tem uma dificuldade, pode chamar a mãe para que lhe explique e ajude a resolver). Em forma de fábula pode-se ensinar e orientar. As crianças escutam com muito interesse e assim não só alimentam sua fantasia, como também recebem aulas de modo agradável.

É preciso dar-lhes orientação sexual — respostas às suas perguntas sexuais, explicações simples e corretas. Esta atitude aberta e favorecedora não deve descuidar os limites úteis: que não fique se tocando o dia todo, que não seja o centro de atenção o tempo todo, que não reclame que lhe contem histórias permanentemente; ensinar-lhe esses limites, explicando-os para que entendam seu sentido.

Informação: Neste momento, agrega-se um elemento muito importante no tocante à informação: é a possibilidade verbal. Até agora, a informação era concreta, entendia as palavras mas não fazia suficiente abstração sobre o seu significado.

Desde que alcança a representação do objeto e o desenvolvimento do conhecimento através da corticalização, começa a entender e a informar-se através da palavra. A informação ocorre com uma importante percentagem de abstração.

No final desta última fase, começa a corrigir as informações sensoriais, contribuindo assim para evitar a formação do Adulto Defeituoso. É por isso que, quando se fala com a criança, se deve fazê-lo com palavras corretas, com informações verdadeiras e com linguagem que possa entender. Deste modo, a partir desse momento, vai se inibindo a formação do Adulto Defeituoso.

A criança não corrige ainda a equivocada informação sensorial anterior, mas começa a corrigir a atual. Por exemplo, a criança sabe mentalmente como é uma cadeira e, se vê uma cadeira quebrada, sabe que ela está quebrada, que não é uma cadeira como todas as outras. Quando a informação é exclusivamente sensorial, não faz abstrações de representação simbólica: esta cadeira continua sendo uma cadeira, serve para sentar, mesmo quebrada.

Meio Favorável: Um meio favorável sensibiliza para as seguintes Permissões: "Pense seus próprios pensamentos". Antes, estávamos dando à criança Permissão para pensar em geral. Agora, porém, estamos dando Permissão para que possa pensar seus próprios pensamentos, para a afirmação do ser ela própria. Do contrário, seria uma pessoa propensa a ser influenciada por pensamentos alheios, sem os questionar, aceitando-os tal qual, o que a tornaria insegura na vida.

"Desfrute o seu sexo": uma boa orientação sexual, uma boa explicação dos genitais, prepara-a para que possa aceitar o sexo e desfrutá-lo.

"Expresse suas opinixes": quando pede para ser ouvida e a ouvimos, estamos lhe dando Permissão para opinar. Eis uma nova Permissão que surge nesta fase. Algumas pessoas adultas sentem dificuldade para expressar suas opiniões. Por exemplo, assistindo a uma aula, têm uma pergunta para fazer ou uma opinião para dar, mas sentem-se indecisas para fazê-lo. Logo outra pessoa faz a mesma pergunta ou emite a mesma opinião e recebe o reconhecimento do grupo. A pessoa indecisa sente-se mal por não ter falado. Não tem Permissão para opinar.

É no final dos três anos, quando surge a motivação de opinar, que devemos facilitá-la, prestando ouvidos à criança.

E, finalmente, *"Respeite seus sentimentos"*, *"Pense seus pensamentos"* e *"Contemple seus valores"*, que representam uma preparação para a autonomia.

"Divirta-se com os outros" significa que se pode divertir em grupo.

"Conte comigo" é uma permissão importantíssima, decorrente de ouvi-la e orientá-la.

"Conte comigo", *"Seja importante"*, *"Seja generoso"*, são Permissões para ser realmente uma pessoa feliz.

Meio Desfavorável: Não ouvir suas opiniões liga-se ao Mandato: "Não pense". Não respeitar seus sentimentos e seus pensamentos, como o "Não seja você mesmo". Silenciar a informação sobre sexo, reprimi-lo, assustá-lo ou envergonhá-lo, é um mandato de "Não desfrute o seu sexo".

Se não o ensinamos a respeitar seus pertences e os dos outros, estamos a induzi-lo a que não se respeite.

As Permissões negativas são: "Seja tolo", "Seja impotente", "Fique sozinho", "Seja frígida", "Seja chata", "Seja avarento".

Sistema Positivo

Dentro do Sistema Positivo, além das gravações parentais, vai ocorrer a incorporação seletiva de outras figuras com essa mesma conotação, que darão lugar ao Estado do Eu Normativo positivo e que terão a devida ressonância na Criança Adequada.

O Estado do Eu Adulto aperfeiçoará os desenvolvimentos do Adulto Sentimental e do Adulto Científico, este último contando cada vez com maiores possibilidades, ligadas ao processo de corticalização, que permite confrontar as informações sensoriais e intuitivas para atenuar os conteúdos do Adulto Defeituoso.

A pessoa que teve as Permissões correspondentes a esta fase será independente, o que significa que não dependerá das opiniões nem das expectativas dos outros, podendo recitar a oração gestáltica com muita honra e compreensão. Saberá decidir. Será respeitador de si e dos outros, intuitivo, correto, generoso no bom sentido da palavra, não no sentido da complacência. Como sempre, continuará em busca dos *por quê*, chegará às causas das coisas. Portanto, não transformará dificuldades em problemas.

Quando não se buscam os *por quê*, todas as dificuldades se transformam em problemas, pois que o próprio indivíduo se mistura com dificuldade, fazendo uma só massa e convertendo-se em problema. É como se se unisse sincreticamente com a dificuldade. Regressivamente, não utilizará o Adulto, gerando o problema.

Sistema Negativo

Dentro do Sistema Negativo, a criança instalará gravações normativas negativas, especialmente desafiantes, que promoverão na Criança Adaptada o desenvolvimento do aspecto Rebelde Opositor. Em correlação com estas formações e os conseqüentes Mandatos e Permissões negativas, na idade adulta teremos uma pessoa autoritária e caprichosa. Talvez, ainda, um indivíduo ciumento, submisso ou avarento.

Tomando um ponto de fixação a fase sádica, teremos as psicopatias sexuais e os violadores, em correlação com o desenvolvimento genital. A violação não se limita ao nível sexual, pois falamos de violar a intimidade de outras pessoas, sem entrar no terreno sexual.

Poderá também ser agressivo, frígido, abúlico, antipático, do contra, exigente, destruidor, vigarista, passivo, impotente, medroso.

QUADRO SINÓPTICO

IDADE: 2 A 3 ANOS

ED = I	• RETENTIVO • BRINCA COM O SEXO (TOQUES) • ANAL • COME IRREGULARMENTE
EI = M	• VAI-SE SEPARANDO DA SIMBIOSE MATERNA • DECIDIR POR SI MESMO • SER IMPORTANTE • SER OUVIDO • CONHECER O PORQUÊ • CONVERSAR • FANTASIAR • SENTIMENTO DO EU
ATIVIDADE	• CAMINHA • PULA • MARCHA EM LINHA RETA • A PRINCÍPIO, DESOBEDIENTE • SUSTENTA-SE EM UM SÓ PÉ • CHUTA BOLAS • BRINCADEIRAS ESPONTÂNEAS • NO FINAL, MAIS OBEDIENTE
VIDA EMOCIONAL	• CIUMENTO • AMISTOSO • AGRIDE VERBALMENTE • EXIGE ATENÇÃO • ASSUSTADIÇO
NECESSIDADES	• COMPREENSÃO • EXPLICAÇÃO • RESPEITO ÀS SUAS FANTASIAS • PARTICIPAR DAS BRINCADEIRAS • CONTAR-LHE HISTÓRIAS • LEVÁ-LO EM CONTA • ORIENTAÇÃO SEXUAL E DE MATERNIDADE • LIMITES ÚTEIS
INFORMAÇÃO	• CONCRETA • VERBAL • ABSTRATA • COMEÇA A CORRIGIR A INFORMAÇÃO SENSORIAL

M. F. SENSIBILIZAÇÃO *DE PERMISSÕES*	• PENSE PELA SUA CABEÇA • SEJA VOCÊ MESMO • DESFRUTE O SEXO • OPINE • RESPEITE SEUS SENTIMENTOS • DESFRUTE COM OS OUTROS • CONTE COMIGO • SEJA IMPORTANTE • SEJA GENEROSO	

M. D. SENSIBI-
LIZAÇÃO DE
MANDATOS E
PERMISSÕES
NEGATIVOS
	• NÃO PENSE
	• NÃO SEJA VOCÊ MESMO
	• NÃO DESFRUTE O SEXO
	• NÃO OPINE
	• NÃO SE RESPEITE
		• NÃO SE DIVIRTA
		• NÃO CONTE
		  COMIGO
		• NÃO SEJA IMPOR-
		  TANTE
		• NÃO SEJA
		  GENEROSO

PERMISSÕES NEGATIVAS: SEJA TOLO
SEJA IMPORTANTE
SEJA FRÍGIDA
FIQUE SOZINHO
SEJA CHATO
SEJA AVARENTO

PERSONALIDADE   CaRO — AC — CA — AS — AC

SISTEMA +	• INDEPENDENTE • DECIDIDO • RESPEITO POR SI E PELOS OUTROS • INTUITIVO • CORRETO	• AFETUOSO • GENEROSO • VAI ÀS CAUSAS • CRIATIVO

SISTEMA —	• AUTORITÁRIO • CAPRICHOSO • CIUMENTO • AVARENTO • VIOLADOR • AGRESSIVO • SUBMISSO • FRÍGIDA • ABÚLICO	• ANTIPÁTICO • DO CONTRA • EXIGENTE • DESTRUIDOR • VIGARISTA • PASSIVO • IMPOTENTE • MEDROSO

3 ANOS: FINAL DA FASE DE SENSIBILIZAÇÃO

Aproximadamente aos 3 anos, a criança encerra a fase de sensibilização.

Nesta fase recebeu do meio familiar impressões que afetarão seu comportamento na medida em que a conduzem seletivamente com relação aos futuros estímulos, e desde que mostre uma gama de possibilidades para se desenvolver como pessoa. Trata-se de capacidades potenciais, cuja consolidação depende, em parte, da estimulação e receptividade do meio em que se expressam.

Isto implica, que a leitura que os pais façam desses sinais enviados pela criança, condicionará seu desenvolvimento futuro.

Às vezes, os pais desprezam esses sinais, pensando que por se tratar de uma criança pequena não têm transcendência, ignorando a presença precoce de Motivações que necessitam de adequada orientação para se transformar em comportamento.

A fase de sensibilidade poderia ser considerada como o protocolo do que será depois o desenvolvimento definitivo da personalidade. Esse protocolo vai deixando marcas, conforme tenha sido a resposta do meio: favorável ou desfavorável.

Quando a criança nasce, embora tenha todas as possibilidades de se desenvolver como ser humano, funciona fundamentalmente sob o aspecto vivencial, que é a expressão das necessidades da programação genética. Até os três anos, as vivências não vão se organizar como emoções. Se bem que com um ano e meio comecem algumas organizações emocionais, tanto na Criança Adequada como na Criança Adaptada (raiva, oposição, dor ou alegria, prazer), são ainda muito precárias, não têm sustentação nem força, pois carecem do apoio formal do Adulto Sentimental, que está em processo de gestação.

Este processo é lento e paulatino. A organização emocional vai ocorrendo a partir de movimentos de estabilização desses conteúdos, até alcançar um franca transformação dos mesmos em sentimentos, relacionada a uma maior possibilidade de conscientização.

Em primeiro lugar, consegue-se maior estabilidade do nível emocional da Criança Adequada. Este nível emocional representa uma melhor estabilização do vivencial, mas não constitui ainda uma emoção organizada, tal como será depois dos 3 anos. Trata-se de, em última análise de expressão da avidez da programação genética por estruturar-se.

Essa avidez, que expressa a programação genética, relaciona-se com o que habitualmente chamamos Criança da Criança.

Até os 3 anos, a estrutura da personalidade apenas se insinua. Seus registros carecem de estabilidade e são apenas esboços sem fixação, marcas que orientarão um processo de sensibilização e seletividade perceptiva, que lhe dará sua forma definitiva.

A incorporação das figuras parentais, positivas ou negativas, num ou noutro sistema (positivo ou negativo), serão mais adiante reforçadas por gravações de figuras semelhantes, selecionadas em função dessas primeiras. Estes sistemas (positivo ou negativo) ganharão maior força graças a esse critério de seletividade, até chegar a estruturar um Sistema Normativo que excederá os conteúdos parentais originais.

Vejamos um exemplo: uma menina, aos dois anos, pode utilizar seu Pai negativo brincando com a boneca, pegando-a ao colo tal como a mãe faz com ela. Esta repetição de conduta está vinculada ao início da formação do Estado do Eu Pai, cujo registro claro e definitivo não pode ocorrer ainda porque a maturação neurológica ainda não o permite (imaturidade do cérebro intermédio).

Não obstante, essas impressões vão sensibilizar a criança, para que mais tarde vá selecionando, dentre as figuras substitutas parentais, aquelas que guardem maior relação com as impressões gravadas anteriormente.

Quer dizer que, se eu, por exemplo, tenho um menino que aos dois anos gravou em seu Estado do Eu Pai o meu modo de ser, este filho está sensibilizado para esse meu modo de comportamento, e captará do meio, com mais facilidade, os aspectos parentais que se pareçam com esse modo. Isto faz que, com o tempo, o Estado do Eu Pai se amplie além dos conteúdos correspondentes aos pais verdadeiros, pois captará do seu meio aspectos normativos de acordo com aquela sensibilização paterna negativa ou positiva.

É por essa razão que denominamos Estado do Eu Normativo a formação que excede as gravações dos pais, e é produto da sensibilização estabelecida a partir deles.

Também as primeiras perguntas que a criança faz, que vão desde o "que" até o "por que" das coisas (causal e final), vão marcando o desenvolvimento do Adulto Científico, pois são expressão do surgimento da motivação de conhecimento, ainda não estruturada. Esta motivação impulsiona a criança primeiro para a identificação do objeto, promovendo sua própria discriminação no mundo (eu — não eu). No começo, a criança está ligada às coisas sincreticamente, através da identificação das mesmas: primeiro por imagens concretas e, mais tarde, por representações, irá conseguindo a separação eu-mundo que lhe servirá para a afirmação de seu eu. Ou seja, com o reconhecimento dos elementos externos, irá sabendo de si mesmo. É como se fosse tendo paulatinamente um *feedback* de que aquilo que está fora é diferente de si e, portanto, é diferente dessas coisas que estão fora. Com o reconhecimento das coisas que estão fora de si, vai fazendo o reconhecimento de sua própria existência. Tal como descreveu Sartre.

Os seres humanos afirmam sua existência pela existência do outro, pelo olhar do outro. Cada um sabe de sua própria existência através do olhar do outro.

Quer dizer, na interação afirmamos nossa existência e a do outro. A criança, portanto, precisa dessa separação para ir preparando sua afirmação do eu. Significa que seu Adulto Científico ainda não destilou a motivação do conhecimento, no tocante ao conhecimento da essência das coisas, apenas vislumbra o mero reconhecimento delas. O pensamento ocorre a nível concreto (predominância do sistema límbico), sendo precursor do futuro nível abstrato.

O que primeiro aparece como impressão dentro do Adulto é o Adulto Sentimental, dado que nesse momento predomina a expressão vivencial na criança. Começa a organizar as emoções e a estabilizá-las em sentimentos. Portanto, no Adulto o que primeiro se organiza é o nível vivencial e por isso é que, se queremos fazer um paciente regredir, temos de conduzi-lo para o vivencial. Se buscarmos a regressão com o intelectual não chegaremos às raízes, pois elas estão no vivencial, que é por onde o indivíduo começa a se expressar quando nasce e por onde termina quando morre. Através da regressão poderá reeditar vivências negativas do passado, que impediram um desenvolvimento adequado e coerente.

Até os três anos de vida, também ocorrem impressões do Adulto Defeituoso. Os valores, ainda não bem compreendidos, se utilizam do Estado do Eu Pai. Podem ser valores negativos ou positivos. A criança pode dizer: é bom, é meu, mas ainda não consegue fazer uma valoração ética, porque ainda não desenvolveu o Adulto Ético. Significa que, até os três anos utiliza os valores incorporados, de modo precário, através das figuras parentais. O Adulto Ético é o Estado do Eu que aparece mais tarde na escala ontogenética, porque precisa contar com a capacidade de questionar e atualizar os valores do Pai.

Até os três anos, então, a criança faz um esboço de incorporações e amostra de possibilidades. Daqui para a frente, espera poder desenvolvê-las. Inicia-se a fase seguinte à de sensibilização, que é a de estruturação. É, portanto, muito importante que os pais saibam o que podem fazer com os filhos, a partir dos três anos, para corrigir erros cometidos no passado e consolidar as aquisições positivas, salvo se naquele período tenha ocorrido algo muito terrível, sob a forma de repressão, castigos físicos ou abandono, que tenha determinado a gravação e estruturação simultânea de um Mandato.

De modo geral, lamentavelmente, os pais continuam reforçando as impressões negativas anteriores e poucos são os que se corrigem.

O ideal seria que se preparassem antes de ser pais, para acompanharem o crescimento dos filhos em todas as fases do desenvolvimento. Se o fazem adequadamente nos três primeiros anos e depois mudam esta atitude, tornarão negativas as realizações positivas anteriores.

B) FASE DE ESTRUTURAÇÃO: 3 A 7 ANOS

SÉTIMA ETAPA: 3 A 5 ANOS

A partir dos 3 anos inicia-se a fase de estruturação de Permissões e Mandatos.

Precisamos levar em conta que, embora venham a surgir algumas motivações novas, a maior parte das que se vão estruturar, limitar, distorcer ou retardar surgiram antes de forma não polida, não destilada: eram os rascunhos que a criança mostrava através de comportamentos diversos. Por exemplo: a motivação de conhecimento subjacente aos diversos modos de exploração da criança de 1 a 2 anos. Nesta nova fase, a motivação tomará uma forma mais polida, com a maior delimitação de metas e objetivos.

As crianças de 2 anos e meio, 3 anos, quando estão reunidas com outras, parecem estar dialogando entre elas. Falam, mas na realidade não se importam se estão sendo ouvidas, é como se fosse um diálogo interno verbalizado. Quem as ouve de fora, porém, tem a impressão de que se comunicam, pois, às vezes, falam uma depois da outra, dando ao espectador a imagem de uma conversação.

Estes monólogos, que Piaget chamou de "solilóquios", acompanham suas ações.

Travam-se em voz alta e são equiparáveis aos diálogos internos da pessoa adulta.

Adquirem, às vezes, a forma de um "monólogo coletivo", em que cada uma acredita escutar e compreender a outra, sem que exista um real intercâmbio de pensamento, uma vez que prima a atitude de conexão consigo mesma e com a própria ocupação.

Não estão se comunicando, não há metas nessa comunicação, é apenas um modo de verbalizar seus diálogos internos.

A partir dos quatro ou cinco anos, já querem ser ouvidos. Sua mensagem tem metas: a criança vê claro o que quer e a quem quer dizer. Começa o processo de comunicação.

A base desta comunicação está justamente nesses diálogos internos verbalizados que são o preâmbulo da motivação de comunicação. Porque a criança começa a sentir depois essa necessidade de se comunicar; se ela é aprovada, apoiada, orientada adequadamente, quando crescer não terá qualquer problema para se comunicar com as pessoas, para comunicar suas expectativas, seus pensamentos, suas opiniões, suas tendências, suas emoções, seus sentimentos. Se, pelo contrário, for reprimida, retrair-se-á e continuará com os diálogos internos, comunicando-se consigo mesma e evitando fazê-lo com os demais.

A motivação de comunicação é muito importante porque é a que vai permitir ao indivíduo a sua interação com o meio.

Estados do Eu: Vimos que até os 3 anos vão se esboçando as impressões dos Estados do Eu. Neste período, o Estado do Eu Adulto ganha importante desenvolvimento nos aspectos Sentimental e Científico, por causa do incremento da socialização e do desenvolvimento neurológico.

A criança começa a interagir de maneira mais ativa com seus pares, com uma atividade lúdica muito mais estruturada, o que favorece o enriquecimento e o amadurecimento dos aspectos afetivo e intelectual.

O desenvolvimento cortical acentua a capacidade de compreensão permitindo maior conhecimento das emoções e facilitando a sua sentimentalização.

No aspecto intelectual (Adulto Científico) entramos no período dos "por quê?"

A expressão "por quê?" na pessoa adulta pode ter dois significados distintos: a busca da finalidade ou da causa de alguma coisa.

Na primeira infância, esta pergunta tem um conteúdo indiferenciado, que inclui ambos os significados ao mesmo tempo, no esforço de conhecer mais e melhor. Vendo rolar uma bolinha de gude pelo plano inclinado do terreno, em direção a uma pessoa situada no fim desse plano inclinado, certo menino pergunta: "Por que rola?" Piaget assinala que, em face da resposta causal: "Porque o plano é inclinado", o menino insiste na pergunta, com vistas à finalidade: "A bolinha sabe que o senhor está aqui?".

Não se deve interpretar esta nova pergunta pensando que o menino atribui consciência humana à bola de gude, pois que, embora evidencie nesta fase uma espécie de animismo em relação às coisas, ela está mais ligada à sua dificuldade para imaginar o movimento sem uma orientação prévia em direção a um objetivo, algo de certo modo plasmado de intencionalidade.

Não obstante, devemos ler em sua primeira pergunta fundamentalmente um desejo de conhecimento mais acabado.

Diziamos que nesta fase surge o *"animismo"*, que é a tendência de adjudicar às coisas vida e intencionalidade, especialmente nos objetos que mostram atividade (forno que aquece, lua que ilumina etc.) ou que parecem mover-se por si mesmos (astros, vento).

A animismo representa, no dizer de Piaget, "uma confusão e indissociação com o mundo interior ou subjetivo e o universo físico". É uma espécie de indiferenciação com o psíquico e o físico.

ENERGIAS

Energia diferenciada ou instintiva

Nesta fase já se instalou o controle esfincteriano (graças à maturação neurológica). Se este processo se desenvolveu adequadamente, com flexibilidade e acompanhamento, sem apressamentos nem exigências precoces por parte dos pais, a criança terá atingido uma nova conquista que lhe enriquecerá a auto-estima e lhe servirá para a afirmação do eu.

Sabemos que para chegar a esse controle sem conflitos deve ser ele iniciado no momento em que a maturação de determinadas estruturas neurológicas o permita (por volta dos 2 anos). Promovê-lo antes de contar com essa condição seria forçar um processo, com as correspondentes conseqüências de deterioração emocional, que se convertem em futuros transtornos de conduta. O controle dos esfíncteres é, de certo modo, uma síntese entre maturação biológica e afeto filial.

A criança, desejosa de gratificar as expectativas dos pais, consegue uma vitória que, por sua vez, lhe dará a medida da sua capacidade e auto-suficiência. Significa que, algo que começou como uma resposta afetiva e busca de aprovação, estimulará a auto-aprovação.

Por isso é importante levar em conta o quando e o como deste ato, que aparece como uma exigência dos pais e que sói consolidar-se num período em que a criança se sente profundamente ligada ao meio familiar.

Este controle, por sua vez, lhe trará expectativas de maior atividade e independência. A libertação das fraldas possibilitará ficar mais tempo longe de casa (brincar em casa de amigos, entrar no jardim de infância), e em contato com outras pessoas, favorecendo o desenvolvimento da sociabilidade, da diversão e da participação.

Vemos aqui como a energia diferenciada e a indiferenciada interagem e se interinfluenciam, pois, uma conquista a nível do corpo representa uma conquista existencial.

Nesta fase as crianças mostram uma espécie de dependência do banheiro. Interrompem o que estiverem fazendo para urinar ou defecar e passam muito tempo entregues a essa atividade, às vezes, dialogando consigo mesmas em voz alta.

Estas interrupções costumam ocorrer principalmente no momento das refeições, o que lhes dá oportunidade de anunciar suas intenções e seus progressos diante da família ("Vou fazer cocô", "Fiz xixi").

Estas condutas podem estar ligadas à satisfação que lhe causa poder controlar (abrir-fechar quando quiser) os esfíncteres, poder exercer controle sobre algo que até então se impunha a ela, criança, o que é um estímulo para sua auto-afirmação.

A intromissão da função excretora no momento das refeições parece ter também outras relações, e é comum encontrar pessoas que, se não ingerirem antes algum alimento, têm dificuldade para defecar.

A criança costuma valer-se dos esfincteres para expressar emoções negativas em relação aos pais, quando deles provém uma atitude que a criança toma como agressão. Nesse caso, pode urinar ou defecar em lugares inadequados. Por exemplo, diante do nascimento de um irmãozinho, a quem toma como intruso, pode regredir desse controle. Enquanto a mãe amamenta o novo bebê, poderá fazer cocô no chão atrás dela.

Em geral, isto pode ocorrer diante de situações para ela difíceis de entender ou diante de limites inúteis que podem levar à insatisfação de uma motivação, que, no entanto, continua a impulsionar e a produzir vivências agora negativas.

Quando o limite é útil a rebeldia é momentânea.

Por volta dos 5 anos, as crianças começam a demonstrar, de maneira especial, o prazer que lhes causa mexer nos genitais. Este período foi denominado por Freud "estado fálico ou genital", nele situando o Complexo de Édipo, o qual se instala com a prévia aceitação do corpo sexualizado (falo no sexo masculino e ausência de falo no sexo feminino) e a partir do qual surge a angústia de castração.

Da nossa perspectiva teórica consideramos que o prazenteiro exercício que a criança tem ao mexer nos genitais, faz parte da maturação do processo biológico. Ao longo deste processo, diferentes zonas do corpo vão se distinguindo como áreas de prazer. Nos primeiros momentos de vida, a boca predomina fundamentalmente no que se refere à relevância da incorporação. Em seguida, começa a aparecer a zona anal, depois os órgãos genitais, passando por todas as partes do corpo.

Preferimos falar de aparecimento de novas áreas por maturação e não de deslocamento, porque não há anulação da área anterior. Não obstante, a esse respeito, podemos observar uma primazia da boca pois o prazer oral não diminui nem desaparece jamais.

Esta descoberta do prazer que sente ao mexer nos genitais, leva a criança a continuar a mexer.

Certa vez fui procurada por uma senhora muito preocupada:

— Não quero mais brincar de cavalinho com a minha filha.

— Que idade tem ela?

— Cinco anos e meio.

— E por quê a senhora não quer mais brincar de cavalinho?

— É porque esta menina tem um problema.

— Que problema?

— Senta-se nos meus joelhos e se masturba.

— Como se masturba?

— Põe-se a cavalo começa a se mexer e ri, morre de rir.

— Sente prazer?

— Sim, sente prazer porque se masturba.

Então lhe expliquei:

— Com certeza também aconteceu consigo, só que talvez a senhora não tenha deixado seus pais perceberem. Recebeu uma educação inibidora deste tipo de conduta e seguramente fazia isso às escondidas, por que todos fazem.

Expliquei-lhe que não era masturbação mas repetição de atos de prazer.

A masturbação implica numa atitude mental. Se não há atitude mental para se masturbar, não há masturbação. É a conduta ativa no processo masturbatório. Quando digo intencional, refiro-me à projeção como antecipação de se masturbar para sentir prazer através ou não da ejaculação. Há meninos de nove ou dez anos que ainda não têm ejaculação e se masturbam, buscam o prazer da masturbação. Têm a intenção de se masturbar, de atingir o prazer através desse ato.

Aos 5 anos, o menino só o faz porque sente prazer, não quer se masturbar, não sabe se masturbar, não sabe que existe a masturbação. É como se sentisse prazer ao mexer no braço e então continua a fazê-lo. Isto não é masturbação.

É comum, entre as adolescentes, recorrer à bicicleta para usufruírem da estimulação agradável que o selim produz sobre a vagina. Isto é masturbação.

Wilhelm Reich dizia que durante o processo de alienação pelo trabalho o homem foi limitando seu prazer a diferentes partes do corpo, porque seu corpo estava submetido à exigência do trabalho, que lhe coibia a experiência de prazer tal qual a natureza o tinha programado. Especialmente nas mãos. As mãos são duras, são as que menos prazer sentem. Todavia, são as que proporcionam maior prazer. Portanto, há uma certa alienação do autoprazer, mas conserva-se o heteroprazer. Porque a mão pode estar endurecida, mas quando afaga a face amada, a pessoa que recebe a carícia sente-a muito doce.

Para concluir com relação à energia diferenciada, cabe assinalar que, nesta fase, a alimentação torna-se mais irregular.

Energia Indiferenciada

Quanto à energia indiferenciada, a motivação de conhecimento é a que mais força toma em relação à estruturação, nesta época da vida, na qual o pensamento abstrato já se encontra em plena evolução.

A criança procura tenazmente o "por quê" das coisas, pondo os adultos, muitas vezes, em dificuldades. Não obstante, não é ainda o conhecimento da essência das coisas que a inquieta, mas sim um conhecimento de tipo geral. Os "por quê" desta etapa parecem estar ligados a dois fatos importantes: uma certa forma de angústia existencial e a preocupação por seu sexo.

A angústia existencial surge da falta de conhecimento do princípio e fim das coisas e de nós mesmos. Nós, os seres humanos, vencemos essa angústia pondo limites, finitude ou medida nas coisas.

A difícil elaboração da morte conduz o homem a não pensar nela, exceto em situações particulares, e a buscar consolo em idéias de outros mundos além deste ou em alguma forma de reencarnação. Parece que a angústia existencial dos adultos tem suas raízes nesta etapa da vida, em que as crianças buscam o "por quê" de tudo.

Por volta dos 5 anos surgem questões sobre o homem e o porquê de sua origem, procurando respostas que acalmem a ansiedade causada pelo desconhecido.

As situações de incerteza, de expectativa ou de dúvida, geram sempre muita ansiedade. Tudo que não é estruturado nem definido também provoca. As crianças experimentam ansiedade deste tipo diante do desconhecimento das coisas e aí surgem os "por quê".

No que se refere à preocupação pelo sexo, esta é uma maneira de chegar a um melhor conhecimento do próprio corpo e de si mesmo. Nessa ocasião, é muito importante que os pais expliquem aos filhos como é o sexo, como são os genitais, de um modo que eles possam entender. Não explicar toda a anatomia, a histologia e a embriologia.

As explicações devem dar resposta ao que perguntam e nada mais, porque as crianças querem saber apenas o que estão perguntando. As respostas devem ser corretas e dadas numa linguagem simples e cotidiana, com uma atitude que não deixe entrever vergonha por parte dos pais. Estes, às vezes, recorrem a complicadas descrições biológicas, numa atitude defensiva, para evitar a ansiedade que estes temas lhes despertam, privando o diálogo de matiz afetivo e intimista de que necessita. Com explicações naturais, claras e concisas, vamos favorecendo, não só a afirmação de sua motivação de conhecimento e promovendo suas Permissões para conhecer, como também estimulando a aceitação de seu sexo e facilitando a maturação sexual.

Isto contribui para evitar a imaturidade e o desvio. Diante de uma pessoa com um desvio sexual, seria útil ver o que ocorreu nesta fase da vida. É provável que lhe tenha faltado apoio no processo de maturação sexual. Se a criança não pergunta, é porque não foi motivada para perguntar ou porque não prestaram atenção às suas demandas anteriores, menosprezando suas perguntas. É importante, em primeiro lugar, que os pais possam vencer suas inibições para falar de sexo, que não mostrem vergonha diante desse tema.

Atualmente existe ampla bibliografia ilustrativa para os pais, sobre como dar educação aos filhos nas diferentes fases da vida.

Além da motivação de conhecimento começa nesta fase a se estruturar a motivação de criar. Ambas são motivações básicas e contam para sua realização com o aporte de outras de caráter gregário.

No caso da Motivação básica de conhecer, sabemos que a curiosidade e a exploração são suas subsidiárias.

Relacionadas com a Motivação de criatividade estão as de construir e desenhar. Aos 4 anos e meio ou 5 anos, as crianças gostam de desenhar ou de construir com diversos elementos. Quanto ao desenho, mostram especial preferência pela realização de figuras humanas. Por quê preferem as figuras humanas? Porque já incorporaram internamente as figuras dos que a rodeiam e dão o nome de papai e mamãe às figuras que desenham.

É como se estivessem interagindo com as imagens internas, através da realização do desenho destas figuras.

O tema das figuras dos pais também tem a ver com a estruturação, neste período, da *motivação de pertencer* (neste caso, o pertencer ao grupo familiar). Vemos então como interagem as motivações entre si: o desenho, a construção, a criatividade, contribuem em definitivo para a estruturação da motivação de pertencer. Esta motivação é a preparação para a *motivação de Pertinência*, que se refere com o adequado nível de compromisso ativo com que o indivíduo pertence.

Ligada com estas, surge a *motivação de aprovação*. Quando um menino, ou uma menina, aos quatro anos e meio ou cinco anos, faz um desenho, querem que a primeira pessoa a vê-la seja o pai ou a mãe, ou qualquer figura importante que ali esteja nesse momento. A finalidade desta conduta é a busca de *aprovação*.

Para favorecer a estruturação desta motivação, é preciso que se olhe o trabalho que a criança oferta. Fazê-lo com agrado e estimular sem exageros: "Que coisa linda você fez", "Que lindo desenho".

Isto é favorecer a estruturação das motivações de criatividade e de aprovação.

A motivação de ser aprovado, de ser levado em conta, está subjacente à motivação de pertinência. Estas motivações, mais a motivação de pertencer, é que vão dar a pertinência.

Sintetizando: neste período estruturam-se as Motivações de *Conhecimento-Criatividade* e *Pertença*, preparando-se a de *Pertinência*, surgindo outras subsidiárias desta, quer dizer, coadjuvantes da realização daquelas.

Outro fenômeno importante que acontece nesta fase da vida é a ruptura da simbiose. Entre os três e cinco anos, a criança rompe, por natureza e por maturação própria, a simbiose materna.

Esta ruptura deve ser acompanhada e facilitada, do contrário forma-se uma criança desvalida, submetida à mãe, com todas as conseqüências futuras que isso implica: dificuldade para se autoproteger, para se auto-abastecer, para encontrar um parceiro ou parceira etc.

A ruptura da simbiose não é casual, é produto da maturação, que obedece ao princípio de afirmação do eu.

Na conduta da criança aparecem diversos indícios desta tendência para a separação: nesta idade brincam sozinhas por tempos mais prolongados e estão em condições de atender a determinadas necessidades pessoais: vestir e despir a roupa quase sem ajuda, amarrar os sapatos, pentear-se, escovar os dentes, tomar banho. Estes comportamentos independentes falam às claras de novos recursos para se auto-abastecer. Qualquer tentativa da mãe para manter a simbiose, representaria uma mensagem de "não me deixe sozinha" e muitos filhos acatam esse Mantado até a morte da mãe, quando só então tentam novos projetos de vida.

Atividade: A atividade está vinculada ao desenvolvimento motor, que lhe permite bom controle corporal, o qual lhe facilitará algumas destrezas de que gosta e necessita de compartilhar com os pais, uma vez que são produto do aperfeiçoamento exibido na tentativa de afirmação do eu.

Por isso é importante que os pais a acompanhem: observando e elogiando estas aquisições.

Nesta fase corre com segurança e gosta que a vejam correr. Aos 4 anos pula corda mas requer a colaboração dos pais para a realização da brincadeira, para acompanhá-la com cantos ou para contar os pulos.

Há um aperfeiçoamento do equilíbrio e da coordenação motora, que lhe permite andar de triciclo ou bicicleta com rodinhas.

Faz também outras pequenas demonstrações de equilíbrio, que lhe trazem muita alegria. Aos pais cabe ter uma atitude vigilante e cuidadosa, evitando, porém, projetar seus medos na criança, pois se se gravar o medo nesta fase a criança poderá transformá-lo mais tarde em atitudes fóbicas.

Sua capacidade de concentração aumentou, o que lhe permite atentar melhor e por mais tempo nos brinquedos, mesmo sem companhia.

Às vezes se interessa pelo brinquedo de uma criança maior e pode observá-la sem se intrometer.

Os brinquedos didáticos, já mais complexos, oferecem-lhe a possibilidade de construir, modificar, inventar, condutas que estão todas a serviço do conhecimento. Para montá-los precisará contar, num primeiro momento, com a orientação dos pais, que de modo algum deve ser uma substituição do que ela poderá fazer por si mesma, mas apenas como guia e companhia.

Não tem ainda maturidade para jogos competitivos. Se ensaia alguns simples com os mais velhos, não é adequado deixá-la ganhar, pois com isso é enganada, recebendo uma visão distorcida de si mesma e da realidade. É preciso ajudá-la a reconhecer suas limitações, alentando-a a respeito de suas possibilidades futuras — isto é, o que ainda não pode fazer agora, poderá conseguir mais tarde.

Uma orientação adequada da atividade favorece a expressão de suas motivações e, portanto, um bom desenvolvimento da personalidade.

Vida emocional

O desenvolvimento e a estruturação das Motivações proporciona emoções prazenteiras. Cada motivação realizada causa prazer.

A motivação de pertencer, por exemplo, estrutura-se através da intromissão no diálogo dos adultos, do reconhecimento de seus atos, da aprovação deles por parte dos pais.

Estas figuras são incorporadas no Estado do Eu Pai, juntamente com a aprovação e o reconhecimento, proporcionando à Criança uma emoção agradável, que será depois sentimentalizada pelo Adulto Sentimental.

Tudo isto cria nela a capacidade de usar estes conteúdos por si mesma. Quer dizer, ela mesma se outorgará a Permissão para pertencer e desfrutar dessa pertença.

Quando o Adulto Sentimental conscientiza o prazer, transforma-o em sentimento, o que vai instaurar, posteriormente, o sentimento de pertencer perdurável no tempo. Enquanto a vivência ou a emoção de pertencer são passageiras, quer dizer momentâneas, circunstanciais, o sentimento de pertencer dura a vida toda. Significa que o tempo todo vamos nos sentir pertencentes e, conduzindo-nos desta forma, reforçamos o sentimento de pertencer, isto é, atuamos de acordo com ele e com isto o reforçamos.

Na interação com os pais, ao se sentir aprovada por eles, a criança tem a vivência de ser importante, o que se transformará em emoção. Sabemos que as emoções naturais aparecem e crescem bruscamente, para depois se neutralizarem. Se a emoção é conscientizada pelo Adulto, terá então a possibilidade de se estabilizar e permanecer como Sentimento.

Estes sentimentos irão conformar a pertença, que facilitará uma adequada inserção grupal e favorecerá, mais tarde, a satisfação da motivação de *Pertinência.*

Vemos como o Adulto Sentimental vai se expressando nesta fase, ao estabilizar as emoções em sentimentos, o que supõe uma consciência afetiva própria e duradoura. Isso porque, ao reconhecer emoções próprias, a criança está a discriminá-las das do outro, o qual é expressão da sua identidade.

Se, ao surgir uma motivação, em vez de ser orientada — o que leva a uma emoção positiva com uma posterior sentimentalização e gravação das figuras positivas no Estado do Eu Pai — encontra um meio desfavorável, surgirão vivências negativas, que serão gravadas na Criança Adaptada. Além de gravar a vivência negativa na Criança Adaptada, grava também simultaneamente, no Estado do Eu Pai a figura repressiva ou desqualificadora que depois vai usar para desqualificar-se a si própria.

Tomemos o caso da estruturação da motivação de conhecimento. A criança pergunta por quê; se o meio não a escuta, desconsidera a pergunta; a pessoa que a desconsiderou é gravada no Estado do Eu Pai da criança com toda a sua atitude de desconsideração. Uma figura que não ouve os seus reclamos, cria na criança uma vivência negativa. Essa vivência negativa pode ser traduzida de vários modos: sentir-se não querida, sentir que não é levada em conta, o que vai produzindo, se se repete, com o tempo, uma vivência catastrófica, registrada na Criança Adaptada. Esta vivência catastrófica vai depois inibir suas perguntas, porque tem medo de que sempre que perguntar não lhe respondam e que não gostam dela. Daí a vivência catastrófica de abandono. Então deixa de perguntar e esse não-perguntar constitui um Mandato.

Tomemos o caso de uma criança que pergunta à mãe sobre o sexo. A mãe não sabe o que responder, sente vergonha por seus próprios medos em relação ao sexo e diz: "Isso não se pergunta" ou "não me venha com essas coisas". A criança tem uma motivação natural que a impulsiona a querer conhecer seu sexo, que faz parte do conhecimento do próprio corpo. Diante da resposta da mãe, começa a sentir medo e pode interpretar que é culpada do mal-estar da mãe, que ela pode adoecer ou que não vai mais gostar dela se continuar perguntando. Qualquer destas interpretações conduz a uma vivência catastrófica, pois a criança ainda é dependente. Para evitar essa vivência catastrófica, decide não perguntar mais sobre o sexo. O Mandato instalado seria: "Não pergunte sobre o sexo." Mas, como isso também abrange a motivação de conhecimento, esta também ficará reprimida, deixando um vazio na estrutura de sua personalidade. Posteriormente, sempre que sinta necessidade de perguntar sobre o sexo sentirá, ao mesmo tempo, uma agressão interna, uma auto-agressão que a levará a inibir a pergunta.

Por isso é que as pessoas que estruturam este Mandato bloqueiam sua curiosidade sobre esse tema: querem saber, mas não perguntam nem falam sobre sexo e, às vezes, por generalização, estendem esta proibição a todo tipo de questionamento.

O comportamento emocional nesta fase da vida nos mostra: 1) a freqüente irrupção de atitudes coléricas; 2) ênfase nas demonstrações afetivas; 3) medos; 4) sentimento familiar.

1) A atitude colérica é uma atitude natural que se manifesta em repentes emocionais, que não devem ser interpretados como caprichos e, portanto, não devem ser reprimidos e sim respeitados e orientados, porque fazem parte da maturação. As crianças costumam se aborrecer facilmente. Ficam encolerizadas quando se lhes tira uma coisa sua. Este é um sentido incipiente de propriedade, que depois se vai estruturar nas fases posteriores e que é um modo de afirmar a individualidade, personalidade, o eu.

O capricho ocorre quando quer alguma coisa porque quer e não é adequado naquele momento. É preciso orientar e inibir o capricho, mas respeitando a expressão colérica, pois ela é natural.

2) Demonstrações afetivas: dos quatro, quatro anos e meio, começam a ser muito afetuosas, com um afeto ostensivo e, às vezes, pesado, jogam-se no colo e acariciam de modo insistente.

Essas demonstrações significam que naquele momento estão sentimentalizando suas emoções. Como tem gravadas as figuras que lhes deram afeto, elas começam a aflorar de dentro para fora, neste caso para os pais. Este dar tanto afeto é também para recebê-lo. O fenômeno se acentua aproximadamente aos seis anos e começa a diminuir pelos sete, se houve orientação adequada.

A muitos pais encanta ter filhos carinhosos e os presenteiam reiteradamente por essas condutas. Isso não os favorece, pois os mantém em atitudes que podem transformá-los, na vida adulta, em pessoas "melosas".

Para orientar a criança nessas efusões, é bom aceitar suas carícias e em seguida abraçá-la, porque esta é a resposta afetiva que ela está esperando.

3) Os medos: entre os 3 e 5 anos, aparecem diversos medos: de barulhos fortes, da escuridão ou durante os sonhos. Os medos vão se modificando com o tempo, pois estão relacionados com o amadurecimento. Quanto aos pesadelos, ocorrem mais com umas do que com outras crianças, o que parece estar relacionado com o aspecto neurológico temporal.

Qualquer forma de medo pode ser utilizada pelas crianças como instrumento de manipulação dos pais, para prender especialmente sua atenção, para ir para a sua cama de noite, em síntese, para conseguir um tratamento diferente. Por essa razão, é preciso ajudá-las, orientá-las e explicar-lhes, sem dar porém lugar a comportamentos inadequados.

4) Sentimento Familiar: Por volta dos cinco anos, as crianças também sentem necessidade de estar em família, gostam de estar com o grupo familiar, se a orientação da motivação de pertença foi conduzida adequadamente. Também gostam de participar das conversas dos adultos e suas intromissões nelas tem esta origem. É a motivação de pertença que se está expressando e, portanto, é preciso ter em relação a isto uma atitude compreensiva.

É preciso favorecer o desenvolvimento contínuo do sentido de família, porque isso favorece o desenvolvimento da motivação de pertencer e, portanto, será um homem ou uma mulher que se sentirá bem nos grupos que venha a integrar.

Necessidades: As necessidades estão em estreita relação com as motivações e sua satisfação.

Necessita que lhe expliquem o porquê das coisas de forma adequada; responder apenas ao que pergunta, não exagerar nem dar explicações além das perguntas. Fazê-lo de modo claro e com palavras simples, adequadas ao seu vocabulário, tentando esclarecer o *que* e o *por quê* das coisas.

A criança necessita que prestem atenção e expressem reconhecimento ao que faz, o que afirma sua confiança em si mesma e em sua criatividade.

Nesta idade costuma desenhar, dobrar o papel e o entregar aos pais. Há que aceitar, olhar, agradecer e elogiar, porque com isto se está premiando parte de sua criatividade, reconhecimento qúe vai fomentar a atitude de criar e de premiar.

Devemos apreciar principalmente o valor subjetivo que esse trabalho tem para ela e guardá-lo, porque é possível que à criança não baste o reconhecimento aqui e agora e procure confirmar nosso apreço verificando se o guardamos. Costuma acontecer que no dia seguinte nos surpreenda com uma pergunta como esta: "Papai, você se lembra do que eu fiz ontem? Mostre-me, que eu quero ver como está!"

É como se tivessem a intuição de que os pais não guardaram e é como se ensaiassem disfarçadamente o jogo de "te peguei em falso". Portanto, é importante guardar o que fizerem, para que, se necessário, comprovem nossa aceitação.

A criança precisa ser ouvida. Nesta fase, suas histórias costumam misturar fantasia e realidade, às vezes são exageradas e impregnadas de pronomes na primeira pessoa. Isto evidencia seus progressos no processo de identificação do eu e do modo de assimilar o que a rodeia

Precisa participar da atividade familiar: dos jogos, dos passeios e das atividades do grupo.

Às vezes, a família não tem o hábito de sair como grupo individual, mas junto com outros grupos, o que é bom, mas também é importante que o grupo familiar saia sozinho e tenha uma vida própria, porque isso lhe dá coesão e identidade.

Informação: A informação continua sendo predominantemente instintiva.

Esta intuição não é uma intuição eidética pura como a nossa, pois nós intuímos com idéias e a criança intui com imagens. Isto é, têm uma representação do objeto, intuem o objeto, o que está ligado à forma de pensar concreto, que ainda é o mais relevante. Não obstante, já na fase anterior se iniciava a representação e, como ela, a possibilidade do pensamento simbólico. Mais adiante, adquirirá o pensamento abstrato.

Nesta idade as crianças ou perguntam ou afirmam e nunca questionam o que afirmam. Não usam o "pode ser".

Quando expressam informação errada é importante corrigi-las, para favorecer o desenvolvimento do Adulto Científico. Se fixassem essas afirmações como verdadeiras, estariam incorporando premissas falsas, que contribuiriam para o desenvolvimento do Adulto Defeituoso.

Aos 5 anos, em correlação com as maiores possibilidades do pensar, começam a corrigir por si mesmas algumas informações sensoriais equivocadas.

Meio Favorável — Estruturação de Permissões: Se o meio oferece condições favoráveis ao desenvolvimento motivacional, a criança estruturará determinadas Permissões, para as quais se tenha antes sensibilizado. Tais condições darão lugar ao aparecimento de novas motivações, que são desenvolvimento das anteriores.

Sabemos que o aparecimento de motivações é contínuo. Na medida em que mais se satisfazem, surgem outras, criando um circuito de desenvolvimento contínuo que permite uma boa estruturação da personalidade.

A satisfação motivacional e a instauração de Permissões geram na Criança emoções positivas e agradáveis, que em seguida sentimentalizará, através do seu Adulto, tornando o bem-estar mais duradouro.

Se o meio favorece as realizações da criança, ela as incorporará dentro de si mesma no Estado do Eu Pai, o que fará com que, no futuro, se permita fazer as coisas que se proponha.

Grava, portanto, no *Estado do Eu Pai positivo,* as atitudes orientadora, esclarecedora, protetora e afetiva, que conformam uma atitude permissiva.

No *Estado do Eu Criança*: as vivências e emoções agradáveis relativas a essa conduta. Salvo elas, ocorrerão as Permissões correspondentes.

No *Estado do Eu Adulto*: a sentimentalização dessas emoções e o conhecimento dos atos permitidos (AS e AC).

É preciso ter claro que não é o Estado do Eu Pai o que permite, o que dá a Permissão. A Permissão é da Criança, a Criança o instaura a partir da *facilitação* do Pai.

As Permissões estão em relação direta com as motivações e tal como destas, falamos de Permissões Básicas e Permissões gregárias.

As Permissões Básicas que se estruturam são Permissões para: Conhecer — Criar — Pertencer — Afirmar seu eu.

As Permissões Gregárias contribuem para a consolidação e desenvolvimento das Permissões básicas.

Permissões Básicas	*Permissões Gregárias*
Para: • *Conhecer* ——— Para:	• Pensar
	• Respeitar seu pensamento e opiniões
• *Criar* ———	• Inventar • Construir
• *Pertencer* ———	• Ser importante
• *Afirmar seu Eu* ———	• Ser ele próprio • Ser afetuoso • Desfrutar

Meio Desfavorável — Estruturação de Mandatos e Permissões:
Se o meio é desfavorável para a realização e cumprimento motivacionais, isto é, atua diante da motivação inibindo-a, distorcendo-a ou postergando-a, gera na criança uma vivência de mal-estar que se instala em seu Estado do Eu Criança Adaptada, causando-lhe uma angústia constante. Esta angústia contínua, a que chamamos de *vivência catastrófica,* coincide com a que Freud chamou de *angústia flutuante* e que, no futuro, poderá estruturar-se como neurose obsessiva, neurose histérica ou outra forma psicopatológica.

A motivação pugna por tomar forma e expressar-se. Diante da hostilidade do meio, a criança experimenta esta vivência catastrófica, que se torna intolerável, e procura a forma de evitá-la. Inibe, então, a motivação, impondo-se o Mandato, que instala a proibição de sua realização.

Como a energia motivacional não é anulada e a agita interiormente, a criança ensaiará diversas condutas substitutivas, até encontrar uma que o meio aprove e a colocará em marcha (Permissão falsa).

Vemos então como é a Criança que, a partir das experiências negativas, instala Mandatos e Permissões falsas, como forma de recuperar um precário equilíbrio interno.

O Mandato é, portanto, uma atitude da Criança, uma decisão da Criança diante da proibição, desvio ou postergação de sua motivação natural por parte do meio. É como que uma forma de estruturação da angústia. A tentativa de resolver a pressão de uma motivação insatisfeita, dará lugar ao aparecimento de uma motivação falsa, cujo desenvolvimento é consentido pela Criança através de uma Permissão falsa, promovida pela atitude favorável negativa do meio.

Este circuito vai se estereotipar, repetir, pois enquanto a motivação genuína não estiver satisfeita, não deixará de pressionar, causando uma inquietação que impulsionará o indivíduo à repetição de condutas, conformando seu caráter neurótico. É por isto que a Terapia Refocalizadora procura conhecer as motivações genuínas subjacentes ao estereótipo e possibilitar sua manifestação dentro da realidade atual.

Na Análise Transacional clássica, o conceito de Mandato não alcançou maior desenvolvimento, possivelmente porque a morte impediu que Berne aprofundasse os diversos aspectos da sua teoria.

Berne pensava que o Mandato provinha do Pai, era uma ordem proibidora do Pai: "Não faça isso". Daí a escolha da palavra Mandato. Supomos que não é o Pai que expressa a proibição, mas que esta surge das deduções e interpretações que a Criança faz com seu Adulto precário, das condutas e atitudes dele.

Tal como com as Permissões, falamos de Mandatos básicos e gregários quanto à relação que guardam com as correspondentes motivações.

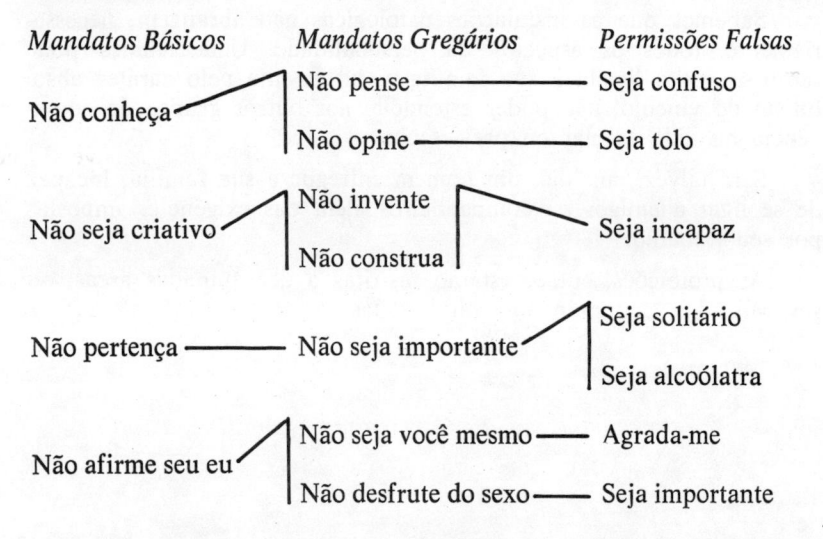

Mandatos Básicos	Mandatos Gregários	Permissões Falsas
Não conheça	Não pense	Seja confuso
	Não opine	Seja tolo
Não seja criativo	Não invente	Seja incapaz
	Não construa	
Não pertença	Não seja importante	Seja solitário
		Seja alcoólatra
Não afirme seu eu	Não seja você mesmo	Agrada-me
	Não desfrute do sexo	Seja importante

A interação com a energia instintiva e a falta de estruturação da motivação de pertença podem ser responsáveis por algumas formas de patologia, onde o traço mais evidente é a oralidade. Referimo-nos ao alcoolismo, às drogas ou à obesidade, à hiperorexia ou à anorexia nervosa. As pessoas com esse tipo de transtorno estão sempre isoladas ou se aglutinam com outras relacionadas com a dependência que as une, o que significa um verdadeiro pertencer.

Situação semelhante é a das pessoas que não conseguem permanecer um casal: casam e se divorciam, reiterando expectativas que não conseguem concretizar, por sua impossibilidade de pertencer.

Sistema Positivo

Os desenvolvimentos ocorridos no Sistema Positivo permitem à criança afirmar o eu num contexto afetivo ao qual sente pertencer e do qual vai aprendendo a participar. Possibilitam-lhe a expressão de condutas independentes, de busca e conhecimento, através das quais implementará seus aspectos criativos, bem como a formação de vínculos adequados.

Sistema Negativo

As estruturações negativas, nesta fase, levam a criança à busca de vínculos dependentes. Será então condescendente ou abandonado, irresponsável ou isolado.

Terá dificuldade para ordenar o pensamento e transmiti-lo a comportamentos parciais ou totalmente negativos no que se refere ao conhecimento, criatividade, pertença e independência.

Sabemos que as instalações patológicas não abrangem, necessariamente, todos os aspectos da personalidade. Uma criança pode sentir-se muito ligada à sua família e, justamente pelo caráter absolutista do vínculo, não poder estendê-lo aos outros grupos de convivência na vida escolar ou para-escolar.

Será talvez, amanhã, um homem entregue à sua família, incapaz de se ligar a amigos ou companheiros além das exigências impostas por seu trabalho.

As proibições, então, estarão restritas a determinadas áreas, ou generalizadas, contaminando várias delas.

QUADRO SINÓPTICO

IDADE: 3 A 5 ANOS • COMEÇA A ESTRUTURAÇÃO DOS MANDA-TOS E PERMISSÕES DAS FASES ANTERIORES

EDE • GRANDE IMPULSO DO AS E AC

ED = I • CONTROLE DOS ESFÍNCTERES
• FÁLICO (PÊNIS-CLITÓRIS)
• DÁ MUITA IMPORTÂNCIA AO W.C. (PODE DEIXAR DE COMER PARA IR)
• ALIMENTAÇÃO IRREGULAR

EI = M

BÁSICAS	*GREGÁRIAS*
• CONHECIMENTO	• CURIOSIDADE ACERCA: DAS COISAS DE SI DO SEXO
• CRIATIVIDADE	• INVENTAR • CONSTRUIR
• PERTENÇA	• SER APROVADO EM SEUS ATOS • PARTICIPAR • FAZER-SE NOTAR (PRESENÇA)
• AFIRMAÇÃO DO EU	• RUPTURA DA SIMBIOSE • CONHECIMENTO DE SI • PRESENÇA

ATIVIDADE • BOM CONTROLE CORPORAL: CORRE
PULA
FAZ EQUILÍBRIO
IMITA
• PERMANECE MAIS TEMPO COM A MESMA BRINCADEIRA
• BRINQUEDOS DIDÁTICOS: CUBOS

VIDA EMOCIONAL • DEMONSTRA AFETO: ÀS VEZES, COLÉRICO
• MEDOS (TENTA MANIPULAÇÕES): AOS RUÍ-DOS NOTURNOS (PESADELOS)
• SENTIMENTO FAMILIAR: DESFRUTA DA VI-DA EM FAMÍLIA

NECESSIDADES	• QUE LHE EXPLIQUEM O POR QUÊ DAS COISAS • A ORIGEM DAS COISAS • QUE DÊEM IMPORTÂNCIA AO QUE FAZ • QUE LEVEM EM CONTA O QUE DIZ • QUE O FAÇAM PARTICIPAR DA ATIVIDADE FAMILIAR • QUE LHE DÊEM EXPLICAÇÕES SOBRE ELE MESMO
INFORMAÇÃO	• CONCRETA • SIMBÓLICA • ABSTRATA • CORRIGE BASTANTE AS INFORMAÇÕES SENSORIAIS

M. F. ESTRU-TURAÇÃO DE PERMISSÕES PARA:	BASICAS	GREGÁRIAS
	• CONHECER ———	• PENSAR • SER CURIOSO • RESPEITAR SEUS PENSAMEN-TOS E OPINIÕES
	• CRIAR ———	• CONSTRUIR • INVENTAR
	• PERTENCER ———	• SER IMPORTANTE • PARTICIPAR
	• SER ELE ——— MESMO	• TORNAR-SE INDEPENDENTE • CONHECER • ACEITAR SEU SEXO • RESPEITAR SEUS PENSAMEN-TOS E OPINIÕES • DESFRUTAR • ALIMENTAR-SE ADEQUA-DAMENTE

M. D. ESTRU-TURAÇÃO DE MANDATOS E PERMISSÕES NEGATIVOS	BÁSICOS	GREGÁRIOS	P. NEGATIVAS
	• NÃO CO-NHEÇA	• NÃO SEJA CURIOSO • NÃO SEJA CAPAZ • NÃO PENSE	• SEJA ABÚLICO • SEJA INCAPAZ • SEJA TOLO • SEJA CONFUSO
	• NÃO SEJA CRIATIVO	• NÃO CONS-TRUA • NÃO INVENTE	• REPITA-SE
	• NÃO PER-TENÇA	• NÃO PARTI-CIPE • NÃO SE DES-TAQUE	• FIQUE SÓ • ISOLE-SE • OCULTE-SE

• NÃO SEJA VOCÊ MESMO	• INDEPENDÊN-CIA NÃO • NÃO SE RE-CONHEÇA • NÃO DES-FRUTE	• SEJA DEPEN-DENTE

• NÃO SE ALIMENTE ADEQUA-DAMENTE	• SEJA GORDO • SEJA FRACO

PERSONALIDADE   AC — AS — AC — CC — CAd. — CAdap. — P + P —

SISTEMA +	• AFIRME SUA INDEPEN-DÊNCIA • TENHA AMIGOS • EMPREENDEDOR • SENTIMENTO E APEGO • FAMILIAR DE MODO ADEQUADO	• CRIATIVIDADE • SAIBA COMPARTILHAR • PESQUISADOR • AFETUOSO • RESPONSÁVEL

SISTEMA —	• CONTINUA A SIMBIOSE • COMPLACENTE • ABANDÔNICO • IRRESPONSÁVEL • BÊBADO • DIVORCIADO VÁRIAS VEZES • INJUSTO • RESSENTIDO • DO CONTRA • RECEIA CONTRADIZER • RECEIA OPINAR, DIZER O QUE PENSA • GORDO • DROGADO • IMPOTENTE — FRÍGIDA • AGRESSIVO • TIRÂNICO • DESCONFIADO

OITAVA ETAPA: 5 A 7 ANOS

Estados do Eu: Já vimos como nas primeiras fases da vida da criança há um predomínio do emocional.

A satisfação ou insatisfação de suas necessidades e motivações causarão determinadas vivências agradáveis ou desagradáveis, que se vão estabilizar em emoções e traduzir, mais adiante, em sentimentos, mais duradouros, pela intervenção do Adulto Sentimental. Paralelamente, irá incorporando a gravação das figuras facilitadoras ou não no seu Estado do Eu Pai.

A interação adequada da criança com os pais contribuirá para o desenvolvimento da Criança Adequada (sistema positivo); já a inadequada favorecerá a Criança Adaptada e seus três diferentes modos de ser: Criança Adaptada Submissa Desvalida, Criança Adaptada Rebelde Opositora e Criança Adaptada Vingativa. As incorporações parentais positivas irão determinar um meio interno positivo, favorável ao desenvolvimento de suas motivações e, portanto, da realização pessoal.

As figuras parentais negativas, pelo contrário, irão conformar um meio interno negativo com algumas destas características: desafiante, castigador, injusto, sub ou superprotetor, que depois usará para si mesma, reforçando suas vivências de submissão, oposição ou vingança.

Neste contexto, surgirão vivências catastróficas que a levarão ao cumprimento de determinados Mandatos.

A satisfação da motivação de conhecimento irá possibilitar o desenvolvimento do Adulto Científico.

Até esta fase, a criança vinha utilizando os valores do pai, incorporados em seu Estado do Eu Pai. De agora em diante, começará a questioná-los através do Adulto, conformando o seu aspecto ético.

Aqueles valores, embora pertençam ao Estado do Eu Pai positivo, nem sempre continuam positivos neste momento, uma vez que foram expressão de uma época, concordes com uma determinada realidade que pode ter mudado. É que a sociedade e a cultura são dinâmicas, tal como a evolução do indivíduo e, portanto, sua utilização poderia não ser adequada. O indivíduo necessita questionar esses valores e o fará através do Adulto, configurando o Adulto Ético.

O Adulto Ético se encarrega de atualizar os valores do Pai, transformando-os em próprios. Portanto, internamente temos valores do Pai e os valores próprios, que surgiram do questionamento dos valores do Pai, atualizados. Uma vez instalado o Adulto Ético, questionaremos os valores externos de acordo com nossa própria escala de valores.

Há valores externos, da sociedade, condizentes com a nossa escala de valores que assimilamos, ampliando nosso Adulto Ético; e outros, não condizentes, que deixamos de lado.

No Adulto Ético não está só a escala de valores, mas também o sentido estético. Refere-se este à capacidade de compreender a beleza objetiva do objeto. Um objeto pode ser bonito subjetivamente porque uma pessoa o aprecia como tal, mas também pode ter valores de beleza objetivos que constituirão o aspecto estético correspondente a uma beleza universal.

A valoração subjetiva da beleza tem a ver com o individual, a valoração objetiva tem referência universal. Por exemplo, se vemos um quadro podemos dizer se é bonito e se gostamos dele, mas isso não representa um valor estético universal, que só existirá na presença objetiva da beleza no quadro.

O belo é da Criança, portanto é subjetivo; o estético é do Adulto Ético, portanto é objetivo, a beleza está no objeto e o torna universalmente belo.

Obras de arte como *La Gioconda*, de Leonardo da Vinci, ou a *Guernica*, de Picasso, podem ou não ser do nosso gosto, porém são composições de um valor artístico tal que faz delas obras de arte com um conteúdo estético de reconhecimento universal.

A capacidade de valoração do estético vai enriquecendo nossa ideologia de vida, com a qual traçamos o projeto de vida, além de nos permitir estabelecer referências estéticas existenciais. Isso porque, viver também é uma relação estética com nós mesmos.

Às vezes pensamos que a criatividade reside apenas em fazer um quadro, um desenho ou uma cerâmica. A criatividade é uma atitude cotidiana do indivíduo para viver. Viver é criar continuamente possibilidades de vida e de desenvolvimento.

Em todo ato criativo intervêm a Criança, o Adulto Sentimental, o Adulto Científico e o Adulto Ético, pois em todo ato criativo nos surge a motivação de ordenar o desordenado.

Nesse ato criativo intervém o sentimento do Adulto, uma vez que todo ato criativo tem que ser sentido conscientemente, como também o conhecimento do Adulto, uma vez que deve captar adequadamente todos os passos da técnica a serem empregados na execução do ato. É preciso conhecer a projeção desse ato criativo, quer dizer, dar-lhe temporalidade. Deve conhecer o ético, quanto à sua escala de valores e quanto à sua apreensão estética. Vemos, então, como intervém o Adulto Integrado.

Dizíamos que, nesta fase da vida, inicia-se o desenvolvimento da escala de valores. A criança já conta com sentimentos, conhecimentos e está forjando valores éticos, já começa, portanto, a ser autônoma. É importantíssima a orientação valorativa da criança.

As expressões valorativas devem ser acompanhadas da explicação das razões que as sustentam. Não se deve dizer que uma coisa, ou um fato, são bons ou maus, porque são. É preciso dar a razão dessa valoração pois, ao compreender essa razão, vai conhecendo e, ao conhecer, pode transferir essas valorações para outros elementos, situações ou pessoas, enriquecendo seu Adulto Ético.

Quando a criança diz: "Não quero" — "Por quê?" — "Porque não quero", é porque não sabe explicar o porquê. Os pais devem ensiná-la a investigar esse "porquê" e podem fazê-lo através do exemplo, com uma conduta reflexiva e explicativa.

Muitos pais, quando dão uma ordem ao filho, se aborrecem se ele pergunta "por quê?", tomando a pergunta como uma atitude de oposição. Fecham a questão com: "Porque sim e basta." "Porque eu quero e fim." Isto traz vários prejuízos para a criança:

1.º) Medo diante da atitude dos pais;

2.º) Pode desenvolver uma atitude de raiva com expectativas de vingança;

3.º) Falta de assimilação compreensiva do fato, que a impede de estabelecer valorações adequadas.

O Adulto Ético, que começa a se desenvolver, é o aspecto que permitirá que o Estado do Eu Adulto se complete.

A incorporação dos valores do Pai e o seu questionamento não ocorrem como um processo consciente na criança, isto é, não há nela uma intenção de questionamento — tudo se passa como parte do processo de maturação que a impulsiona para esse questionamento.

Energia diferenciada

Com relação à energia diferenciada ou instintiva, observa-se, nesta fase, uma dificuldade para adequar-se aos horários de refeição, que poderíamos associar à motivação de auto-afirmação. É como se a criança se dedicasse a atender seus apelos internos: comer quando tem vontade e não comer se não a tem. Significa que sofre uma espécie de crise que a distancia da adequação que já tinha conseguido anteriormente, o que é uma especulação; assumir essa conduta diante da comida é associar-se às suas motivações de afirmação do eu.

Energia indiferenciada

Nessa fase, continua a se consolidar a estruturação de motivações que levam à afirmação do eu, à individualização como preparativo para a aquisição da autonomia.

A criança vai adquirindo identidade mais definida.

São várias as motivações que convergem para aqueles objetivos: ser importante, ser preferido pela professora e pelos pais, participar como indivíduo da conversa familiar, destacar-se, discutir.

Ser importante: quando alguém se sente importante para si e para os outros, agarra-se muito mais à vida e encontra sentido nela.

Se um dos cônjuges não se sente importante para o outro, não vê sentido na vida do casal. Porque o amor não é algo que surja do nada e se expresse por si mesmo, mas sim através de determinados parâmetros, que surgem do ato de amar — e um deles é o de fazer o outro sentir que é importante para si. E este sentir-se importante é que dá sentido à convivência.

A criança, ao se sentir importante, vai conseguindo encontrar sentido na vida. Por isso é que, quando um paciente diz que não encontra sentido no que faz, devemos, além de procurar saber se gosta ou não daquilo que faz, investigar se se sente importante no seu trabalho.

Para tanto, há toda uma série de motivações de base que devem ser satisfeitas, como, por exemplo, reconhecimento, valoração etc. A necessidade da criança de sentir-se importante se expressa diretamente em relação aos pais, por quem precisa ser reconhecida e para quem deseja ser importante.

Os pais devem dar essa resposta aos filhos, pois ela é importantíssima para a continuação de um bom desenvolvimento.

O reconhecimento e a valoração devem estar voltados para a sua pessoa, bem como para seus atos e suas realizações.

O reconhecimento da importância de si mesmo e daquilo que faz lhe dará a medida e o sentido de sua existência.

Ser preferida: Às vezes as crianças, por meio de atitudes que levem a essa aceitação, procuram um tratamento preferencial de parte da professora ou da mãe. Na realidade, não procuram ser preferidas, mas procuram a reafirmação de si mesmas através da aceitação da mãe ou da professora, mediante o emprego de condutas que supõem gratas para o outro. Estão procurando sentir-se aceitas. Preferidas já implicaria uma relação de competição com o meio: com os irmãos e com as outras crianças. Portanto, o que à primeira vista parece uma busca de tratamento excepcional, é apenas um esforço para conseguir aceitação.

A orientação nesta busca de aceitação pode tergiversar o objetivo, se o meio estimula condutas complacentes ou exigentes ("Seja o melhor"), o que pode favorecer uma situação argumental negativa.

Em síntese: tanto a motivação de ser importante como a da busca de aceitação estão a serviço da auto-afirmação e da procura do sentido da vida.

Participar como indivíduo no diálogo familiar: A tendência de se intrometer na conversa dos pais, assumindo comportamentos imitativos deles, está ligada às fantasias de ser grande, de ser adulta e também contribui para a afirmação do eu, de modo talvez mais direto que os anteriores, em que o fazia através da procura do sentido da vida.

Nessa intromissão, que lhe permite ouvir e ser ouvida, resgata a vivência de ser diferente dos que aí estão, de existir por si mesma, de ser um indivíduo.

Destacar-se no grupo e poder *discutir* enfatizam e reforçam esses objetivos. Nesta fase, a criança mostra tendência especial para discutir defendendo seus conhecimentos, seus sentimentos e seus valores incipientes. É a sua maneira de se afirmar com relação ao que pensa, sente e valoriza. Favorecer esse modo de expressão e se relacionar com ele representa um reconhecimento da sua pessoa, que internalizará, contribuindo para seu próprio reconhecimento.

A expressão e o questionamento de valores acrescentam novo componente que contribui para a auto-afirmação do seu eu.

A motivação de conhecimento vai surgindo através da necessidade de conhecer a origem das coisas. As perguntas de "por quê" procuram agora o conhecimento das causas, a origem, o início das coisas.

Por isso é que, nessa fase da vida, começam a perguntar de onde vêm os bebês, como nascem. Começam a perguntar como surgiu o homem, como se formou o mundo. Todas estas perguntas podem incomodar os pais, ou por não saberem como respondê-las ou porque acham que são muito pequenas para formulá-las, levando-as a tergiversar a resolução desta motivação e a não perguntar mais, instalando-se como Mandato.

Esta motivação merece ser estimulada e orientada por meio de explicações corretas. Se os pais não podem satisfazer a pergunta, será positivo que expressem ao filho essa limitação de conhecimentos e sua preocupação em completar a informação, transmitindo-a em seguida. Deste modo, despojar-se-ão de uma imagem de onipotência (que poderia transformar-se num peso difícil de carregar para o filho) mostrando que têm as limitações próprias dos seres humanos.

Nas crianças, em relação à onipotência dos pais, podem acontecer duas coisas: dificuldade para igualá-los ou superá-los, ou então enorme desilusão se, com o tempo, descobrem que tinham uma imagem falsa deles.

Como reforço da motivação de pertencer surge a necessidade de ter um amigo predileto.

Esta relação já implica interação — escutam-se, levam em conta o que cada um diz, não como nas fases anteriores, onde só se preocupavam com a verbalização, ou seja, passar a mensagem sem se importar com o *feedback*. Está em preparo o aparecimento da motivação de comunicação, da fase seguinte. Vemos como começa a surgir a motivação de pertencer e se preparam as de comunicação e de pertinência.

Atividade: Nesta fase, a atividade da criança vai ficando mais complexa, fundamentalmente por influência da escola, fonte de conhecimentos e novo centro de pertença.

Agora, com 5 anos, começa o curso pré-escolar, que vai prepará-la para o curso seguinte. Nele, tal como em toda a vida escolar, vai compartilhar do trabalho com outras crianças e professores, que passarão a representar para ela um novo grupo de pertença.

A escola, além de ser um centro de aprendizagem de conhecimentos, é um lugar de interação pessoal, onde estarão em jogo aceitações e rejeições determinando incorporações ou alijamentos, com as conseqüentes vivências de prazer ou desprazer.

A motivação de pertencer encontra neste período um importante terreno de expressão. Pode acontecer que, apesar de a criança ter estruturado adequadamente essa motivação, o meio hostil estimule uma retração de sua parte.

Vejamos um exemplo: um aluno de 2.º ano, com um bom nível de rendimento, de repente começa a rejeitar o estudo e a escola. Investigando, descobriu-se que o grupo de colegas era muito agressivo, motivo que levou a aconselhar a mudança de escola. Mudando, desapareceu totalmente a atitude anterior, o menino retomou o estudo incorporou-se ao grupo, sentiu-se aceito.

Ele tinha a motivação de pertencer, mas como nas primeiras atuações o meio lhe foi desfavorável, sentiu medo. A motivação de pertencer estava estruturada, mas não fortificada, não se achava bem firmada. O grupo agressivo externo fê-lo oscilar, sentir-se inseguro, não aceito.

Se, por outro lado, a motivação de pertencer não estiver estruturada, diante da hostilidade do meio não haverá conflitos, uma vez que a distância que o separa dos outros o impede de consolidar a situação. O mesmo isolamento do lar é extrapolado para o meio escolar, reforçando a tendência de não pertencer. Se, pelo contrário, encontra na escola uma boa acolhida, tanto da parte dos colegas como da professora, poderá começar a desenvolver aquela motivação relegada.

Nos primeiros dias talvez não se sinta bem, porque não está sensibilizado para a pertença, mas, lentamente, irá experimentando certo prazer cuja origem desconhece. Indubitavelmente este prazer é devido a estar começando a satisfazer uma motivação que até este momento estivera relegada.

Este prazer impulsionará a criança a continuar na escola e a conseguir a pertença a ela, estruturando a motivação de pertencer.

Podemos ver isso em adultos que em família se isolam, mas com os amigos têm uma boa relação. Essas pessoas estruturam a motivação de pertencer fora do seio do lar, portanto a pertença não atua em família e sim nos grupos externos. Eis aí como se pode desenvolver uma pessoa: pertence dentro, e não fora, ou pertence fora, e não dentro, ou não pertence absolutamente.

Através da escolaridade, a criança descobre um novo canal de expressão. Até agora, conhecia a expressão corporal e verbal, agora inicia-se na expressão escrita ou gráfica.

Aprende a escrever mamãe, papai e pequenas frases com que preencherá todas as folhas que estiverem ao seu alcance. No começo, acharão que a folha está completa com uma só palavra, uma frase ou um pequeno desenho e passarão para outra. Na medida em que conseguem melhor adequação ao espaço, que alcançam maior possibilidade de se limitar nele, essa tendência irá desaparecendo. É preciso ter em conta que a criança deve realizar um processo de autolimitação e adequação quando passa do trabalho em folhas grandes (jardim da infância) para o caderno.

Quando, em meados da primeira série, estão em franco desenvolvimento da leitura e da escrita, surge novamente o desejo de desenhar, parecendo querer passar mensagens através da pictografia, que reaparece como uma regressão na comunicação, arremedando o estilo do homem primitivo (que transmitia suas mensagens através de pinturas rupestres, antes do hieróglifo, conservadas, por exemplo, em Israel [Sinai] e na Espanha [Altamira]).

Do mesmo modo as crianças parecem querer comunicar-se através da pintura. Não obstante, este é um período de transição, em que a criança está ascendendo à expressão escrita e à leitura. Por isso, sente-se atraída pelos livros, mesmo não sabendo ler com fluência. Prefere, então, livros muito ilustrados e com textos breves.

Na escola, aprende também a realizar exercícios físicos mais ordenados e de maior coordenação, adquirindo uma série de novas habilidades corporais.

Em síntese, a escolaridade favorece o desenvolvimento das motivações de pertença e de conhecimento.

Vida Emocional

Nesta fase, especialmente por volta dos 6 anos, a criança costuma ser muito expansiva, comunicativa. Nem bem chega da escola conta tudo o que fez.

Esta disponibilidade para informar a família exige, da parte dos seus membros, atenção e interesse pois, sentindo que a escutam, ficará estimulada a manter e a aperfeiçoar essa conduta, que é precursora da motivação de comunicação, que se vai estruturar mais adiante.

Portanto, se esta atitude expansiva tem boa acolhida e boa resposta por parte dos pais, está propiciando um modelo adequado de interação.

Suas expressões afetivas modificaram-se em relação à etapa anterior. Embora seja volúvel, impulsiva e excitável, já não se mostra colérica como antes. Costuma justificar explicando os motivos de seus acessos de raiva. Às vezes esboça algumas artimanhas para introduzir o Jogo "briguem por minha causa".

Indubitavelmente, para que isso ocorra, houve alguma sensibilização prévia e surgem estímulos que contribuem para isso. É possível ver-se um deles na atitude aparentemente competitiva dos pais diante da criança: "De quem você gosta mais, do papai ou da mamãe?". Perguntas desse tipo geram ambivalência na criança entre o que sente e o que acha que deve responder nesse momento e lhe sugerem concorrência entre os pais que depois poderá ser usada em seu benefício.

A capacidade de intercâmbio afetivo também apresenta modificações. Enquanto na fase anterior seus modos afetivos eram dóceis e até melosos, agora se evidencia a possibilidade de um afeto mais compartilhado: pode pedir e dar carícias e palavras de carinho.

Expressa ambivalência em relação ao seu crescimento. Por momentos quer ser grande e em outros quer manter-se pequena. Isto se percebe especialmente diante de atividades agradáveis e obrigações. Sente-se grande para participar de alguns momentos agradáveis com as pessoas adultas e pequena quando lhe cabe enfrentar um trabalho doméstico. Este comportamento não está ligado, como parece, a situações de vantagem ou desvantagem, e sim ao processo de elaboração de perdas que o crescimento lhe impõe a favor de novas realizações.

Neste período vai conseguindo, diz Wallon, a "reciprocidade", que é a possibilidade de se colocar no lugar do outro. Nisto a escola aparece como muito importante, na medida em que é um fator de socialização. Poderíamos ligar a esta nova modalidade seu comportamento sensível diante de situações comovedoras.

Uma história triste, um desenho animado com algum conteúdo de perda (por exemplo: a mamãe galinha que perde seu pintinho) levam-na ao pranto facilmente. Significa que agora pode ficar comovida diante de fatos que antes apenas a assombravam. Isto representa um passo muito importante de amadurecimento emocional.

Em relação à incorporação de valores no Pai, começa a mostrar mais a vergonha.

Mostra-se envergonhada porque os valores que incorporou a partir do Pai lhe dizem quando fez algo bom ou mau.

A vergonha surge daquilo que nossos pais internos nos dizem, antes mesmo de uma ação, sendo por isso que, às vezes, a vergonha é inibidora da ação.

O Pai interno, diante de cada um destes atos, emite uma valoração antes que o Adulto Ético tenha questionado esses valores, pois este mal começa a despontar.

Quando a criança vai fazer algo que o Pai interno lhe diz não estar certo, sente vergonha e essa vergonha pode ser inibidora da ação.

Necessidades: As necessidades estão vinculadas ao desenvolvimento das motivações de afirmação do eu e de pertença.

Levá-la em conta em seus diferentes modos de expressão é fazer a criança sentir-se importante e, portanto, favorecer a auto-afirmação do eu. Contribui, também, para favorecer seus sentimentos de aceitação e de pertença.

Facilitar sua integração ao grupo familiar, com alegria e afeto, fazendo-a participar e interagindo com ela, levará a vivências positivas que se transformarão, depois, em emoções positivas e em sentimentos positivos de pertença, o que é importantíssimo, uma vez que a pertença resulta incompleta e fragmentada se não estiver integrada no plano afetivo.

Intelectualmente, um indivíduo pode compreender que pertence ao grupo, mas se não puder experimentá-lo sentimentalmente, sofrerá muito, uma vez que o sentimento é mais forte que o intelecto.

Por isso é preciso favorecer o sentimento através do afeto com que se aceita a criança nesta integração familiar, valorizando o que ela diz. É preciso ouvi-la, corrigindo-a no que estiver errada e orientá-la no processo reflexivo e valorativo. Responder às suas perguntas de modo simples e compreensível para ela.

A vida social da criança nesta fase abrange desde o contato determinado pela escola até a vinculação espontânea com outras crianças. Ela precisa brincar em grupo e ter também alguma relação mais especial com um amigo íntimo.

Os pais devem favorecer estes tipos de relações horizontais, nas quais podem exercitar sua individualidade em plano igualitário, compartilhando preferências e expectativas comuns.

Também é muito importante o reconhecimento feito pelos pais das aquisições e realizações dos filhos, pois isto lhes serve de estímulo para o progresso. Devem fazê-lo sem exageros que possam levar a criança a sentir uma supervalorização de seus atos, o que poderia induzi-la a uma busca de desmedida aprovação.

Há pessoas para quem os elogios e as conquistas nunca são o bastante. Esta necessidade de supervalorização ou de perfeccionismo pode ter antecedentes na supervalorização paterna.

Tudo isto deve desenrolar-se num contexto de limites úteis, que a criança incorporará no Estado do Eu Pai positivo e que, no futuro, lhe servirão para se auto-analisar de modo correto e conveniente. À medida que atuar dentro destes limites eles vão se ordenando cada vez mais adequadamente, orientando sua relação interpessoal. O limite útil será orientador das motivações e da conduta em geral.

Informação: A expressão escrita e a leitura enriqueceram seu vocabulário, enriquecendo seu pensamento. Pensamento e palavras se desenvolvem interinfluenciando-se. Portanto, quanto maior o vocabulário, maior a possibilidade de ampliar o campo do pensamento.

É então que o Adulto Científico adquire impulso enorme e com ele o pensamento abstrato e simbólico.

A partir dessas aquisições, à compreensão da informação verbal acrescenta a da informação escrita, que lhe abre novas fontes de conhecimento (leitura) e novos canais de exploração.

Nesta fase, contudo, predomina o pensamento por generalização: a professora gosta de mim; ela é mulher; todas as mulheres gostam de mim.

Esta forma de pensamento favorece o acúmulo de informação defeituosa (Adulto Defeituoso).

Meio Favorável — Estruturação de Permissões: Se o meio é favorável à realização de suas motivações, estruturar-se-ão as Permissões para seu desenvolvimento.

Dizíamos que as motivações básicas que vão consolidando sua estruturação neste período são: *Afirmação do eu* — Pertença — Conhecimento. Ligados à Afirmação do eu temos, como Permissão Básica: "Seja você mesmo" e como Permissões Gregárias: Permissão para Crescer e para ser independente.

Quanto à motivação de *Pertença*, a Permissão Básica será para *Pertencer* e como Permissões Gregárias teremos a Permissão para *compartilhar*. Com relação aos valores incorporados do Pai temos a Permissão para ser *justo* e a Permissão para ser *correto*.

Referente à motivação de *conhecimento* — a Permissão Básica é para *conhecer* e a Permissão Gregária para ser *curioso*.

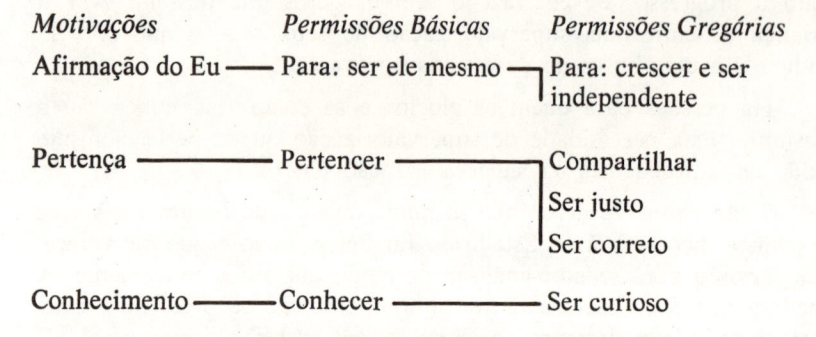

Motivações	*Permissões Básicas*	*Permissões Gregárias*
Afirmação do Eu	Para: ser ele mesmo	Para: crescer e ser independente
Pertença	Pertencer	Compartilhar
		Ser justo
		Ser correto
Conhecimento	Conhecer	Ser curioso

Meio Desfavorável — Estruturação de Mandatos e Permissões Negativas: Se o meio é desfavorável e não acompanha o desenvolvimento da criança, atendendo a suas necessidades, ela consolidará a estruturação de determinados Mandatos e Permissões negativos, vinculados às motivações de conhecimento, de auto-afirmação e de pertença.

Falamos de consolidação, uma vez que este desenvolvimento vem sendo preparado a partir das etapas anteriores e, salvo situações excepcionais, a modalidade do meio é coerente com uma determinada maneira de ser.

Personalidade

Vimos como se vão desenvolvendo e interagindo os diferentes Estados do Eu. Acrescentamos que:

Relativamente à nova tendência a discutir que a criança evidencia diante dos pais, como um modo pessoal de afirmar-se e integrar-se, se não for adequadamente compreendida poderá contribuir para o desenvolvimento da Criança Adaptada Rebelde Opositora.

A discussão que faz é simplesmente uma expressão do que pensa sentir e valorizar. Se os pais a tomam como uma oposição voluntária, podem fomentá-la dando-lhe o contra e estimulando o desenvolvimento da Criança Adaptada Opositora.

A ampliação do contato social, dada fundamentalmente a partir da entrada na escola, põe a criança em contato com novas figuras, que também terão influência significativa em sua vida.

Estas, gregárias das figuras dos pais, serão incorporadas de modo concorde com a sensibilização prévia no Sistema positivo ou negativo, transformando o Estado do Eu Pai em Estado do Eu Normativo, muito mais abrangente e diverso.

Como vemos, os pais são o início de algo que os excederá e do qual o sujeito é responsável.

Assim se reverte a validez da tendência a depositar nos pais toda a responsabilidade do Argumento de vida. Dentro desta interpretação, o indivíduo não recebe passivamente as determinações parentais mas tem, para com elas, um papel ativo na sua leitura, interpretação e síntese.

Sistema Positivo

Se ocorre uma adequada e sólida estruturação do Sistema Positivo, a criança será segura de si: respeitar-se-á e respeitará os outros. Será capaz de conseguir uma boa integração social, saberá participar, será justa consigo e com os outros, será adequada em seu comportamento.

Sistema Negativo

Se, pelo contrário, se impõem os conteúdos do Sistema Negativo, terá dificuldades consigo e com os outros. Evidenciará dificuldades diversas de integração social, que poderão abranger desde o isolamento passivo (paranóia), até comportamentos sociais destrutivos (psicopatia).

O ataque à autoconfiança pelos pais, que agridem violenta e reiteradamente seus filhos pelos seus erros, desvalorizando-os, pode levar a um desenvolvimento paranóico de diversos graus, segundo a intensidade do conflito.

Com relação ao sadismo, poderia vincular-se a atitudes agressivas dos pais diante do comportamento da criança com o seu corpo.

Poderíamos citar como exemplo um pai que cada vez que via seu filho mexer nos genitais picava-o com um alfinete. A criança foi incorporando esse Pai Sádico e, ao interiorizá-lo, passou a usá-lo, mais tarde, com os outros.

Há pessoas que precisam, para levar adiante a relação sexual, recorrer a imagens ou histórias de conteúdo erótico agressivo, como um modo de atingir a excitação, o que também denota um traço de sadismo.

QUADRO SINÓPTICO

IDADE 5 A 7 ANOS • COMEÇA A EXPRESSAR E REFORÇAR AS PERMISSÕES E MANDATOS DAS FASES ANTERIORES

EDE   AC — AS — AC — INCORPORAÇÃO DE VALORES NO PAI

ED = I • APETITE COM ALTOS E BAIXOS
• DIFICULDADE PARA RESPEITAR HORÁRIOS DE ALIMENTAÇÃO

EI = M   *MOTIVAÇÕES BÁSICAS* *MOTIVAÇÕES GREGÁRIAS*

• AFIRMAÇÃO DO EU —————
- SER IMPORTANTE
- SER PREFERIDO POR PROF.-PAIS
- NECESSIDADE DE DISCUTIR
- NECESSIDADE DE SE DESTACAR
- EXPRESSÃO DE VALORES (DO EDE P)
- TENTATIVAS DE ENTRAR NO DIÁLOGO DOS ADULTOS (FANTASIAS DE SER ADULTO)

• PERTENÇA —————
- TER UM AMIGO (PREPARATIVOS DA MOTIVAÇÃO DE COMUNICAÇÃO)

• CONHECIMENTO —————
- NECESSIDADE DE CONHECER A ORIGEM DAS COISAS

ATIVIDADE
- BRINCADEIRAS MAIS ESTRUTURADAS
- COMEÇO DA ESCOLARIDADE

- EXERCÍCIOS FÍSICOS (PULAR CORDA — BOLA)
- INTERESSE PELA LEITURA

VIDA EMOCIONAL
- EXPANSIVO
- VOLÚVEL
- EXCITÁVEL
- IMPULSIVO

- EMOTIVO
- ENVERGONHADO
- MAIOR RECIPROCIDADE AFETIVA
- AMBIVALÊNCIA PERANTE O CRESCIMENTO

NECESSIDADES	• SER LEVADO EM CONTA	• RESPONDER ÀS SUAS PERGUNTAS DE MODO COMPREENSÍVEL
	• FAVORECER-LHE OS SENTIMENTOS DE SER ACEITO E PERTENCER	• FACILITAÇÃO DA RELAÇÃO AMISTOSA
	• OUVI-LO	
	• ORIENTAÇÃO VALORATIVA	• RECONHECIMENTO DA SUA CAPACIDADE E AQUISIÇÕES

INFORMAÇÃO	• CONHECIMENTO CONCRETO — IMPULSO DOS NÍVEIS SIMBÓLICOS E ABSTRATOS
	• COMPREENSÃO DA INFORMAÇÃO ESCRITA
	• GENERALIZAÇÃO

M. F. ESTRUTURAÇÃO DE PERMISSÕES

PERMISSÕES BÁSICAS

PERMISSÕES GREGÁRIAS

- SER ELE MESMO ——————┐ • CRESCER
  └ • SER INDEPENDENTE
- PERTENCER ——————┐ • COMPARTILHAR
  • SER JUSTO
  └ • SER CORRETO
- CONHECER ——————— • SER CURIOSO

M. D. ESTRUTURAÇÃO DE MANDATOS E PERMISSÕES NEGATIVOS	• NÃO SEJA V. MESMO	• NÃO CRESÇA
	• NÃO PERTENÇA	• NÃO COMPARTILHE
	• NÃO PESQUISE	• NÃO PENSE
	• NÃO ME DEIXE	• NÃO SEJA AFETIVO

PERSONALIDADE CAO — C Ad. — A
- TAMBÉM SE GRAVAM FIGURAS GREGÁRIAS, QUE REFORÇAM AS FIGURAS PARENTAIS

SISTEMA +	SERÁ:	JUSTO	SOCIÁVEL
		CURIOSO	SABERÁ COMPARTILHAR
		ADEQUADO	RESPEITAR-SE
		CORRETO	RESPEITAR

SISTEMA −	SERÁ:	INJUSTO	PSICOPATA SOCIAL
		DO CONTRA	SÁDICO
		EGOÍSTA	RETRAÍDO (PARANÓIDE)
		AGRESSIVO	DESCONFIADO (PARANÓICO)

C) FASE DE ATUAÇÃO: 7 A 10 ANOS

NONA ETAPA: 7 A 10 ANOS

Nesta fase tem início a atuação de Permissões e Mandatos incorporados. A partir dos 7 anos a criança já tem a personalidade estruturada e só lhe falta completar o processo de maturação e consolidação. Aos 7 anos inicia-se a atuação dos mecanismos incorporados nas etapas anteriores, de modo coerente com essas incorporações, reforçando-os e ajustando-os. Não obstante, se no meio ocorrem mudanças que sejam incompatíveis com esses desenvolvimentos, também ocorrerão mudanças no seu comportamento. Por exemplo:

Embora um Mandato esteja estruturado, se, ao começar sua atuação, encontrar um ambiente não receptivo, ele pode favorecer sua redecisão. O mesmo acontece com as Permissões; se tem uma Permissão para fazer algo e ao começar a fazê-lo o ambiente lhe é desfavorável, poderá modificar essa Permissão, debilitando-a, anulando-a ou mudando-a.

Quer dizer que, no processo de atuação, quando a criança começa a pôr em prática o que adquiriu, de acordo com a atitude do meio face a esta atuação, poderá reforçar ou modificar esses conteúdos.

Estados do Eu: Nesta época, a criança já desenvolveu todos os Estados do Eu. O Adulto está desenvolvido porém ainda não funciona de um modo integrado. Embora conheça seus sentimentos, conhecimentos e valores, ainda não aprendeu a agir integrando-os.

Tende a se expressar através de um desses aspectos, sem poder ainda se valer do completamento que lhe permite a sua junção. A pessoa adulta, que está bem, consegue esta integração em seus comportamentos, o que reverte em vivências e sentimentos do eu, pois conduzir-se desse modo é fazê-lo com o próprio eu.

A criança está trabalhando para chegar a isso e, já quase no final desta fase, terá clara consciência do seu eu.

Através dessa consciência irá adquirindo o sentido da autonomia.

Energias

Neste momento, e até os 10 anos, a criança parece acumular energia diferenciada, que se canaliza num desenvolvimento corporal lento, sem nexo com a alimentação.

É um período de bom apetite, que vai decrescendo no seu final. Parece estar contendo toda a energia para a explosão de crescimento da fase seguinte.

Alguns autores acham que as meninas aos 12 anos já atingiram 80% do desenvolvimento físico que terão na idade adulta e os meninos 90%. Estimamos que estas percentagens não refletem a realidade, uma vez que a experiência nos mostra que é aos 13 ou 14 anos que ocorre o máximo desenvolvimento físico de ambos.

De todo modo, há algumas exceções quanto a isso, devido às alterações hormonais específicas e suas conseqüências.

Alguns meninos já têm ejaculação noturna aos 10 anos e algumas meninas ficam menstruadas aos 9 anos.

Quer dizer que não há data rígida: depende do desenvolvimento individual. Em geral, este desenvolvimento, em nosso meio, ocorre entre os 12 e os 15 anos.

Nesta idade, rapazes e moças vão descobrindo que algumas partes de seu corpo lhes proporcionam mais prazer que outras. Na fase anterior já descobriram o prazer nos órgãos genitais, agora vão estendê-lo a outras partes do corpo, como por exemplo, aos ombros, ao colo, à cintura ou às virilhas.

Estas descobertas despertam-lhes curiosidade e perguntas sobre isso. Perguntam por que acontece aquilo, a que se deve, indagam sobre seu corpo, sobre suas transformações; em síntese, perguntam sobre si mesmos.

Estas perguntas obedecem à motivação de autoconhecimento.

Quanto aos questionamentos, neste período, ocorrem em dois momentos. O primeiro entre os 8 e 9 anos: nesse período a criança continua preocupada com sua origem; com a origem de todos em geral, "como os bebês vêm ao mundo".

O segundo está ligado às mudanças físicas e a preocupação é pelo seu próprio corpo.

Nesta fase, surgem motivações novas, além da atuação das anteriores, as quais levam à afirmação do eu e ao desenvolvimento da autonomia.

Há uma reafirmação das motivações surgidas anteriormente, a saber, conhecimento, criatividade, pertença, ruptura da simbiose, cuja reversão equivale aos objetivos de auto-afirmação, que adquirem nova ênfase.

A motivação de conhecimento acusa agora tendência para o conhecimento de si mesma, de sua origem. A criança precisa saber quem é e como é, como é vista por seus pais e o que significa para eles.

A motivação de conhecimento de si mesma é uma motivação nova que vai fortificar o desenvolvimento do eu.

O conhecimento de si mesma é fundamentalmente para, no futuro, ir desenhando com clareza as metas que quer atingir. Quer dizer, para determinar o que quer fazer da sua vida.

A motivação de pertença persiste e atua. Vinculada a ela surge uma nova motivação, com vistas à pertinência, que definimos como uma forma de pertencer integrativa, a qual se expressa na busca da integração aos pais de modo cooperativo. Antes procurava, através do diálogo com eles, o reconhecimento da sua pessoa; agora assume uma atitude mais do tipo colaboracionista, ligada aos afazeres familiares cotidianos. É como se se definisse melhor como membro da família.

Outra motivação que surge nesta fase da vida é a de comunicação. Ela se foi esboçando por meio das discussões que teve anteriormente, da exibição do que escrevia, de gestos e de determinadas atitudes. Estes modos de comunicar não eram uma comunicação verbal direta. De uma linguagem interior para si mesmo, passou para outra mais socializada, mas não tinha ainda a motivação de comunicação.

Neste momento, depois de ter socializado a linguagem, começa a surgir a motivação da comunicação. Subjacente a ela está a necessidade de transmitir o que sente, o que pensa, suas expectativas, seus afetos, seus problemas, suas emoções, suas tristezas.

Às vezes, isto começa depois dos 10 ou 11 anos, idade que representa para a criança um momento de transição, em que lhe surge certo estado de insegurança, que se transforma em tensão. Utiliza, então, certas válvulas de escape, numa tentativa de canalização dessa tensão: dores de estômago, de cabeça. Quer dizer, utiliza o corpo como ponto de descarga.

Se, nesta fase, a motivação de comunicação for adequadamente orientada, poderá ser evitado o recurso a estas válvulas de escape. Isso porque, podendo a criança comunicar o que sente e o que se passa com ela, não precisará fazer do corpo veículo para isso.

A comunicação é um elemento básico para uma boa interação humana; sem ela esta relação sequer existiria.

A motivação de comunicação propicia o surgimento de uma outra, que é a motivação de independência, correlacionada com o aparecimento da afirmação do eu e da autonomia. Para que um indivíduo seja autônomo, tem que ser independente. Esta independência não se refere apenas ao seu trabalho pessoal, mas também à independência de opinar e decidir por si mesmo o que quer fazer. Nesse sentido, então, é mais coerente com a afirmação e a projeção da autonomia.

Aos 7 e 8 anos, a criança aceita que a mãe escolha a roupa ou que a ajude a se vestir, mas não aceita que ela a proíba de ir aonde resolveu ir, ou de fazer o que resolveu fazer. É como que um certo exagero da atitude de independência.

Em outros aspectos a criança é ainda muito dependente, porque a mãe pensa em muitas coisas por ela.

Ao final dos 10 anos, começam a esboçar-se pequenos interesses pelo sexo oposto.

As meninas desta idade tendem a agrupar-se entre si. Começam a formar grupos. Na escola, por exemplo, fazem grupos de cinco ou seis, grupos fechados que mostram atitudes competitivas e desafiantes em relação aos outros grupos. Criticam as integrantes dos outros grupos, mas não admitem a crítica em seu próprio grupo. Elas são perfeitas, as outras são estúpidas. Têm certas atitudes depreciativas diante dos garotos.

Os garotos tendem a se misturar muito mais entre si. As mulheres são mais seletivas.

Tanto um como outro modo de agir são expressões do desejo de independência.

O garoto, com a atitude de se misturar sem ser seletivo, sente-se mais independente. Vai aonde quer. As mulheres elegem-se entre si e deste modo também se sentem independentes.

São formas distintas de expressão, de acordo com o sexo e a incidência cultural, não há dúvidas, da motivação de independência.

A atitude com a qual mais se afirma a independência e, portanto, o eu, é a do sentido de propriedade. A partir dos 7 e até passar os 10 anos, a criança tem ciúme de tudo o que lhe pertence. Cuida muito das suas coisas.

Depois, por volta dos 14, 15 anos, já não se importa tanto. Por exemplo, as irmãzinhas aos 14, 15 anos costumam usar a roupa uma da outra. Mas, aos 7, 9 anos, isto é praticamente impossível. O mesmo acontece com os pequenos elementos de propriedade, livros, relógio, colares etc. Este sentido é movido pela motivação de propriedade, que favorece seus sentimentos de independência e segurança, reafirmando-lhe o eu.

A temporalidade adquire um caráter mais acabado.

Até então, a criança podia dizer ontem, sem saber claramente o que significava. Podia dizer amanhã, mas na sua cabeça não estava claro o que era amanhã. A partir dos sete anos, começa a se esclarecer o sentido de temporalidade, de passado, presente e futuro, que se completará no final desta fase. Aos 10 anos, o sentido de projeção no tempo já está muito claro. Isto não é casual. Sabemos que a criança vive aqui e agora, vive o presente; o Pai vive daqui para trás, no passado; o único capaz de viver a temporalidade de passado, presente e futuro, do aqui e agora, é o Estado do Eu Adulto, porque é o único capaz de voltar ao passado e de se antecipar ao futuro, utilizando a experiência do passado para um presente melhor. Aos 10 anos, os valores éticos estão bastante fundamentados, o Adulto Científico muito desenvolvido com os aportes da escolaridade e o Adulto Sentimental também se desenvolveu.

Esta situação do Adulto, por volta dos 10 anos, permite-lhe um conhecimento adequado da temporalidade, o que nos mostra como a motivação surge com a maturação do indivíduo.

A compreensão trinitária do tempo (passado, presente, futuro) permite à criança utilizar suas experiências para elaborar o presente e antecipar o futuro, possibilitando programações adequadas. Representa uma preparação para o futuro, quando deverá construir seu projeto de vida.

As motivações estruturadas anteriormente atuam e, portanto, são reforçadas nesta fase. A motivação de pertença se une e expressa através da pertinência integrativa, tornando-se mais firme e irrevogável.

O mesmo ocorre com as demais motivações surgidas anteriormente, se se atualizam e atuam, contando com a facilitação do meio. Esta consolidação fará com que a criança possa sair, no futuro, dos choques enfrentados num meio desfavorável.

A motivação de ser importante expressa-se através da comunicação e da participação nesses grupos seletivos que vai unificando.

Quando a criança se comunica com o pai ou com a mãe, sente-se importante. Quando faz um trabalho junto deles, sente a sua importância reconhecida. Estas atuações lhe fazem bem e reforçam a pertença e a pertinência.

A motivação de conhecimento atua, basicamente, através da escola e do conhecimento de si que surge da relação com os outros.

Desenvolvimento Motivacional e Posição Existencial

O desenvolvimento e a satisfação motivacional irão conformando a Posição Existencial.

O aparecimento de uma motivação supõe um estado transitório NÃO OK natural, de vez que produz uma dissociação interna momentânea, que desaparecerá com a satisfação da motivação.

Se o meio é favorável, a Posição Existencial será OK-OK. Se, ao contrário, é desfavorável, as possibilidades seriam:

NÃO OK-OK ⎱
OK-NÃO OK ⎰ Defensivas

NÃO OK-NÃO OK = Situação psicótica

Tomemos um exemplo comum: quando temos fome ou sede nos sentimos mal (NÃO OK). À medida que satisfazemos essas necessidades, vamos nos sentindo bem. O mesmo acontece com as motivações. Por exemplo, a motivação de pertença surge criando a necessidade de estar e, até ser satisfeita, o indivíduo se sentirá mal (NÃO OK).

Ligado comprometidamente a outros estados, isto criará um mal-estar (situação NÃO OK), que se manterá até que essa necessidade seja satisfeita. Conforme seja a reação do meio à expressão dessa motivação, o indivíduo sentirá de maneira diferente: se o meio faz uma aceitação por caridade ou por pena, a conclusão será a Posição NÃO OK-OK. Se, pelo contrário, o meio lhe inflinge castigos ou injustiça, o indivíduo sentir-se-á OK-NÃO OK. Se, ainda, for desconsiderado e paralisado, não fazendo nada por si, a síntese será NÃO OK-NÃO OK, que corresponde à posição psicótica.

As respostas desfavoráveis conformarão nele uma vivência catastrófica que se expressa como mal-estar interno contínuo, uma angústia flutuante contínua que o impulsionará a decidir o Mandato que o desligue dessa situação.

Pode resolver não se aproximar mais, sentindo raiva dos outros ou culpa consigo mesmo. Se sente raiva dos outros, a posição existencial correspondente ao Mandato será OK-NÃO OK; se sente culpa, pode ser NÃO OK-OK e, se sente repulsa por si ou pelos outros, será NÃO OK-NÃO K.

Quer dizer, os outros são maus porque não dão, e ela é má porque não merece. Portanto, a posição existencial fixa-se no momento em que decide a motivação e está determinada pela atitude do meio diante dela. Depois, quando atua com motivações falsas, não funciona com esta Posição Existencial, que está ligada ao Mandato. Forma-se um circuito estereotipado, de motivação falsa e Permissões falsas, com uma Posição Existencial de *rackets*.

Suponhamos que a criança expresse a motivação de pertença e, ao fazê-lo, seja castigada, agredida. Surge a vivência catastrófica de não ser querida e, para evitá-la, se impõe a proibição (Mandato) dessa necessidade. Como resultado dessas vivências de injustiça e rejeição e do Mandato "protetor", pode-se instalar uma Posição Existencial OK-NÃO OK.

Não obstante, a necessidade de aceitação persiste e a leva a gerar uma motivação falsa. Por exemplo: ser boa, generosa, submissa.

Então, quando é boa e generosa os outros a aceitam. Deste modo, instaura a Posição Existencial de *rackets* de NÃO OK-OK, oposta à do Mandato OK-NÃO OK.

Quando o paciente vem à terapia, em geral o faz por causa da sua Posição Existencial de *rackets,* ocultando a do Mandato. A Posição Existencial de tendência seria a de *rackets* e a de Mandato a de tensão, que surge nos momentos de *stress.*

A partir desta perspectiva, a Posição Existencial surge muito mais dinâmica e cambiante que na Análise Transacional clássica, já que se mostra ligada a cada circuito motivacional.

Creio que não há uma Posição Existencial básica, que implique uma atitude valorativa do indivíduo para consigo e para com o mundo de um modo geral. Há uma Posição Existencial básica para cada motivação.

Do mesmo modo, considero que não há um Argumento-tipo, que dirija toda a vida do homem, mas Argumentos-tipo para cada papel dos que desempenha na vida e que abrangem uma ou mais motivações.

Por exemplo, um indivíduo que tenha estruturado adequadamente a motivação de pertença no seio da família, mas não o fez lá fora. Como resultado, teremos um triunfador na família e um perdedor nas restantes áreas da vida social.

Por isso, diante do paciente, devemos circunscrever as áreas de mal-estar, em que papéis ocorrem as dificuldades. Se, por exemplo, é na família, a motivação de pertença é a que, seguramente, foi afetada. Teremos de detectar quando e como, através da focalização do período em que isso ocorreu (sensibilização, estruturação, atuação).

Atividade: A atividade consiste em jogos grupais de tipo físico. Os garotos gostam de jogar bola, futebol. As meninas, amarelinha.

Mostram inclinação pela leitura: os garotos lêem pequenas histórias e algumas meninas novelas simples de aventuras ou de amor.

A orientação desta atividade por parte dos pais pode favorecer a manutenção deste interesse no futuro.

Vida Emocional

Agora as atitudes expansivas do período anterior vão diminuindo lentamente e seu comportamento torna-se mais sereno, mais equânime, menos disruptivo emocionalmente e, deste modo, mais objetivo.

Entre os 8 e 9 anos mostra tendência para se ofender com facilidade. Qualquer desacordo com os pais levam-na a se retrair, a calar ou a chorar.

Ofende-se pelo fato de, diante desse desacordo externo, sentir o seu eu ameaçado. Vimos que, nesta fase, a maior parte das motivações está a serviço da afirmação do eu; então, qualquer contradição externa é vivida como uma ameaça ao eu; por isso, defende-se através da ofensa, não da estrutura.

Muitos pais quando vêem o filho ofendido, corrigem o que tinham dito anteriormente. Suponhamos que o menino queria ir ao cinema e os pais não deixaram. Então ele sente essa ameaça ao seu eu, porquanto sua emoção de ir e ver um filme com outros amiguinhos não vai ser satisfeita. Defensivamente se ofende, se retrai ou chora.

Alguns pais não toleram a reação da criança e mudam sua decisão. Com esse comportamento, contudo, reforçam essa reação, porque estão ensinando à criança uma maneira de manipular a situação. Se, pelo contrário, podem tolerar essa atitude de ofensa e acham que sua decisão é justa, em pouco tempo a criança mudará de atitude.

Nesta fase da vida, a criança continua manifestando alguns temores ao desconhecido.

São muitas as coisas que não conhece e muitas as que tem que começar a fazer, uma vez que, surgindo todas as motivações da afirmação do eu, tem de enfrentar situações novas para satisfazê-las.

Nesta idade, pode começar a voltar sozinho da escola, tomar condução sozinho, visitar os amigos. Pode fazer também algumas compras para os pais. Quer dizer, começa a enfrentar situações novas de intercâmbio a nível social que lhe causam certo medo pelo desconhecido, mas que não lhe bloqueiam a ação.

Podem ainda comunicar seus sentimentos e estados de ânimo. Se choram podem expressar os motivos do pranto e é importante que sejam ouvidos, compreendidos, protegidos e esclarecidos.

A criança mostra-se afetiva, não tão melosa quanto na fase anterior, mas demonstra afeto. Às vezes, costuma ter mudanças bruscas de comportamento e mostrar atitudes agressivas.

Entre os 8, 9 anos, por exemplo, os meninos brigam muito, atacando-se fisicamente. As meninas agridem-se com palavras e às vezes puxam os cabelos umas das outras, mas isto são tormentas breves que se dissipam rapidamente, voltando logo a boas relações.

Necessidades: Propiciar a comunicação é muito importante. Ela é conseguida através do modelo de comunicação dado pelos pais e de seus ensinamentos.

Uma criança que assiste à conversa dos pais está tendo um modelo de comunicação.

É útil que os pais contem algumas de suas coisas, de suas atividades. As crianças desejam e necessitam saber o que se passa com eles.

Ouvir as perguntas das crianças, ajudando-as, se for o caso, a esclarecer seu conteúdo ou responder até satisfazê-las, também é um estímulo para a comunicação e uma facilitação e estímulo dos processos de pensar. Nesta fase, as perguntas mais freqüentes referem-se ao corpo, ao sexo, à gestação, às origens da vida, das coisas e de Deus. Surgem interrogações sobre a religião, dado que o contato escolar heterogêneo lhe apresenta essas questões: a existência de Deus, as práticas religiosas (comunhão, existência de diferentes ofícios religiosos) etc.

Os elogios e as correções devem ter medida: sem exageros os primeiros e sem agressões as segundas.

Vimos que as crianças têm uma motivação de pertença integrativa que as leva, por exemplo, a entrar na conversa familiar. Isto deve ser favorecido dentro de limites úteis. Poderá participar em assuntos simples de interesse familiar.

Temos de considerar os limites de compreensão da criança e permitir a participação dela quando a conversa estiver ao seu nível. Não pode participar de tudo, e é importante que ela saiba disso, porque representa um limite útil que favorece uma visão realista da sua situação no contexto familiar.

É preciso favorecer e orientar seu modo de comunicação, ouvindo-a e ensinando-a a ouvir. No processo de comunicação é preciso haver um compromisso entre as partes, um código comum. Portanto, é preciso ensinar à criança a se dar um tempo para ouvir, a fim de que seu modo de comunicação não seja um monólogo em que prime a ansiedade em descarregar suas coisas. Comunicar-se não é apenas informar, mas informar e receber o *feedback* dessa informação, do contrário não há comunicação.

Respeitar as preferências da criança quanto a roupa, amigos, brinquedos, é favorecer a segurança nela mesma e prepará-la para conseguir a sua autonomia, de vez que, desta forma, estamos enfraquecendo os modelos de dependência.

Algo semelhante ocorre com a programação do seu tempo: se bem orientada, poderá começar a realizá-la por si mesma; nesta fase são ainda bastante dispersas mas já conhecem a temporalidade. É importante que tenha horas para estudo, para brincar, para estar com amigos. Nesta fase, a criança costuma ficar muito tempo sem fazer nada, sentada, quieta. É preciso respeitar esse silêncio porque é o começo da meditação. Significa que a criança começa a pensar sobre os fatos, sobre as coisas que acontecem, tentando recompor as situações. É uma meditação de revisão do que está acontecendo e mostra que a criança está se conectando consigo própria, está utilizando tudo o que adquiriu e conversando consigo, preparando atitudes para, no futuro, elaborar um projeto de vida.

O mesmo respeito deve ser dado às suas expressões emocionais. Respeitar seu choro, dando-lhe carinho, afeto, proteção. Respeitar suas tristezas. Deste modo estamos favorecendo o reconhecimento de sua gama de emoções.

Nesta fase da vida, as emoções estão bem claras e, portanto, podem ser dirigidas e controladas. É preciso respeitar a sua expressão emocional e orientá-la.

É preciso respeitar seus pertences, porque o sentido de propriedade faz a afirmação do eu, da segurança e da independência. Embora respeitando o uso que faz das coisas que lhe pertencem, deve ser orientada sobre o valor delas, para que possa utilizá-las adequadamente, uma vez que ainda não instalou a consciência do valor objetivo das coisas.

Se os pais dispuserem das coisas da criança, estarão conformando uma ameaça, porque lhe estão tirando do eu objetos com os quais estava identificada. Isto provoca um descalabro na motivação de independência e na motivação de propriedade. Gera uma regressão interna diante dessa injustiça que pode, em algum momento, desencadear atitudes negativas com relação aos pais.

A propriedade pessoal é uma necessidade natural. É natural porque o homem, desde que está no mundo, tem mostrado a necessidade de possuir coisas: roupa, objetos para trabalhar, armas para caçar, coisas que lhe sirvam para viver.

Também no que se refere à sua escala de valores, a criança deve ser orientada. Dessa forma estaremos facilitando a formação do Adulto Ético.

Informação: Além do impulso do pensamento abstrato, aparece uma captação de informação nova: é a informação conceptual.

Por volta dos nove, ou dez anos, já tem capacidade de incorporar conceitos. E o que é o conceito? É o conhecimento das qualidades essenciais e gerais das coisas. Quer dizer, a criança já nos diz: isto é uma cadeira que serve para sentar. Já sabe que é uma cadeira, não lhe dá nome pela função. Anteriormente, definia os objetos por suas funções. A mesa serve para comer, a cama para dormir, a cadeira para sentar. Agora sabe o que é uma cadeira, o que é uma mesa, o que é uma cama, porque conhece as qualidades essenciais e gerais desses objetos. A intuição ocupa um lugar importante no processo de pensamento. Ainda assim, persiste o pensamento por generalização.

Meio Favorável: Se o meio é favorável, contribuirá para o desenvolvimento das Permissões Básicas para afirmar o eu, alcançar a pertinência, comunicar-se e adquirir a temporalidade, assim como para o das Permissões Gregárias que reforçam e consolidam aquelas.

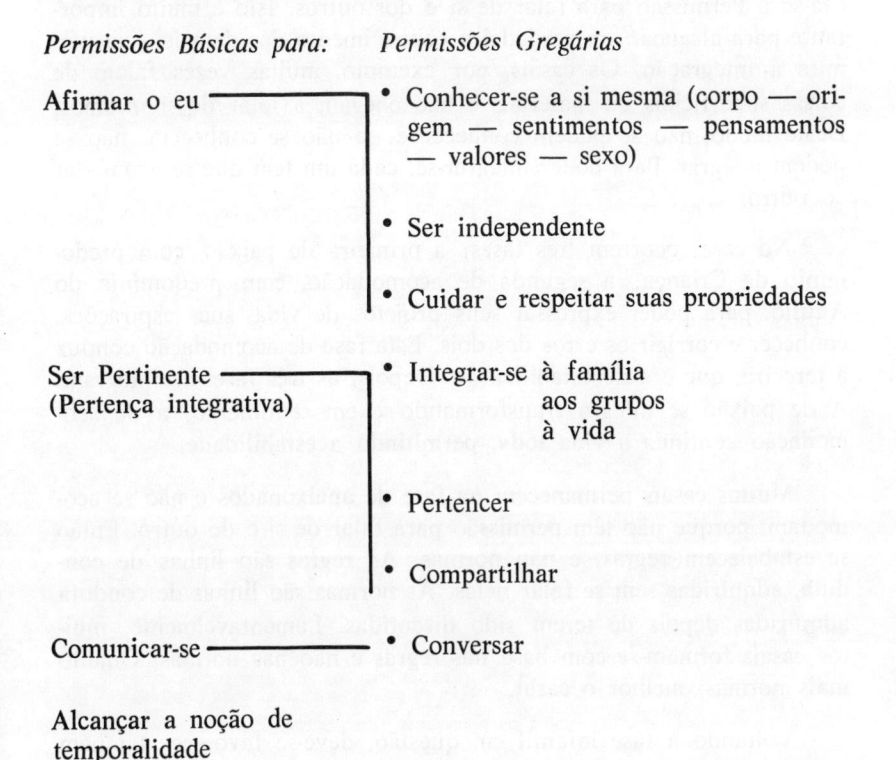

Permissões Básicas para: *Permissões Gregárias*

Afirmar o eu

- Conhecer-se a si mesma (corpo — origem — sentimentos — pensamentos — valores — sexo)

- Ser independente

- Cuidar e respeitar suas propriedades

Ser Pertinente
(Pertença integrativa)

- Integrar-se à família
  aos grupos
  à vida

- Pertencer

- Compartilhar

Comunicar-se

- Conversar

Alcançar a noção de
temporalidade

A Permissão para se conhecer a si mesma implica o reconhecimento do corpo, da origem, do sexo, dos sentimentos e valores. Esse reconhecimento favorecerá as Permissões para sua atuação na fase seguinte. A Permissão para integrar-se faz parte da motivação de pertença e pertinência. É a Permissão para integrar-se à família e aos grupos, ao companheiro e à vida, uma vez que representa uma integração consigo mesma, como conseqüência de se conhecer a si própria.

Sabemos que uma pessoa pode pertencer dentro e não pertencer fora, estar integrada dentro e não fora, ou o inverso ou de ambos os lados, depende de como tenha sido orientada nessa motivação de pertença integrativa.

A Permissão para comunicar-se é favorecida ensinando a criança a ouvir e ouvindo-a.

Orientando a organização e expressão de seus pensamentos, facilita-se a Permissão para falar de si e dos outros. Isto é muito importante para alcançar um verdadeiro conhecimento dos demais, que permita a integração. Os casais, por exemplo, muitas vezes falam de coisas superficiais ou materiais e não chegam a falar de si mesmos. Deste modo, não se podem conhecer e, se não se conhecem, não se podem integrar. Para poder integrar-se, cada um tem que se acomodar ao outro.

No casal ocorrem três fases: a primeira de paixão, com predomínio da Criança; a segunda de acomodação, com predomínio do Adulto, para poder expressar seus projetos de vida, suas aspirações, conhecer e corrigir os erros dos dois. Esta fase de acomodação conduz à terceira, que é a de estabilização. Depois, as três fases se integram. A de paixão se integra transformando-se em sentimento, a de acomodação continua a vida toda, permitindo a estabilidade.

Muitos casais permanecem na fase de apaixonados e não se acomodam, porque não têm permissão para falar de si e do outro. Então se estabelecem regras, e não normas. As regras são linhas de conduta, adquiridas sem se falar nelas. As normas são linhas de conduta adquiridas depois de terem sido discutidas. Lamentavelmente, muitos casais formam-se com base nas regras e não nas normas. Quanto mais normas, melhor o casal.

Voltando à fase infantil em questão, deve-se favorecer também a Permissão de independência: significa deixar a criança decidir por si mesma aquilo que lhe é possível decidir no momento.

Afirma-se a Permissão para participar com os outros através da integração grupal, das brincadeiras.

Todas as Permissões desta fase são importantíssimas, porque levam ao desenvolvimento da personalidade, que serve para a projeção futura.

Meio Desfavorável: Se o meio é desfavorável à realização de suas motivações, a criança estabelecerá Mandatos Evitativos das situações de tensão assim geradas e Permissões Negativas que os reforçam.

Mandatos Básicos	Mandatos Gregários	Permissões Negativas
• Não afirme seu eu	• Não se conheça • Não seja independente • Não cuide nem respeite suas propriedades	• Ignore-se • Seja dependente

• Não seja pertinente	• Não se integre: à família
	    ao grupo
	    à vida
		• Isole-se

	• Não compartilhe	• Seja egoísta
• Não se comunique	• Não converse	• Não expresse seus sentimentos, pensamentos e valores
• Não chegue à noção de temporalidade.		

Personalidade

Há um importante desenvolvimento do Adulto em relação ao conhecimento (Adulto Científico) e à incorporação valorativa (Adulto Ético), embora falte ainda o funcionamento integrado.

Os circuitos positivo e negativo consolidaram-se em seus diferentes aspectos, o que mostra um avanço importante na consolidação da personalidade.

Sistema Positivo

Se a criança desenvolve adequadamente as Permissões que necessita, será adequada às circunstâncias, respeitadora de si e dos outros, realizará suas possibilidades, dando o melhor de si. Gostará da família, à qual se sentirá integrada, podendo mais tarde constituir, ela própria, uma boa família. Será criativa e sociável.

Sistema Negativo

Se, pelo contrário, suas experiências nesta fase tiverem sido negativas, será inadequada às circunstâncias, porque desconhecerá o lugar que deve ocupar nas diferentes situações.

Terá, portanto, dificuldade nas relações interpessoais, obtendo como saldo possível o isolamento.

QUADRO SINÓPTICO

IDADE: 7 A 10 ANOS • COMEÇA A ATUAÇÃO DAS PERMISSÕES E MANDATOS INCORPORADOS ATÉ AGORA

EDE • TODOS, MAIS IMPULSO DO A (AFIRMAÇÃO DO EU) E PAI, POR INCORPORAÇÃO DE VALORES

ED — I
• BOM APETITE A PRINCÍPIO, DEPOIS REGULAR
• DESCOBREM ZONAS DE PRAZER NO CORPO, INTERESSAM-SE POR ELE E PERGUNTAM A RESPEITO

EI — M *MOTIVAÇÕES BÁSICAS*

• AFIRMAÇÃO DO EU	• CONHECIMENTO DE SI MESMO
	• INDEPENDÊNCIA
	• PROPRIEDADE
• PERTINÊNCIA (PERTENÇA INTEGRATIVA)	• INTEGRAÇÃO: - FAMILIAR - GRUPAL
• COMUNICAÇÃO	• DIÁLOGO
• TEMPORALIDADE	

ATUAM AS DE:

• PERTENÇA	• SOCIAIS (AMIGOS)
• SER IMPORTANTE	• DESTACAR-SE
• CONHECIMENTO	(COMPETIÇÃO)
	• SER PREFERIDO (SEJA O MELHOR)
	• SER ACEITO

ATIVIDADE
• JOGOS EM GRUPOS
• ESPORTES
• LÊEM CONTOS E HISTORIETAS

VIDA EMOCIONAL
• A PRINCÍPIO, EXPANSIVO
• ÀS VEZES, RECEOSO DEPOIS
• ABORRECE-SE E CHORA COMO JUSTIFICATIVA
• É AFETUOSO E AGRESSIVO
• CHORA E SE OFENDE COM FACILIDADE
• SOFRE MUDANÇAS BRUSCAS

NECESSIDADES	• OUVIR E RESPONDER ÀS SUAS PERGUNTAS: SEXO, GESTAÇÃO, ORIGEM, ETC. RESPONDER SÓ AO QUE PERGUNTAM. NÃO DEMONSTRAR QUE OS PAIS SÃO GÊNIOS

• OUVIR E RESPONDER ÀS SUAS PERGUNTAS: SEXO, GESTAÇÃO, ORIGEM, ETC. RESPONDER SÓ AO QUE PERGUNTAM. NÃO DEMONSTRAR QUE OS PAIS SÃO GÊNIOS

• ELOGIAR AS REALIZAÇÕES E CORRIGIR OS ERROS

• FAVORECER A PARTICIPAÇÃO NAS CONVERSAS FAMILIARES (DE ACORDO COM SUAS POSSIBILIDADES)

• FAVORECER A COMUNICAÇÃO OUVINDO SUAS INFORMAÇÕES DIÁRIAS

• FAVORECER A ESCOLHA DA ROUPA, DOS AMIGOS, DAS BRINCADEIRAS

• FAVORECER A PROGRAMAÇÃO DO SEU TEMPO

• RESPEITAR SEU SILÊNCIO, SEU DESGOSTO, SEU CHORO

• RESPEITAR SEUS PERTENCES

• ORIENTAR SUA ESCALA DE VALORES

INFORMAÇÃO

• INTUITIVO • ABSTRATO

• GENERALIZAÇÕES • COMEÇA O CONCEPTUAL

M. F. ESTRU-TURAÇÃO DE PERMISSÕES

PERMISSÕES BÁSICAS PARA: *PERMISSÕES GREGÁRIAS*

• AFIRMAR O SEU EU ┐ • CONHECER-SE A SI MESMO (CORPO-ORIGEM-SEXO-SENTIMENTOS-VALORES)

• SER INDEPENDENTE

• CUIDAR E RESPEITAR SUAS PROPRIEDADES

• SER PERTINENTE (PERTENÇA INTEGRATIVA) • INTEGRAR-SE:
- À FAMÍLIA
- A GRUPOS
- À VIDA

• PERTENCER

• COMPARTILHAR

• COMUNICAR-SE ——— • DIALOGAR

• ALCANÇAR A NOÇÃO DE TEMPORALIDADE

M. D. ESTRUTURAÇÃO
DE MANDATOS E
PERMISSÕES NEGATIVOS

MANDATOS BÁSICOS	MANDATOS GREGÁRIOS	PERMISSÕES NEGATIVAS
• NÃO AFIRME O EU	• NÃO SE CONHEÇA • NÃO SEJA INDEPENDENTE • NÃO CUIDE NEM RESPEITE SUAS PROPRIEDADES	• IGNORE-SE • SEJA DEPENDENTE
• NÃO SEJA PERTINENTE	• NÃO SE INTEGRE: - FAMÍLIA - GRUPO - VIDA	• ISOLE-SE
	• NÃO COMPARTILHE	• SEJA EGOÍSTA
• NÃO SE COMUNIQUE	• NÃO DIALOGUE	• NÃO EXPRESSE SEUS SENTIMENTOS, PENSAMENTOS E VALORES
• NÃO GANHE NOÇÃO DE TEMPORALIDADE		

PERSONALIDADE   • FORTE DESENVOLVIMENTO DO AC — P E CA

SISTEMA +   *SERÁ:* • ADEQUADO ÀS CIRCUNSTÂNCIAS
• RESPEITADOR DE SI E DOS OUTROS
• REALIZARÁ SUAS POSSIBILIDADES
• GOSTARÁ DA FAMÍLIA
• CRIATIVO
• SOCIÁVEL

SISTEMA −   *SERÁ:* • INADEQUADO
• ANTIPÁTICO
• INEXPRESSIVO
• DESRESPEITOSO
• TÍMIDO
• NÃO GOSTARÁ DA FAMÍLIA
• FRACASSADO
• RETRAÍDO

DÉCIMA ETAPA: 10 A 12 ANOS

Esta é uma fase de importantes mudanças físicas, que se transformam em mudanças comportamentais.

Estados do Eu: Desenvolve-se o Adulto, ao nível científico, por causa das aquisições obtidas durante o ciclo de escolaridade completado nesta fase.

Foram alcançados níveis de abstração que enriquecem a capacidade de reflexão. Isto também afeta o aspecto ético do adulto, já que está em melhores condições para um questionamento valorativo do sistema de normas e valores.

O exercício reflexivo aparece como uma tendência insofismável desta idade, em alternância com certos desajustes emocionais vinculados às importantes mudanças físicas verificadas e que costumam ser origem de situações de insegurança.

Energia

A energia diferenciada registra, nesta fase, transformações muito significativas, que correspondem ao período denominado como pubescência ou pré-puberdade. Acontecem aqui importantes modificações físicas, derivadas das alterações hormonais, que determinam um rápido crescimento, especialmente das extremidades e da forma do rosto, imprimindo sensíveis alterações às feições. Aparecem, também, os caracteres sexuais secundários.

Em geral, as meninas precedem os meninos nesta maturação psíquica e somática, que está estreitamente ligada ao meio de inserção do indivíduo. Sabemos que nas zonas quentes e montanhosas o ritmo de desenvolvimento é mais acelerado que nas zonas temperadas e planas.

Nas meninas, percebe-se o desenvolvimento dos seios e o alargamento dos quadris, que vão insinuando um corpo de mulher. Costuma aparecer a menstruação.

Nos meninos, o que se percebe como mais significativo é o aumento da estatura.

É em relação a essas modificações que passam a organizar suas atitudes sedutoras: as meninas quanto à sua beleza e os meninos quanto à força e destreza física.

No tocante ao comportamento sexual, é uma fase de auto-sexualidade. Quer dizer que a masturbação é a forma de obtenção do prazer, ainda sem ligação com a imagem do sexo oposto nem com a relação sexual. A masturbação é a resposta a uma eclosão hormonal que aumenta as pulsões em busca de descarga e, portanto, seu ritmo é muito freqüente nesta fase (2-3 vezes por dia).

Costumam ocorrer, também, especialmente entre os meninos, algumas experiências de homossexualidade, que não se verificam necessariamente por penetração, mas antes por toques ou masturbação em roda, competindo, para ver quem ejacula mais ou mais longe, ou quem tem o pênis maior.

Nas meninas, a experiência homossexual ocorre com toques e exploração do corpo.

A *energia indiferenciada* expressa-se através da motivação de afirmação do eu, como compensação diante da crise de insegurança que as transformações físicas desencadeiam.

Esta afirmação será procurada através de:

— Amor-próprio.

— Ofensa fácil.

— Auto-estima exagerada.

— Desvalorização dos outros.

— Fazendo o contrário do que se espera dele.

— Critica os outros e não aceita críticas.

O amor-próprio: é uma motivação gregária da afirmação do eu. Surge na criança como uma defesa de suas expressões, de suas opiniões, de seus gostos, do que sente como garantia de seu próprio eu.

Este amor-próprio não é orgulho, como muitos podem pensar. O orgulho é do Pai e o amor-próprio é do eu, neste caso.

Nesta fase, quando os sentimentos, pensamentos ou valores da criança são criticados pelo meio, ela os defende às vezes com repugnância e até agressão, porque são seus.

Atitudes que denotam a afirmação do eu

Ofende-se facilmente. Com a ofensa, demonstra que estão sentindo pena do seu eu, então se retrai ou ameaça ir embora, o que é um modo de defesa do eu.

Outro sintoma que denota a afirmação do eu é uma exagerada auto-estima. Supervaloriza seus atos e realizações, convidando os outros a levá-lo em conta e a valorizá-lo.

Se este exagero de suas conquistas recebe um reforço de fora, pode se transformar, com o tempo, numa tendência a ser o melhor.

A crítica exagerada e a desvalorização das coisas que as outras crianças fazem, permitem-lhe colocar-se numa posição OK — NÃO OK compensatória da fragilidade da segurança em si mesmo.

Ainda para afirmar o eu, faz o contrário do que esperam dele. Se lhe pedem para fazer alguma coisa e nesse momento tem dificuldade para sentir-se ele mesmo, faz tudo ao contrário ou não o faz, como uma forma de demonstrar a si e aos outros que se autodetermina, embora contrariando seu querer nesse momento.

Quer dizer que, de certo modo há um prejuízo para seu próprio desenvolvimento. Suponhamos que o menino julga que os pais esperam que ele vá dormir, e ele não vai; faz tudo ao contrário do que acha que os pais esperam. Isto pertence às fantasias internas de oposição ao EDE Pai.

A crítica aos outros é muito forte, muito severa, às vezes costuma ser cruel.

Nesta idade, as meninas costumam ser muito críticas e desvalorizadoras de suas mães, com as quais parecem estar brigadas, quando na realidade mantêm com elas uma relação de cumplicidade oculta. Por exemplo, perguntam à mãe que roupa devem vestir para, em seguida, ignorar a sugestão, tentando mostrar que sabem mais que ela. Se, porém, a mãe responde "vista o que quiser", elas continuam pressionando, insistindo em receber uma sugestão.

Costumam questionar as mães sobre suas opiniões e preferências pessoais. Essa desvalorização resulta cruel, porque a mãe de uma garota de 10 ou 12 anos tem aproximadamente 40 e atravessa a crise da meia-idade, que a torna muito vulnerável a tais aspectos.

Não aceitam as críticas que se lhes faz. Rebelam-se ferozmente. Quer dizer, criticam os outros, mas não têm sentido de autocrítica nem aceitam as críticas que lhes são feitas.

Todo este comportamento demonstra a afirmação do eu neste período de tanta insegurança.

Surge também a motivação de gostar, o que é natural, mas às vezes exageram, pretendendo gostar de tudo e de todos.

É preciso aprender que podemos gostar de algumas pessoas e de outras não. Mas aqui, como a motivação de gostar explode, ela atua exageradamente.

As meninas se interessam pelo corpo e os meninos por um físico forte; elas gostam da beleza, eles da força, ambos, de qualquer modo, gostam do corpo.

A identificação grupal ocorre de modo diferente entre as meninas e os meninos. Elas são mais reservadas e seletivas, vinculam-se a poucas amigas de modo íntimo. Eles, em compensação, incorporam-se facilmente a qualquer grupo, sempre que coincida com seus interesses, futebol e esportes em geral.

Estas alianças grupais implicam um "nós mesmos", que também contribui para a auto-afirmação.

A motivação de identificação grupal difere da anterior, de integração, pois implica maior compromisso na pertença.

A motivação esportiva já aparece mais organizada do que na fase anterior. De um modo geral, se há possibilidades, os meninos já vão a um clube onde realizam atividades diversas. Nesta fase da vida, a maturação motora adquire um impulso importantíssimo, o que, somado à grande energia física, facilita o aparecimento desta motivação.

Surge também a motivação artística, pois começam a apresentar algumas tendências nesse sentido, mesmo que não tenham sido orientados pelos pais.

Nesta fase essas inclinações abrangem um espectro muito amplo, uma vez que as crianças têm ao seu alcance diversos tipos e formas de estimulação e muitas possibilidades de canalizar sua expressividade: teatro, música, *ballet*, diferentes atividades plásticas que atraem sua atenção.

Aparecem motivações de caráter intelectual, algumas dirigidas para a área política, em suas diversas formas de expressão e não apenas partidárias. Todavia, nestas atividades estão impregnados mais pela conotação emocional do que pela compreensão intelectual. Assim, por exemplo, podem aderir veementemente à ideologia política de seus pais sem ter a compreensão da plataforma que a sustenta.

Aparece também a motivação de compreensão categorial, graças à aquisição do pensamento conceptual, que a favorece.

Formam-se os valores. Por isso, os valores do Pai, que foram sendo incorporados, vão agora ser questionados por seu Adulto, constituindo, desse modo, os seus próprios.

(Conformar a própria escala de valores é uma necessidade para poder se orientar na vida.)

Surge também na criança, como muito importante, a motivação de ser compreendida intelectualmente. Embora possa contar com bastante coerência o que viu, o que leu ou o que pensa, dispersa-se muito em detalhes, o que obedece ao medo de não ser compreendida. Às vezes os pais se aborrecem com esses detalhes e, em vez de compreendê-las intelectualmene, inibem-nas com suas atitudes.

A atitude paterna deve ser orientadora da capacidade de síntese.

As pessoas que não possuem capacidade de síntese perdem, no transcurso do relato, a idéia diretriz. A idéia diretriz é a meta a que se quer chegar na expressão de um pensamento. Os pais têm que orientar os filhos para que comecem a extrair o essencial do discurso, deixando o acessório de lado. Quanto maior a capacidade de síntese que adquirem, mais claros na organização do pensamento e na expressão intelectual.

Nesta fase, reforçam-se as seguintes motivações: ser preferida, de conhecimento, de independência, de temporalidade, de pertença, de comunicação e de propriedade. Quer dizer, continuam atuando estas motivações para firmá-las.

Atividade: A atividade da criança, nesta fase, se divide entre escola, brinquedos, esportes e talvez alguma tarefa artística.

Na escola, ela está chegando ao final das quatro primeiras séries e já adquiriu alguma organização e autonomia.

Segundo Piaget, a criança, nesta fase, está prestes a alcançar a maturidade intelectual através de modelos ideoverbais, que lhe permitirão o exercício do pensamento abstrato. Já dispõe de um sistema de técnicas (opiniões — argumentos — construções e operações dedutivas) que constituem o aparato logístico do pensamento.

Essa evolução intelectual possibilitará que no final desta etapa se estabeleça uma melhor comunicação com o meio e que se vá construindo uma concepção do mundo traduzida em projetos e ideais.

Antes dos 10 anos, a criança estava mais distante do mundo exterior e se movia numa atmosfera mais imaginativa e contemplativa. Agora se abre ao mundo, com um sistema pessoal de valores ideais e lógicos.

Os jogos são agora bem estruturados e com regras fixas. A criança sente-se atraída pelos computadores e pelos jogos eletrônicos em geral. Quer ganhar das máquinas, fato que poderíamos ligar à sua necessidade de auto-afirmação.

A desordem interna causada pela chegada das grandes transformações e pelas tendências oposicionistas, relacionadas à necessidade de independência e afirmação reflete-se em sua atitude com o exterior. Mostra desídia com a limpeza e uma aparente fascinação pela desordem e os cheiros.

Por causa disto, ocorrem choques, especialmente com a mãe, que é a mais atingida pelas conseqüências da desordem: a casa com roupas e sapatos espalhados em lugares inadequados, o banheiro na bagunça.

A oposição à limpeza parece estar presente, também, na linguagem "suja", com palavrões que trocam entre si com prazer.

Os garotos estendem essa ojeriza pela limpeza ao seu aspecto pessoal: recusam assear-se e aderem aos *jeans* desbotados. As garotas, em compensação, estão a favor da coqueteria que as leva a se arrumarem, usando enfeites excêntricos, dissonantes para o gosto adulto, mas condizentes com as preferências de suas colegas. A tendência à uniformidade no vestir lhes outorga um sentimento de segurança e de pertença.

Deste modo, a masculinidade parece estar ligada ao aspecto descuidado e a feminilidade à coqueteria.

A tendência à leitura cede lugar à música moderna, a que se entregam fascinados através dos fones de ouvido que os isolam. Os bailes e os novos passos que vão inventando absorvem sua atenção máxima.

O hábito da televisão também perde força e se limita a alguns programas próprios, em que alternam os francamente infantis com os dirigidos para adultos: especialmente novelas e minisséries.

Vida Emocional

A característica da vida emocional desta fase é a grande suscetibilidade e sensibilidade à mentira, à rejeição, à agressão, ao desacordo externo ou à indiferença do outro. Essa suscetibilidade faz com que se ofendam facilmente e que sofram muito. Todavia, permitem-se estas atitudes para com os outros. Tal como com a crítica, não tolerada para si, mas veementemente exercida para com os outros, zombam dos pais, por exemplo, tentando estabelecer quanto a eles uma relação OK-NÃO OK, como forma de sustentar a afirmação do seu eu.

Costumam ser fortemente rancorosos. Quando se lhes faz algo de que realmente não gostam, não perdoam. Guardam esse rancor e, a cada passo, lançam-no com certa crueldade, como se nunca se pudesse pagar a culpa por tê-lo ferido.

Ficam irados com muita facilidade. Às vezes são tão coléricos e violentos que chegam a atirar e a quebrar coisas. São descargas motoras de impressionante violência diante da não concordância ou de limites. Na realidade, essas atitudes são a expressão de um sentimento de impotência diante dos pais.

As crianças, nesta fase, sentem necessidade de mostrar aos pais quanto cresceram e evoluíram. Conseguem isso contando-lhes piadinhas que as divertem mais que a seus interlocutores. Ou então começam a se medir, comparando a sua estatura com a dos pais, para ver se já "os passaram" e, nesse caso, gozá-los.

Todo o tom emocional desta fase da vida está impregnado de exageros: superdimensionam suas dificuldades, são extremos na cólera e na alegria.

Expressam a felicidade espontaneamente.

Gesell relata que numa pesquisa entre crianças de 10 e 12 anos, a maioria considerou essa a época mais feliz de sua vida.

Necessidades: As necessidades estão vinculadas aos desenvolvimentos desse período evolutivo e à satisfação de determinadas motivações.

Já mencionamos que esta é uma fase de auto-sexualidade, que a masturbação se impunha como possibilidade de descarga e encontro com o prazer. Se a criança vinha tendo uma boa informação sobre seu corpo e respectivos reclamos, poderá abordar estas situações sem culpa. Uma boa orientação a esse respeito será tranqüilizadora, implicando o reconhecimento da evolução da sua própria pessoa.

O reconhecimento do desenvolvimento físico e a prudente aceitação do mesmo são importantíssimos para a sua própria aceitação: as transformações físicas (alterações no rosto, acne, desenvolvimento dos seios e quadris etc.) precisam ser acompanhadas de nossa aceitação e compreensão, favorecendo a sua própria aceitação. Do contrário, reforçar-se-á a insegurança criada por estas alterações que se impõem bruscamente.

Sabemos que a motivação básica é a afirmação do eu. Favorecê-la em seu desenvolvimento é contribuir para satisfazer importantes necessidades. Por isso, a mais adequada será uma atitude compreensiva e tolerante diante da sua suscetibilidade, das suas alterações de humor, de seus acessos de ira, orientando-a e protegendo-a para que transite e supere com eficácia as alternativas peculiares deste período.

É importante aceitar e favorecer, como na fase anterior, o diálogo e a integração familiar. O diálogo familiar permitirá orientá-lo na aquisição da capacidade de síntese, ensinando-o a ser mais sintético em seus relatos, explicar-lhe adequadamente as qualidades dos objetos, responder às suas perguntas com respostas verdadeiras e aceitar as limitações que surjam.

Vimos também que se expressa a tendência à formação de valores: reconhecer seu próprio quadro de valores, respeitando-o e orientando-o na confirmação da sua validade é favorecer o desenvolvimento desta tendência.

Por exemplo, se pelos valores do pai a idade certa para um garoto começar a sair com garotas é 17 anos, de acordo com sua própria experiência, possivelmente achará inadequado que seu filho de 13 anos pretenda ir dançar na casa de amigos, no caso de não ter atualizado aqueles conteúdos. Para o garoto, em compensação, de acordo com a época, este projeto é perfeitamente adequado, salvo se adotasse os valores parentais, sem os ter revisado.

É igualmente importante a orientação no tocante à programação do tempo.

Informação: A aquisição da capacidade de abstração determina o predomínio do pensamento abstrato e conceptual, que lhe permite um conhecimento mais adequado e profundo das coisas, e que se transformará em reflexões e questionamentos mais afinados sobre a realidade que o circunda.

A formação de valores a partir de um questionamento reflexivo das gravações parentais é um claro expoente dessas situações.

Meio Favorável: Se o meio é favorável, instalará a Permissão básica para *Ser ele mesmo,* através do reconhecimento dos seus sentimentos, pensamentos e valores, elementos indispensáveis para esse fim. Quando uma pessoa é ela mesma, pode aspirar à autonomia e quando atinge a autonomia pode aspirar à transcendência. Quando uma pessoa pode ser ela mesma, estar bem consigo mesma, pode se adequar a diferentes situações e escolher o mais conveniente para ela; isto lhe dá a possibilidade de se integrar a grupos como bom colega ou amigo e ter um desempenho eficaz nos diferentes papéis. Isto faz parte de um processo que se inicia com a identificação de seus sentimentos, pensamentos e valores, os quais deverá respeitar, comunicar e finalmente praticar. Não basta que uma pessoa tenha sentimentos, pensamentos e valores; deve conhecê-los, expressá-los e se comportar de acordo com eles.

Às vezes as facilitações e as Permissões se detêm em alguns destes segmentos. Nesse caso, o indivíduo poderia dizer: "Sei que tenho bons sentimentos, uma boa escala de valores e penso bem, não obstante, quando os vou pôr em prática, não consigo."

Acontece que lhe falta a Permissão para agir nessa linha. Quer dizer, pode ter as Permissões precedentes mas carece da referente à atuação. A Permissão para agir é alcançada através de tudo o que fomos vendo. Quando a criança é ouvida, respeitada e orientada na acomodação e síntese daquilo que é importante para ela; quando o meio não inibe nem reprime a expressão de suas vivências e emoções, tem facilidade para se sentir e agir de acordo consigo mesma.

A Permissão para compreender conceptualmente é assumida a partir das condutas dos pais, favoráveis ao desenvolvimento do processo intelectual. Isto é: atendem à motivação de compreensão categorias, através de explicações adequadas a respeito da categoria dos objetos, estimulam pelo diálogo a sua capacidade reflexiva, ensinando-a a desenvolver a capacidade de síntese.

Meio Favorável — Resumo

Permissões para: *Ser ele mesmo*

Identificar-se

Respeitar	Seus próprios:
Comunicar	sentimentos
Agir	pensamentos
	valores

Compreender conceptualmente.

Ter capacidade de síntese.

Usar adequadamente o tempo.

Meio Desfavorável: Um meio desfavorável às necessidades do indivíduo atentará fundamentalmente contra a motivação para ser ele mesmo. Abaterá de diversas maneiras as tentativas de reconhecimento, comunicação ou prática dos próprios sentimentos, pensamentos e valores. Não favorecerá o desenvolvimento dos processos de pensar, impedindo, talvez, a estimulação adequada ou abstendo-se de dar a orientação necessária.

Deste modo favorecerá a instalação de Mandatos e Permissões Negativas compatíveis com eles. Serão bloqueados, fundamentalmente, o desenvolvimento autônomo da personalidade, a área de pensar e a capacidade organizativa.

É um convite a calar, bloquear e alienar sentimentos, pensamentos e valores. Alienar quanto ao reconhecimento dos mesmos, calar quanto à sua não comunicação, bloquear quanto a não pô-los em prática. Portanto, é um convite a condescender.

Se algo semelhante ocorre a nível do pensamento, favorecer-se-á a confusão; se for a nível da estruturação do tempo, a dispersão e a desorganização.

Meio Desfavorável — Resumo

Mandatos para		*Permissões negativas para:*	
Não ser ele mesmo		*Condescender*	
Não se identificar	Os próprios:	Alienar	Os próprios:
Não respeitar	sentimentos	Calar	sentimentos
Não comunicar	pensamentos	Não agir	pensamentos
Não agir	valores		valores

Não compreender conceptualmente	*Ser confuso*
Não estruturar adequadamente	*Ser dispersivo*
o tempo	*Ser desorganizado*

Personalidade

A evolução do pensamento dá, nesta etapa, importante desenvolvimento aos aspectos científico e ético.

As condutas positivas incorporadas no EDE Pai do circuito positivo favorecem o desenvolvimento do Adulto Sentimental enquanto representam uma orientação emocional e favorecerão os processos intelectuais e valorativos.

Sistema Positivo

Se o sistema positivo se desenvolveu adequadamente, teremos no futuro um indivíduo que respeita a si mesmo e aos outros. Seguro de si mesmo. Adequadamente integrado à família e aos grupos, com boas relações interpessoais.

Terá um suporte intelectual que lhe permitirá manobrar adequada e objetivamente as coisas.

Sistema Negativo

Se, pelo contrário, primam os conteúdos do sistema negativo, contribuirão para o desenvolvimento de uma pessoa com dificuldades para a estima de si mesmo e dos outros. Talvez uma dessas pessoas que nunca sabem o que querem, ou que nunca sabem decidir uma ação, que não sabem decidir o que é bom e o que não é, se convém ou não fazer determinada coisa. São as pessoas que freqüentemente tentam fazer mal a si mesmas, que não cumprem os compromissos assumidos, quer dizer, que têm condutas irresponsáveis.

A irresponsabilidade pode, por sua vez, significar uma falta de respeito para com o outro, se há um outro implicado nesse compromisso. Podem ocorrer estas duas coisas integradas: falta de respeito e falta de responsabilidade. De um modo geral a falta de respeito e de responsabilidade interagem.

Estas pessoas terão tendência para jogar sua responsabilidade sobre os outros. São freqüentes acusadores que lançam culpas sobre os outros para fugir às suas próprias responsabilidades. São os que usam "se não fosse por..."

Este modo de comportamento seria um ressaibo daquela intolerância à crítica, da exagerada auto-estima da época, a que ficaram ligados por dificuldades afetivas.

QUADRO SINÓPTICO

PRIMEIRO CONFRONTO

IDADE 10 A 12 ANOS • ATUAÇÃO DE PERMISSÕES E MANDATOS

EDE • TODOS — CONTINUA O IMPULSO PARA O ADULTO CIENTÍFICO

ED = I PUBESCÊNCIA — MASTURBAÇÃO (AUTO-SEXUAL) — EXPERIÊNCIA HOMOSSEXUAL — MENSTRUAÇÃO — EM ALGUNS, EJACULAÇÃO — SUBORDINAÇÃO DESTES INSTINTOS ÀS MUDANÇAS FÍSICAS

EI = M • NOVAS: • AFIRMAÇÃO DO EU, EXPRESSA ATRAVÉS DE: AMOR-PRÓPRIO — OFENSA FÁCIL (AMEAÇA IR EMBORA) — AUTO-ESTIMA EXAGERADA — DESVALORIZAÇÃO DOS OUTROS — FAZ O CONTRÁRIO DO QUE ESPERAM DELE — CRITICA OS DEMAIS E NÃO ACEITA CRÍTICAS.

• GOSTAR: MENINAS: CORPO
             MENINOS: FORÇA FÍSICA
• IDENTIFICAÇÃO GRUPAL:
  - MENINOS: COM TODOS
  - MENINAS: MAIS SELETIVAS

• ESPORTIVA • INTELECTUAL (IDÉIAS POLÍTICAS)
• ARTÍSTICA • COMPREENSÃO CATEGORIAL
• CONSTITUIÇÃO DE VALORES
• SER COMPREENDIDOS INTELECTUALMENTE

AGEM: • SER PREFERIDO • DE PERTENÇA
• DE CONHECIMENTO • DE COMUNICAÇÃO
• DE INDEPENDÊNCIA • DE PROPRIEDADE
• TEMPORALIDADE

ATIVIDADE: • JOGOS • ESPORTES • POUCA LEITURA
• ESCOLARIDADE REGULAR • ASSISTEM MENOS À TV
• DESORDENADOS NAS SUAS COISAS • MENINAS (ALGUNS RASGOS DE COQUETERIA)
• MENINOS (MAIS DESCUIDADOS)

V. EMOCIONAL: • SUSCETÍVEIS • EXAGERAM SEUS PROBLEMAS
• CHISTOSOS (CHISTES FRACOS) • IRA, CÓLERA E VIOLÊNCIA
• BRIGUENTOS E DISCUTIDORES • MEDO DE QUE CAÇOEM DELE
• RANCOROSOS • GOSTAM DE CAÇOAR DOS OUTROS
• SENSÍVEIS • EXPRIMEM FACILMENTE A FELICIDADE

NECESSIDADES:	• RESPEITO E ORIENTAÇÃO ADEQUADA ÀS SUAS DIFERENTES EXPRESSÕES DE AFIRMAÇÃO DO EU • RECONHECIMENTO DA SUA PESSOA E DO SEU DESENVOLVIMENTO FÍSICO • ACEITAÇÃO E ORIENTAÇÃO NA ESCOLHA DE AMIGOS • RECONHECIMENTO COMO INTEGRANTE FAMILIAR • ORIENTAÇÃO INTELECTUAL E ARTÍSTICA • EXPLICAÇÃO ADEQUADA DOS CONCEITOS EM GERAL • ORIENTAÇÃO DA FORMAÇÃO DA ESCALA DE VALORES • ORIENTAÇÃO DA CAPACIDADE DE SÍNTESE • ORIENTAÇÃO PARA ADEQUADA PROGRAMAÇÃO DO TEMPO

INFORMAÇÃO:	• PREDOMINA O ABSTRATO E CONCEPTUAL

M. FAVORÁVEL: *PERMISSÕES:*	• SEJA VOCÊ MESMO (SENTIMENTOS-PENSAMENTOS-VALORES) 　　　　　　　　FAMÍLIA • IDENTIFIQUE-SE　GRUPO 　　　　　　　　COM SEU CORPO • RESPEITE (SEUS SENTIMENTOS-PENSAMENTOS-VALORES) • COMUNIQUE (SEUS SENTIMENTOS-PENSAMENTOS-VALORES) • PRATIQUE (SEUS SENTIMENTOS-PENSAMENTOS-VALORES) • COMPREENDA (CONCEPTUALMENTE) • SEJA SINTÉTICO • USE ADEQUADAMENTE SEU TEMPO (LIMITES ÚTEIS)

M. DESFAVORÁVEL: *MANDATOS:*	• NÃO SEJA V. MESMO (SENTIMENTOS-PENSAMENTOS-VALORES) • NÃO SE IDENTIFIQUE (COM SEUS SENTIMENTOS-PENSAMENTOS-VALORES) • NÃO RESPEITE (SEUS SENTIMENTOS-PENSAMENTOS-VALORES) • NÃO COMUNIQUE (SEUS SENTIMENTOS-PENSAMENTOS-VALORES) • NÃO PRATIQUE (SEUS SENTIMENTOS-PENSAMENTOS-VALORES) • NÃO COMPREENDA (CONCEPTUALMENTE) • NÃO SEJA SINTÉTICO • NÃO USE ADEQUADAMENTE O SEU TEMPO (FALTA DE LIMITES ÚTEIS)

PERMISSÕES
NEGATIVAS:
- SEJA CONDESCENDENTE • APARTE-SE
- ALIENE (SEUS SENTIMENTOS-PENSAMEN-TOS-VALORES)
- CALE (SEUS SENTIMENTOS-PENSAMENTOS--VALORES)
- BLOQUEIE A ATUAÇÃO DE SEUS SENTI-MENTOS-PENSAMENTOS-VALORES
- SEJA CONFUSO
- SEJA DISPERSIVO
- SEJA DESORGANIZADO

PERSONALIDADE:
- FORTE DESENVOLVIMENTO DO A.C. — P e A.S. (PELA ORIENTAÇÃO EMOCIONAL)

SISTEMA + SERÁ:
- RESPEITOSO DE SI E DOS OUTROS
- SEGURO DE SI
- TERÁ BOA FORMA-ÇÃO INTELECTUAL
- BEM INTEGRADO À FAMÍLIA E AOS GRUPOS
- BOM AMIGO
- CONCORDÂNCIA INTERIOR
- TERÁ IDÉIAS PRÓPRIAS
- INDEPENDENTE
- CAPACIDADE ORGANIZATIVA

SISTEMA — SERÁ:
- DESRESPEITOSO PARA SI E OS OUTROS
- NÃO RECONHECE AS PRÓPRIAS RESPONSABILIDADES
- PROJETARÁ AS CULPAS SOBRE OS OUTROS
- INJUSTO
- NÃO INTEGRADO: À FAMÍLIA E AOS GRUPOS
- INSEGURO • DISCORDANTE
- MAU AMIGO • INTELECTUALMENTE POBRE: SEM IDÉIAS PRÓPRIAS
- DEPENDENTE • DESORGANIZADO
- COLÉRICO E VIOLENTO

D) FASE DE REVISÃO, CONFIRMAÇÃO OU RETIFICAÇÃO

DÉCIMA PRIMEIRA ETAPA: 13 A 16 ANOS

Atuação e reafirmação de Permissões e Mandatos

No período que vai dos 13 aos 16 anos, podemos observar, ano após ano, manifestações de desenvolvimento diferentes, mas o resultado do conjunto é o mesmo. São pequenos ensaios feitos em cada idade, a partir de ângulos diferentes, mas apontando para o mesmo objetivo.

Nesses quatro anos, o indivíduo se põe a fazer coisas diferentes para conseguir, depois dos 16, um desenvolvimento único. Dessa idade em diante, será totalmente diferente. Este período, entre os 13 e 16 anos, é de atuação, reafirmação ou retificação de Permissões e Mandatos.

Até os 3 anos, foi o período de sensibilização de Permissões e Mandatos, até os 7 de estruturação; aos 12 fez um ensaio geral e finalmente, agora, já age com esses Mandatos e Permissões, reafirmando-os ou retificando-os. Portanto, até os 16 anos tem tempo de retificar os Mandatos. De modo geral, ocorre a reafirmação, porque o indivíduo, uma vez que estruturou e ensaiou, tende a repetir, pois vai selecionando no seu meio os tipos de comportamento e as pessoas que lhe permitem reafirmar esses Mandatos e Permissões. Por exemplo, se a partir de um Mandato aprendeu a jogar na base do "Chutem-me", tentará prosseguir com o jogo e, para tanto, procura um jogador do tipo "Agora te agarrei, desgraçado". Dessa forma, reafirma o Mandato.

Se um indivíduo, dentro do sistema positivo, tem a permissão para ser ele mesmo, não se vai misturar com jogadores e, portanto, trata de selecionar, por sensibilização prévia, pessoas com quem possa interagir de modo adulto, reafirmando sua Permissão.

Embora a retificação de Mandatos não seja freqüente, pode ocorrer em situações especiais, tais como emigrar para outro país, pois muda o contexto, a parentalização que traz dentro de si vai-se enfraquecendo e mudando de acordo com a nova parentalização externa, quer dizer, uma mudança desta natureza entre os 13 e 16 anos pode produzir uma incorporação de Permissões com as quais relega os Mandatos. Algo semelhante pode acontecer se passa por uma crise importante.

Berne dizia, embora não neste sentido, que crises tais como a guerra podiam produzir mudanças estruturais nas pessoas.

Energia diferenciada

O indivíduo púbere vai atuar com tudo aquilo que incorporou até este momento. Até os 12 anos ensaiou e fez pequenos ajustes, agora vai agir. Estas atuações o levam a determinadas vivências ligadas às reações do meio em relação a suas atitudes. Antes, tinha sido uma criança a quem se podia controlar e por quem se podia decidir. De repente, é alguém que se enfrenta, que se opõe, o que costuma ser vivido pelos pais como uma invasão, sendo comum que estes não o aceitem. Isto pode levar, aos 13 anos, a uma atitude introvertida, de forte retração.

A tudo isto devemos acrescentar o impulso da energia diferenciada, que nesta altura da vida toma uma força enorme, energia que se expressa em transformações impressionantes a nível físico, as quais são responsáveis por uma quantidade de complexos que contribuem para manter a introversão. Ocorre com efeito uma revolução hormonal, notável pelas transformações somáticas.

As glândulas sexuais reativam a secreção hormonal. O sangue do adolescente, dizia um autor, está impregnado de hormônios sexuais, e essa impregnação faz com que se excite e dê início a fantasias que, no princípio, por volta dos 13 anos, ainda não estão ligadas a uma mulher; mais tarde, aos 14 anos, derivam dela e da relação sexual. Parece que aos 14 anos volta a reativar-se a atitude auto-erótica que se evidenciara há um ano e meio, pois começam os atos masturbatórios. Estes atos são muito mais freqüentes nos rapazes que nas garotas, nas quais, por uma educação ineficiente, inadequada e não atualizada, produzem muita culpa. Proibiu-se às mulheres a identificação com sua genitalidade e o desfrute dela, por meio da gravidez. Esta foi uma das razões pelas quais, desde a concepção do matrimônio monogâmico, se criou essa proibição, já que sua função se reduzia a ter filhos e atender o marido. Esta concepção prolongou-se até depois da Segunda Guerra Mundial, quando a mulher começou a incrementar seus papéis no âmbito social, conseguindo equiparar seu trabalho ao do homem. Esta equiparação levou também a uma desvinculação da proibição genital e a mulher começou a desfrutar de seus genitais, pelo menos com o cônjuge. Posteriormente, o aparecimento dos anticoncepcionais permitiu que pudesse ter relações sem medo de engravidar, e portanto, desfrutar mais plenamente.

Entre as jovens de 17-18 anos há, atualmente, muito poucas que não tenham tido experiência sexual, enquanto há ainda mulheres com 30 anos que não a tiveram. A liberação quanto ao Mandato de não desfrutar o sexo é muito maior que há 15-20 anos atrás.

A revolução hormonal tem seu ápice aos 18 anos, quer dizer, aos 18 anos é que o homem é mais potente e a mulher mais fértil e, paradoxalmente, a sociedade não é permissiva quanto às relações sexuais, justamente no momento de maior reclamo, produto do desenvolvimento natural.

As transformações morfológicas começam primeiro com o que se convencionou chamar de puberdade. A puberdade consiste em transformações de tipo hormonal e somático, com o aparecimento de pêlos no púbis e nas axilas.

Ocorre geralmente entre os 12 e 14 anos, apesar de haver exceções. Nas meninas aparece a menstruação e nos meninos a primeira ejaculação. Estas transformações morfológicas podem causar alguns complexos no púbere. Nas meninas, o aparecimento de pêlos pode envergonhá-las. A masturbação, se não teve orientação adequada, pode gerar sentimentos de culpa. Também ocorrem transformações na estatura e nas feições. Há um crescimento importante e certas alterações no rosto. O nariz costuma destacar-se mais que os outros traços.

Tudo isto desperta dificuldades num e noutro sexo. Nas mulheres, porque se acham feias e estão ansiosas por agradar. Nos meninos, porque querem parecer fortes e geralmente são altos e magros.

Às vezes, tentam compensar as dificuldades demonstrando ironicamente aos pais que são mais altos do que eles.

O aparecimento da acne também reforça as dificuldades, pois os torna feios. A diminuição de defesas, por problemas de tipo fisiológico ou tipo emocional, pode levar à infecção da acne, prolongando seu desaparecimento, que ocorrerá entre os 17 e 18 anos aproximadamente, e deixando seqüelas permanentes na pele. Estes conflitos necessitam, indubitavelmente, de uma boa orientação no seio familiar para que aceitem isto como uma situação transitória. Pode resultar útil para os pais recorrer às suas próprias fotos dessa idade, para que observem como essas mudanças não são definitivas.

Antes dos 15 anos, não há concordância entre o desenvolvimento morfológico e intelectual e o tom da voz. Isso costuma gerar conflito em alguns adolescentes, reforçado, às vezes, por caçoadas dos colegas que já superaram a situação e pelos equívocos telefônicos em que costumam ser confundidos com mulheres. Por volta dos 15-16 anos, a voz adquire o tom definitivo e a dificuldade desaparece.

Também por volta dos 15 anos, embora já não se use apresentar as mulheres à sociedade, considera-se que as jovens podem integrar-se a ela. Surge então a necessidade de ter um par e ao se sentirem feias acham que não poderão atrair nenhum rapaz.

A vivência de frustração gerada pela impressão de não agradar pode conduzi-la à retração e fazê-la abandonar o projeto de encontrar um par, que é uma forma de expressão da motivação de pertença.

Quanto melhor afirmado está o eu, menos incidência têm as transformações morfológicas desta fase.

Para que um eu se vá afirmando adequadamente, deve existir um predomínio do essencial sobre o aparente. A aparência é o físico, a essência é a estrutura. Lamentavelmente, muitas meninas por volta dos 12-13 anos, por serem mal conduzidas, começam a agir frivolamente. Essa frivolidade faz com que depositem segurança na aparência, com o que a tornam ainda mais precária.

Energia indiferenciada

A energia indiferenciada vai se expressando de diferentes formas durante esta fase, porém visando a um mesmo objetivo.

Aos 13 anos, a motivação predominante refere-se ao conhecimento de si mesmo, porque nessa idade se adquire a capacidade do pensar reflexivo, que vai apoiar o conhecimento. Antes dos 13 anos, as crianças pensavam e aos 12 anos já haviam adquirido a capacidade de síntese, mas ainda careciam da possibilidade de reflexão, por falta de amadurecimento. Esta capacidade reflexiva vai fazer com que se debruce sobre si mesmo e passe a maior parte do tempo voltado para dentro.

É uma atitude que às vezes os pais não sabem entender nem respeitar. A criança pode estar reunida aos pais e de repente se levanta e vai para o seu quarto ouvir música ou meditar. Este ato de reflexão eu interpreto como um diálogo com seus pais internos, para desenvolver seu aspecto normativo valorativo do ponto de vista ético, como uma preparação do eu anterior à sua introdução na sociedade com toda a sua personalidade. Efetivamente, nesses ensimesmamentos dos 13 anos, está entregue a diálogos internos.

Nestas circunstâncias, também se entrega às fantasias de conseguir o que não tem nesse momento, de ser importante, de identificação com algum personagem importante. É muito comum que aos 13 anos desmistifiquem um pouco os pais para se assimilarem a algum herói e, para isso, querem usar a roupa que ele usa ou ter suas atitudes. Buscam uma identificação com uma pessoa que corresponde à sua aspiração. Isso não dura muito, logo deixa um para se identificar com outro, um músico, um cantor, que passa a imitar. A identificação varia muito, porque nesta fase e nestes ensimesmamentos está procurando reconhecer-se, para obter um conhecimento adequado de si mesmo a fim de, lançar-se depois ao mundo. Assim, vai conseguindo o conhecimento de si mesmo através da reflexão e do questionamento dos pais internos.

Muitos pais se aborrecem se o filho se levanta da mesa quando estão comendo e vai para o seu quarto, ou está meditando, retraído.

Todavia, é importante que o respeite nesse tempo, porque é uma preparação para o futuro, para que possa refletir sobre todas as coisas, especialmente sobre si e sobre os outros. O respeito a esse silêncio, a esse isolamento nesta idade, é importante porque na idade seguinte já será totalmente o inverso.

Os adultos costumam chamar esta idade da bobeira, entre os 12 e 14 anos, porque especialmente por volta dos 13 anos parecem insossos e confusos no que dizem e fazem. Isto se deve ao fato de se estar preparando neles a motivação de reflexão, estando mais voltados para dentro do que para fora, não compreendem bem ou não fazem o que os pais pedem. Não que não façam porque não querem, mas porque não registraram a solicitação por estarem mergulhados muito para dentro, concentrados na sua atividade reflexiva.

Os pais interpretam essas atitudes como tontas ou infantis e costumam afirmá-lo agressivamente: "és um bobo, um idiota, um infeliz", o que lhes faz muito mal.

Esse diálogo interno, questionando as normas paternas, questionando seus próprios valores e seus próprios pensamentos, pode ir dando forma ao seu eu e assumir-se como eu diferente e independente.

A busca de si mesmo através da reflexão nada mais é que um sinal de independência para completar a afirmação do eu, que será conseguida, digamos, por volta dos 18 anos.

A introversão reflexiva dá aos jovens, se tudo for feito adequadamente, a Permissão de estar de bem consigo mesmo. Todas as pessoas que não sabem estar sozinhas é porque não tem a Permissão de estar bem consigo mesmas.

A respeito escrevi as seguintes máximas:

1 — Quando estou só, pensando em mim, não estou só, estou comigo.

2 — Quando estou só, pensando em ti, não estou só, estou contigo.

3 — Quanto estás só, pensando em mim, não estás só, estás comigo.

Aos 14 anos, começa a fazer tudo ao contrário do que fazia aos 13: de introvertido se transforma em extrovertido. É como se o ano que passou em auto-reflexão, em introversão, lhe tivesse servido de preparação para emergir no âmbito social.

A extroversão lhe permite fortalecer a motivação de pertença. Na extroversão mostra, além disso, um estado de humor especial: é muito brincalhão e engraçado. De qualquer coisa que vê ou escuta faz um chiste e seus chistes têm bastante alcance, permitindo captar muito bem o que quer dizer. Isto é justamente o oposto do que foi aos 13 anos, mas aquilo foi necessário porque, graças à capacidade reflexiva, aos diálogos internos que teve, aprendeu a estar bem consigo mesmo, reforçando o sentimento de si.

Pouco a pouco, vai controlando seus estados de humor. Antes, as explosões de raiva chegavam a derivar em agressão física ou em destruição de coisas, agora já há um Adulto controlando, para alcançar uma boa adequação nas diversas situações. Isto lhe permite afirmar-se e afirmar sua situação de pertença. Aos 15 anos é mais importante a pertinência que a pertença: quer ir se integrando mais à família, aos grupos de amigos, aos colegas de escola. Muitos começam uma atividade política bastante definida e com bastante fundamento, outros, com dificuldade de pertença, procuram-na nesta altura da vida nesses grupos, tentando consegui-la e sentirem-se aceitos.

Em tais circunstâncias, o grupo constitui o fator dominante de suas vidas, é onde realmente sentem realizada a motivação de pertinência. Escolhem o grupo político, porque a pertinência se pode dar quando há pensamentos e sentimentos comuns diante das grandes coisas. Não pode ocorrer com as pessoas que pensam diferente, que tem ideologia e filosofia diferentes. Não é possível ser pertinente a um grupo desportivo, porque aí a única coisa que une é o esporte desenvolvido.

Lutar por um mesmo ideal permite alcançar a pertinência, satisfazendo o que Freud chamou instinto gregário, que é a necessidade do ser humano de estar integrado à sociedade. Freud não se enganava ao considerá-lo um comportamento instintivo, porque o instinto gregário também se nota em vários animais da escala zoológica. Os animais tendem a se agrupar, não podem viver sozinhos. O ser humano também não pode viver sozinho.

O conceito da motivação de pertinência é muito mais psicológico, mais social, pois se refere à necessidade de compartilhar com outrem a própria filosofia de vida, as próprias idéias, os próprios sentimentos e, com a parceira, a própria intimidade. Onde a pertinência deveria ocorrer de forma completa e total seria no casal, porque no grupo político, embora o indivíduo se sinta pertinente do ponto de vista ideológico, nem sempre o mesmo se dá do ponto de vista sentimental, pois em geral a intimidade é muito temida.

Note-se, além disso que, mais tarde, quando começam a agir para se situar politicamente — com relação a uma candidatura, por exemplo — costumam surgir rivalidades e as disputas, deformando em parte a idealização estabelecida nesta idade.

A imaginação tem um papel importante aos 15 anos. Quem não escreveu uma poesia aos 15 anos? A maioria dos adolescentes sente a necessidade de escrever poesias, de escrever prosa, de escrever um diário. Tudo isto se deve ao grande impulso da atividade criativa.

A atividade criativa repousava, até agora, sobre a motivação de auto-afirmação e sobre o sentimento do eu. Ela toma impulso quando se plasma como algo visível, como algo palpável. Embora tenha sempre havido atos criativos na criança, ela não os podia plasmar, porque sua abstração não estava ainda na plenitude de amadurecimento para poder antecipar o que ia fazer. Para poder criar é preciso antecipar o que se vai fazer. Antecipar significa: imaginar e ver antes de executar. As crianças, quando fazem um desenho, não têm a representação prévia do desenho; fazem-no empiricamente sobre o papel, concretamente, o que serve para que vá desenvolvendo o aspecto imaginativo, cujas raízes encontramos nas primeiras fantasias sobre as histórias, na época em que a realidade e a fábula viviam como uma coisa só e se sentia participante dessa aventura. As fantasias foram o impulso deste ato imaginativo. Da imaginação podem surgir uma obra literária, uma obra pictórica, algo científico, algo referente à tecnologia, o que nos dá a projeção da capacidade criadora do indivíduo: por isso é que é muito importante, aos 15 anos, valorizar o que fazem, pois, embora ainda lhes falte técnica, o conteúdo é válido. A valorização vai estimulá-los a continuar imaginando.

Muitas vezes costumam imaginar sua vida futura, afastando-se das possibilidades reais. Isto é, de certo modo, começa aqui a se esboçar uma definição da sua personalidade. Começam a imaginar o que poderiam ser quando forem grandes.

As crianças, por volta dos 5-6 anos, dizem o que querem fazer quando grandes, porém é mais para imitar um personagem do que para atender a uma motivação. Por exemplo, querem ser bombeiros, policiais ou professoras. São decisões tomadas mais sobre a imitação do que sobre uma realidade motivante. O motivante começa a aparecer aos 15 anos, quando começa a pensar sobre o que poderá fazer, embora lhe faltem ainda elementos para poder decidir.

Se observássemos adequadamente as fases evolutivas, poderíamos saber qual seria a profissão futura. Se observássemos as tendências motivacionais desde os primeiros anos do jardim, a partir dos 3 anos, por exemplo, e fizéssemos uma ordenação dessas observações, poderíamos antecipar o que será oportuno que o indivíduo realize quando for grande (é evidente que com certa variação, pois não sabemos o que a vida nos vai dar dentro de 20 anos, uma vez que o crescimento tecnológico pode determinar que as coisas que eram feitas até esse momento já não se façam mais, sendo substituídas por outras). De qualquer modo, se estivesse dentro do campo artístico o que poderia variar seria o estilo da pintura ou da literatura, o modo de trabalhar no teatro, cinema, mas seria sempre algo artístico. O importante é que já poderíamos situar o jovem dentro do humanístico ou do científico, através da observação de suas tendências naturais.

Aos 16 anos o incremento da autocrítica leva o jovem a atitudes muito controladoras de sua conduta.

A heterocrítica também se exacerba, é como se fosse um amante da justiça, não tolera as injustiças, vive-as horrendamente e, portanto, pode sentir muita culpa diante de seus próprios erros. Por este motivo, caberia não reforçar estas preocupações por erros, e sim ensinar-lhe a ver porque errou para que se vá corrigindo.

Isto, se cresceu adequadamente; contudo, se cresceu acostumado a projetar a culpa, vai responsabilizar os outros por seus erros e, deste modo, preparar uma estrutura paranóica: os outros têm a culpa do que lhe acontece.

A heterocrítica é mais suave que a autocrítica, mas costumam criticar demasiado os pais, especialmente quando eles não admitem a sua evolução, quando criticam o que está fazendo porque não sabem entender que isso corresponde ao momento que vive, procurando compará-lo com o momento em que eles tinham 16 anos.

Tudo isto é vivido como uma injustiça e, às vezes, não obstante desejem estar com os pais, costumam enfrentá-los, tornando-se a ser sistematicamente opositores.

É indispensável ter em conta que a opinião que está emitindo é produto de uma elaboração muito crítica dentro de si, que ele luta com bastante esforço e muita honestidade.

Convém ouvi-lo e, se não estiver de acordo, dizê-lo com fundamento. Que não seja porque sim, porque não, porque sei mais que você.

Não é preciso convencê-lo necessariamente. A razão pode estar em qualquer das partes. Fundamentar e respeitar o que o filho diz, respeitar suas aspirações e opiniões.

Às vezes, os pais continuam a ver o filho como um bebê que não cresceu. Isso acontece por medo da perda, quer dizer que o pai e a mãe, por medo de perderem o filho, começam a criticá-lo para sabotar sua vivência de crescimento e portanto de socialização, que é o que deseja neste momento em que passa mais tempo fora do que dentro de casa. A partir dos 15 anos, começa a ficar mais tempo fora do que dentro, prefere sair em grupo ou com a namorada a permanecer em casa com os pais.

Está chegando ao fim de seu desenvolvimento e, portanto, se impõem a autodeterminação e a auto-socialização. Se não tivesse uma atitude rebelde diante das tendências maternas de dominá-lo, seria um submisso, um fraco, um complexado com dificuldades para a socialização.

A atitude heterocrítica ajuda-o a compensar o domínio dos pais e lhe dá a possibilidade de fazer o que quer. O problema é que, depois de fazê-lo, sente-se mal, porque começa a sentir a reprovação dos pais internos e não pode aproveitar plenamente o que decidiu.

Em síntese, nesta seqüência dos 13 aos 16 anos, há uma continuidade: aos 13 anos, volta-se para dentro, para conhecer-se a si mesmo, o que pode fazer porque nesta idade adquire a capacidade reflexiva; aos 14 anos expressa com humor, com chistes e às vezes, com raiva, todas as conclusões a que chegou através da reflexão; aos 15 anos dedica-se a procurar grupos de pertinência e se entrega a um vôo imaginativo que favorece sua criatividade; aos 16, através da autocrítica e da heterocrítica, começa sua sociabilização autônoma. Já é um ser dentro da sociedade.

Atividade: A atividade apresenta diferença entre homens e mulheres. As mulheres, em geral, são mais organizadas, mais aplicadas no estudo, se têm capacidade estudam do mesmo modo durante o ano todo, exceto se estão mal. Nos garotos, notam-se muitos altos e baixos, porque têm mais atividades extras do que as meninas. Elas tendem mais para a atividade de tipo cultural e eles para a de tipo esportivo.

Os garotos entre os 13 e 16 anos expressam grande inclinação pelos esportes, futebol em primeiro lugar, tênis, basquete, para o que têm uma grande habilidade e, portanto, evidenciam maior disponibilidade do que para o estudo. Estudam exclusivamente para serem aprovados, exceto aqueles que têm que ser os melhores porque a conduta dos pais instalou neles esta exigência.

Logo depois dos 16 anos, é como se tivessem assumido um aspecto responsável em relação ao seu projeto de vida: ocupam-se mais ativamente do estudo e começam a se definir melhor com relação a uma profissão futura.

Nas mulheres, surge o interesse pelas atividades artísticas, artesanais e culturais em geral.

O processo de sociabilização começa justamente nesta fase. Através da atividade esportiva, da atividade artística e da política, vão satisfazendo a necessidade de sociabilização.

Vida Emocional

Nas diferentes idades, os matizes afetivos são diferentes, mas denotam o mesmo: que o eu se desenvolva e possa se orientar para a sociabilização. A motivação de conhecimento já atingiu o ápice, tem apenas que receber informação, enquanto as de estruturação do eu e de pertinência necessitam ainda de alguns passos para se completarem.

Embora as manifestações afetivas sejam diferentes, provêm de um mesmo processo. Aos 13 anos são alegres, mas essa alegria não tem um fundamento especial que a justifique, quer dizer que a reação de alegria costuma ser maior que o estímulo. A alegria não é duradoura, pois nesta idade são muito instáveis e, quando se põem tristes, vivem a tristeza como algo muito terrível, como algo quase terminal, chegando alguns, inclusive, a sentir que não vale a pena viver. Contudo, como isso passa rápido, não chega a provocar uma reelaboração da depressão, que seria a estabilização do *racket* da tristeza, que é o que leva à depressão, à melancolia, ao suicídio.

Às vezes, ficam taciturnos, calados: esta atitude está relacionada com sua reflexão interna, seus questionamentos sobre os valores dos pais etc., o que faz com que, às vezes, não atendam ou menosprezem quando se lhes fala.

Como estão preparando a afirmação do eu, ocorre uma suscetibilidade muito sutil no aspecto afetivo; qualquer coisa os fere, por qualquer coisa ficam mal. Isto acontece porque, ao estruturarem o eu, um estímulo crítico externo aparece como ameaça para ele e, portanto, para sua estruturação. Com essa suscetibilidade, tentam impedir que o estímulo ameaçador penetre e fique gravado dentro. A reação permite uma colocação de limites, que é uma defesa para a estruturação do eu.

Aos 14 anos o jovem é muito mais expansivo e evidencia mais sentido de humor. Faz brincadeiras muito engraçadas que, às vezes, os pais não sabem compreender e, em vez de festejá-los, os reprovam. Reprimir essa capacidade de humor, que brota de um otimismo natural do momento, é ir preparando um retraído, depressivo e ressentido. Esse ser expansivo, engraçado, extrovertido torna o jovem muito simpático, muito agradável.

Ao contrário do que aos 13 anos, tem agora um otimismo enorme, como se fosse ganhar o mundo. É quando ensaia os pequenos desafios com os pais, chamando-os com fanfarronice. Esses comentários não implicam em atitude depreciativa, mas sim afetuosa.

Aos 15 anos há mais predomínio do Estado do Eu Adulto na ação. Há um melhor controle sobre sua vida emocional, especialmente da raiva, já nem sequer fala com raiva, mas explica as razões desta e reclama justiça.

Este é um momento de aproveitamento de todo o anterior, ocorrendo um equilíbrio entre os altos e baixos emocionais dos 13 anos e o bom humor dos 14, que já não é tão brincalhão. É como uma síntese dos anos anteriores, controla as emoções e as expressa verbalmente. Já não é tão fanfarrão aos 14 anos, nem tão instável como aos 13. Define verbalmente seus sentimentos, fundamentando-os e dizendo o que pensa. Discute com os pais sobre as suas posturas ideológicas e gosta de lhes demonstrar que sabe mais que eles. Este é um prazer que satisfaz a três motivações: a de conhecimento, pela reafirmação ao dizer o que sabe; a de afirmação do eu, porque sabendo mais que o pai comprova que seu eu está bem estruturado; a de pertinência, porque está conversando ou discutindo com o pai sobre um tema adulto e isto o faz sentir-se pertinente à vida adulta.

A simpatia dos 15 anos é diferente da simpatia e do humor dos 14. Aos 14 anos, o jovem é muito expansivo, expressa seu ânimo com o corpo todo, aos 15 é mais comedido, todo o seu humor é mais pausado, embora costume ser bastante simpático e demonstre grande orgulho, que visa a defesa do eu e através do qual não permite nenhum ataque externo, de forma às vezes bastante taxativa.

Aos 16 anos, atingiu uma definição bastante importante com relação à personalidade e uma maior segurança, já que superou o conflito que o afligia por não ser visto nem como adulto, nem como criança.

Na nossa cultura tende-se, atualmente, a um protecionismo prolongado sobre os filhos, motivo pelo qual o estado adolescente vai muito além do que deveria ser. Por exemplo, uma pessoa de 16 anos poderia sustentar-se, caso a sociedade o permitisse, favorecendo-lhe uma ocupação. Quer dizer que poderia trabalhar, estudar e atender às suas necessidades. Todavia, os pais não estão preparados para favorecer esta independência e continuam a sustentá-los emocional e economicamente, devido, talvez, a uma atitude compensatória de suas próprias carências. Quero dizer com isto que muitos pais tendem a fazer com os filhos o que eles não puderam fazer.

Por causa disto ocorre, também, outra situação que tem duas vertentes:

1 — os que foram ricos, continuam a sê-lo e apresentam um modelo de educação estável;

2 — os que foram ricos e já não o são e tentam, com grande esforço, manter a antiga situação, que é evidentemente artificial.

Necessidades: As motivações mais fortes e ativas nesta fase são as que levam à consolidação das três motivações básicas: de conhecimento, afirmação do eu (estrutural) e pertinência (transacional).

Em cada fase da vida, o eu vai se afirmando, porque as necessidades de adequação a um meio cambiante o impõem. Portanto, as motivações de conhecimento e pertinência são dinâmicas e variam de acordo com a situação e as necessidades do momento... À medida que estas duas motivações se vão realizando, a afirmação do eu vai sendo conseguida com maior intensidade.

O eu afirmado é um eu total, que se expressa de diferentes maneiras nos diferentes papéis que lhe cabe desempenhar, o que não acontece quando não ocorre essa afirmação, comportando-se do mesmo modo em todos os papéis. Por exemplo, se não tivesse realizada a motivação de pertinência, o indivíduo teria dificuldades para a integração grupal, e, portanto, sua afirmação do eu não estaria resolvida. O mesmo aconteceria se a motivação de conhecimento não estivesse realizada, por não conhecer adequadamente a realidade circundante. Estes fatores influenciariam negativamente a afirmação do eu.

As pessoas não se comportam do mesmo modo no trabalho e em família. Justamente por terem um eu integrado, seu modo de ser familiar é diferente do modo de ser profissional no trabalho, por ter um conhecimento adequado das situações nos diferentes âmbitos. Quer dizer, há diferentes matizes de expressão do eu, de acordo com os diferentes papéis.

Para que as motivações possam ir se desenvolvendo, é indispensável que o meio familiar e o meio social acompanhem este desenvolvimento. E, para que possam acompanhá-lo, devem conhecer o que aquelas determinam. Neste período, nas diferentes idades que abrange, surgem necessidades distintas.

Por volta dos 13 anos, necessitam que se respeite seus isolamentos, que correspondem à motivação do pensamento reflexivo. Se esta capacidade reflexiva não for acompanhada, poderá levar a uma atitude impulsiva, a um pensamento impulsivo, sem elaboração, por falta de reflexão, o que dificultaria as atividades intelectuais. Na atividade intelectual, a reflexão permite ir integrando e acomodando os conhecimentos. Além disso, como a reflexão leva à revisão das normas dos pais, para ir formando as próprias, assim como a um conhecimento mais ajustado do mundo, para ir se adequando melhor a ele; coibi-la implica em coibir a chegada a esses objetivos.

Deste modo, instalar-se-á um Mandato de não ser reflexivo.

No desenvolvimento evolutivo, a capacidade de pensar vai se desenvolvendo até alcançar sua expressão máxima no pensamento abstrato. Por volta dos 7 anos, instala-se a Permissão ou o Mandato do pensar abstrato. Anteriormente, por volta dos 2-3 anos, instalou-se a Permissão ou o Mandato do pensar concreto e, aos 13 anos, a Permissão ou o Mandato do pensar reflexivo.

Pode acontecer que um indivíduo tenha a Permissão de pensar concreto e abstrato mas veja dificultada, proibida ou desviada a motivação do pensar reflexivo, portanto sua característica será expressar seus pensamentos de forma impulsiva, carente de reflexão. São aquelas pessoas que falam sem pensar.

De acordo com a situação em que o Mandato de "não sejas reflexivo" se instalou, este pode ser geral ou particular, quer dizer, ser irreflexivo em todas as áreas ou em algumas áreas em particular.

Se se proíbe o pensar reflexivo, o indivíduo poderá utilizar um modo de pensar concreto ou mágico, fazendo inclusive abstrações, mas não poderá pensar reflexivamente, não poderá ir elaborando, com a reflexão, as coisas que vai incorporando. Diante de um paciente que tem Permissão para pensar, mas que não pode resolver as coisas, temos que levar em conta que talvez tivesse Permissão para pensar na época correspondente ao surgimento dessa motivação, mas que, por volta dos 13 anos, tenha acontecido alguma coisa na sua vida que não lhe permitiu o pensar reflexivo.

Muitas pessoas não têm Permissão para refletir sobre o que estão ouvindo e interrompem o interlocutor. Algumas estudam e repetem as lições de cor: esses alunos não têm Permissão para refletir.

Antes dos 13 anos, é comum repetirem as coisas de cor. Dos 13 anos em diante, o aluno transmite a elaboração do que estudou. Quer dizer, estuda, elabora e expressa. Se isto não acontece, é porque não tem o pensamento reflexivo desenvolvido, pelo que precisa memorizar para poder refletir e depois esquece tudo facilmente.

Se falta a Permissão interna correspondente, não se pode refletir, porque a vivência catastrófica bloqueia a capacidade reflexiva e tentá-lo levaria ao desespero, por ameças de morte ou de abandono.

A capacidade reflexiva é favorecida através do diálogo, por isso é importante que os pais convidem os filhos a dialogar. Dialogar significa intercâmbio.

Nesta idade, os filhos ficam incomodados se os pais se conduzem como professores e, por isso, frustram na fantasia de serem adultos, que nada mais é que a meta que têm prefixada por natureza.

Nem sempre os pais têm resposta para as colocações dos filhos e não é necessário que a improvisem. Bastará que saibam ouvi-los com compreensão. Poderão fazer referência a alguma experiência pessoal e às suas próprias incertezas de então. Esta identificação ajudá-lo-á a sentir-se compreendido. Pelo diálogo pode-se ir orientando o adolescente para o reconhecimento dos seus próprios sentimentos, pensamentos e valores, o que o fará colocar-se mais adequadamente diante de cada um de seus atos, contribuindo para a estruturação do Adulto integrado em seus três aspectos, que é o que forma a verdadeira personalidade.

O maior conhecimento de si mesmo permitir-lhe-á conhecer sua capacidade de realização, o que o ajudará a conhecer melhor como se dar ao mundo.

Outra de suas necessidades é a de respeito por suas transformações físicas, que o faz sentir-se afeados. Se os pais caçoam e se riem por causa delas, não apenas estão estimulando nele sentimentos de ódio e rancor, como também contribuem para enfraquecer o processo de auto-afirmação do eu.

Os pais devem perceber suas dificuldades e seus complexos, persuadindo-os de que se trata de um estado transitório e estimulando-os a sentir que seu afeto está além disso, que o amam por ele mesmo.

Precisam também tolerar e compreender suas incongruências. Nesta idade é freqüente que se proponham uma coisa e façam outra, que digam algo que desdigam em seguida. Estas incongruências estão ligadas às suas dúvidas, à sua instabilidade, ao processo de busca de si mesmo.

Se hoje diz uma coisa é possível que mais tarde diga outra, uma das duas pode ser sua e a outra de seu pai, o que gera a incongruência. Pode expressar um conceito do pai e em seguida retificá-lo com o seu, ou vice-versa, porque está em pleno processo de discriminação a esse respeito.

A crítica ou a agressão contribuirão para desvalorizá-lo, mas a compreensão e a aproximação reflexiva lhe permitirão, pelo contrário, ir esclarecendo essas contradições.

Aos 14 anos precisa que seus modos de expressão sejam aceitos e que seja estimulado a expressar-se.

Se aos 13 anos estava entregue a uma atividade reflexiva, que lhe permitira discriminar-se mais acabadamente, é coerente que queira, agora, expressar-se. À atitude reflexiva segue-se uma atitude expressiva, que enriquece os resultados do processo anterior.

Se os pais o acompanham na expressão dos seus pensamentos, sentimentos e valores, não só terão favorecido a identificação estrutural como também estarão facilitando a expressão desses conteúdos, o que favorecerá o desenvolvimento da motivação de pertinência. Se, pelo contrário, o acompanham no desenvolvimento dos 13 e não lhe permitem a expressão aos 14 anos, terão favorecido a Permissão para ser reflexivo, mas inibido a Permissão para expressar aquela reflexão.

É, portanto, importante que se acompanhe essa expressão e que ela seja estimulada dentro de limites adequados, para que não ocupe o centro da casa durante o dia todo.

Favorecer a expressão é estimulá-lo a se manifestar e a respeitar suas opiniões. Também necessita que compartilhem com ele de suas expressões humorísticas, porque deste modo sente-se aceito e porque o humor é importante, já que quem tem senso de humor desenvolve otimismo e quem desenvolve o otimismo se prepara para triunfar.

As pessoas que tiveram seu humor bloqueado se retraem, são pessimistas e como tais se preparam como perdedoras. Portanto, a partir de um aspecto como o humor, pode-se chegar à formação de um Argumento ganhador ou perdedor, mesmo que o anterior tenha sido adequado.

Não se deve confundir o humorista com o piadista. O piadista é aquele que conta piadas para se destacar, como compensação de um grande complexo de inferioridade. No humorista, a expressão facial, o corpo, tudo é diferente, não lhe importa ser o centro, seu modo de falar causa prazer. Além disso, o que fala é interessante.

Portanto, quando o jovem é expressivo, quando é humorístico, quando escolhe seus amigos, fá-lo para começar a atuar a pertinência, que se vai afirmando. Significa que aos 14 anos põe-se em andamento tudo o que foi elaborado aos 13.

É importante que os pais respeitem os amigos dele, porque, ao fazê-lo, não estão apenas lhe ensinando a apreciar o indivíduo como também estão respeitando sua escolha, suas primeiras escolhas como expressão do vínculo de pertinência, com o que vai se reafirmando o eu.

Nesta idade, aumenta a necessidade de conversar sobre tudo, exceto a respeito de si mesmo, isto é, não gosta de contar coisas suas aos pais, porque acha que não será compreendido. Mas gosta de conversar sobre esportes, sobre política e se interessa, inclusive, pelas coisas da casa.

Portanto, é necessário que os pais o acompanhem nisto e não posterguem ou se neguem a esses encontros, pois o impediriam de expressar suas próprias opiniões e estariam favorecendo o Mandato "não expresse suas opiniões".

O diálogo, em compensação, favorece o desenvolvimento da Permissão de expressão de opiniões, produto de sua reflexão.

Ouvir as suas opiniões implica que os pais estão levando em conta seus pensamentos, que acham que tais pensamentos são importantes, o que desperta nele a vontade de continuar pensando e expressar o que pensa. Quando alguém se sente menosprezado em seus pensamentos, inibe a expressão e pode, também, inibir o pensar.

Tudo o que acontece no seio da família também vai satisfazendo sua motivação de pertinência.

Entre os 15 e 16 anos vai ocorrendo um processo de maturação contínua das mesmas motivações. Nesta idade, começa a projetar sua vida no futuro. Começa a pensar no que gostaria de fazer, a preocupar-se pela carreira universitária. Significa que está trabalhando num projeto de vida. Já tendo comprovado que pode pensar, sentir e valorizar, que pode expressar-se, que pode compartilhar e sentir-se pertinente, sabe que seu eu é levado em conta, que vale, quer fazer algo por seu eu, quer elaborar um projeto de vida.

Entre os 15 e 16 anos, começa um processo imaginativo para elaboração desse projeto de vida. Aqui é imprescindível a orientação paterna. Muitos pais pretendem que os filhos estudem ou trabalhem naquilo que eles acham que devem estudar ou trabalhar e lhes impõem algo que talvez seja inadequado. Isso era mais freqüente muitos anos atrás, em que se achava que o filho devia continuar o ofício ou a profissão do pai, pois a tinham como já meio aprendida. Não havia possibilidade de decisão autônoma com relação ao futuro. Orientar a elaboração do projeto de vida é respeitar os projetos dos filhos.

Por outro lado, é importante estimular o filho a pensar no que quer fazer, respeitando e até estimulando suas fases imaginativas, porque quanto mais imaginação melhor será a criatividade.

(Muitos pais querem realizar, através dos filhos, aquilo que não puderam fazer e pressionam a sua escolha sem levar em conta que lhes estão preparando uma frustração semelhante, ou maior, que a que eles próprios sofreram.)

Isto quanto à parte de trabalho do projeto de vida. Sabemos que há vários papéis que o adolescente, nesta altura da vida, já pode desempenhar. Pode desempenhar o papel de estudante, o papel de parceiro num casal, porque aos 15-16 anos costumam namorar, um papel de amigo, talvez também um papel no âmbito esportivo, além do papel que desempenha no seio da família. Tem, portanto, quase todos os papéis de uma pessoa adulta, embora com matizes diferentes.

É importante ajudá-los a esclarecer esses papéis, quer dizer, ajudá-los a entender que cada papel tem que ter um determinado espaço, para que consiga uma organização temporal na dedicação a cada um deles, determinando um tempo eficaz para cada um. Se não consegue uma distribuição adequada do tempo para cumpri-los, no futuro poderá tender a sobrecarregar a dedicação a um, em detrimento de outros, gerando situações conflitivas.

Se o adolescente não atuar em alguns desses papéis, os pais devem estimulá-lo a fazê-lo.

São muito poucos os pais que se sentam com os filhos, perguntando e trabalhando ao lado deles a respeito de seus estudos, de seus amigos, de suas namoradas (ou namorados), do esporte, dos seus *hobbies*.

Muitos querem que os filhos, no período de aulas, apenas estudem. Deste modo, seccionam todos os outros papéis, parcializando seu modo de viver. Todos os papéis contribuem para o desenvolvimento do indivíduo e seu desempenho o enriquece mutuamente.

Os *hobbies*, por exemplo, estimulam a criatividade e vão mudando ao longo da vida, em relação com o processo maturativo.

Meio Favorável — Afirmação e Reafirmação de Permissões: As Permissões básicas, nesta fase, referem-se a conhecimento, afirmação do eu e pertinência. Para que se estruturem, é imprescindível que as necessidades mencionadas sejam satisfeitas. Se todas as necessidades que formam o processo reflexivo forem satisfeitas adequadamente, a Permissão para conhecer irá se desenvolvendo.

É fundamental que tenha Permissão para conhecer seus pensamentos, sentimentos e valores, para poder situar-se no mundo e discriminar-se corretamente. Quando alguém é capaz de reconhecer o que é seu e o que é do mundo, quanto a pensamentos, valores e sentimentos, dizemos que é uma pessoa autônoma, capaz de se situar adequadamente em cada circunstância, porque não chega a confundir seus pensamentos com os do outro, seus sentimentos com os do outro, nem seus valores com os do outro: será um indivíduo seguro de si mesmo. A pessoa segura é aquela que se respeita a si mesma e respeita os outros em todos os aspectos.

Conversar com uma pessoa com essas características é muito produtivo, porque permite um intercâmbio de opiniões a levar em conta, valorizadas e sentidas adequadamente, as quais estimulam o progresso do diálogo. Se a pessoa não respeita os próprios pensamentos, sentimentos e valores, pode ser influenciável, ou seja, aceita, incorporar e executar tudo o que vem de fora. São pessoas que precisam que decidam, pensem e avaliem por elas.

Ao não se respeitarem a si próprias, não estão respeitando o outro, invadem o espaço vital do outro e o convidam a invadir o delas. Quer dizer, há uma dupla invasão, o que se chama em psicopatologia equilíbrio patológico. É um equilíbrio patológico porque ambos necessitam um do outro para levar adiante a sua patologia. Nem um nem outro pensa por si, já que ao pensar em resolver a problemática do outro não resolve a própria, e o outro, ao fazer o que lhe dizem, não pensa em si mesmo. É o caso, por exemplo, da relação simbiótica mãe-filho, em que a mãe resolve tudo pelo filho, não lhe permitindo fazer o que pode fazer por si mesmo. Nesta fase da vida, se a simbiose materna não foi resolvida, pode atuar reafirmando-a. Isto é, se falta a Permissão para pensar e atuar por si mesmo, não haverá individualidade.

Outra Permissão básica é a da afirmação do eu, que aqui é reforçada através da Permissão para o pensar reflexivo e ser pertinente.

Quando resolver a necessidade de estar só, para meditar sobre si mesmo, a Permissão gregária que incorpora para poder afirmar seu eu é o de Estar bem consigo mesmo. Se está bem consigo mesmo, não depende dos outros para sentir-se bem e isso contribui para a afirmação do eu.

O eu também vai se afirmando quando expressa o que pensa, o que sente e o que valoriza, portanto, outra Permissão que se afirma nesta fase é a de ser expressivo.

Se compartilham com ele adequadamente sua expressão humorística, gravará a Permissão para ser humorístico, o que prepara a Permissão para ser otimista. O humor e o otimismo dão entusiasmo e segurança, que são a base para trifunfar.

Orientar a autocrítica representa uma permissão para ser autocrítico de maneira adequada, o que significa evitar a superexigência ou a indiferença para com seus próprios atos, pois a autocrítica rígida e implacável é tão nociva quanto a atitude acrítica de quem não pode comprometer-se.

Para estimular a criatividade, o processo imaginativo deve ser orientado adequadamente, limitando deste modo a formação de fantasias compensatórias. Para isso é importante que a imaginação se desenvolva sobre um terreno de possibilidades e não de irrealidade, ou seja, que as fantasias sejam viáveis. Deste modo instalará a Permissão para ser imaginativo.

Se foi preparado para reconhecer os próprios valores, desenvolverá o Adulto Ético e instalará a Permissão para ser ético. Todas estas Permissões gregárias levam à realização da motivação de afirmação do eu.

A motivação de pertinência tem tanta importância como a de conhecimento ou a de afirmação do eu com relação à conquista da autonomia: não há pessoa autônoma sem pertinência. Ela se alcança, em primeiro lugar, a partir da integração familiar, que tem raízes no sentimento familiar e na pertença. Finalmente, na interação dialogada no grupo familiar, vai-se sentir pertinente à sua família.

A pertinência é uma integração comprometida, que se alcança primeiro no seio da família e depois nos outros âmbitos. É ali que começa a operar a permissão para conseguir uma integração participativa, a Permissão para ser pertinente.

O ser sociável deriva diretamente da pertinência. Alguém sociável é uma pessoa aberta, autônoma, capaz de adequar-se às situações ou às pessoas, sejam ou não conhecidas.

Quem não se sente pertinente tem a vivência de ser rejeitado em qualquer situação e, paradoxalmente, faz as coisas para provocar essa rejeição. É o caso de quem brinca de "chutem-me".

Não se pode confundir o ser sociável com ser cerimonioso. As pessoas que são cerimoniosas costumam mostrar exagero do ser sociável. A pessoa sociável tem a capacidade de participar, ser agradável, simpática, atenta, mas não é serviçal, enquanto que a cerimoniosa pode chegar a sê-lo.

Os que são pertinentes incorporaram a Permissão para ser solidários, quer dizer que têm a capacidade de apoiar e ajudar o outro quando necessário, mas não entram, de modo algum, em atitudes salvadoras (superproteção).

A Permissão para ser solidário é adquirida através da família, quando nesta lhe fazem sentir a necessidade que têm dele e lhe vão ensinando como fazer para ser solidário no grupo familiar.

A pessoa solidária, em primeiro lugar, é solidária consigo mesma, faz por si o que deve fazer. Se uma pessoa não é solidária consigo mesma, não pode jamais ser solidária com os de fora.

A Permissão para ser ético, visa a afirmação do eu na medida em que permite o desenvolvimento de um subestado do Eu Adulto, que é o Adulto Ético. Como ser ético se refere a si mesmo e aos outros, faz também a motivação de pertinência: portanto, a Permissão para ser ético atua para si mesmo e para o outro. Para si mesmo enquanto pode ser ético estruturalmente e pode sê-lo, ao mesmo tempo, com os outros.

Uma pessoa antiética não pode ser pertinente. Uma pessoa solidária e ética jamais manipula. Há pessoas que aparentam ser solidárias, encobrindo manipulações para obter determinados benefícios.

As Permissões gregárias para colaborar e participar visam a solidariedade e a pertinência.

Meio Desfavorável — Afirmação e Reforço de Mandatos e Permissões Negativos: Quando não ocorrem condições adequadas, o adolescente vai instaurar Mandatos básicos que são o contrário das Permissões básicas.

Esses Mandatos referem-se às motivações básicas que se afiançam nesta etapa e são: a) não conheça; b) não afirme seu eu; c) não seja pertinente. Cada um destes Mandatos básicos estará reforçado por Mandatos gregários.

a) *Não conheça*: este Mandato poderá inibi-lo total ou parcialmente para o conhecimento, porque está ligado aqui à proibição de refletir.

Há pessoas que acreditam conhecer mais os pensamentos e os valores do outro que os próprios. Tentam adivinhar as coisas que os outros podem fazer ou dizer, o que costuma gerar atitudes de desconfiança. São pessoas que tendem a interpretar o comportamento dos demais. Seus Mandatos gregários são: não conheça seus sentimentos, não conheça seus pensamentos, não conheça seus valores nem os do mundo: ao dizer mundo me refiro às coisas do meio.

b) *Não afirme seu eu*: vincula-se, nesta fase, às proibições para refletir (13 anos), expressar-se (14 anos) e construir projetos futuros (15-16 anos) e a outros Mandatos gregários que contribuem para reforçá-lo.

Não esteja bem consigo mesmo: refere-se a uma proibição para se cuidar, pensar ou sentir-se a si mesmo, isto é, não tem que se respeitar a si mesmo. Quem vive deste modo não pode estar de bem consigo mesmo e, não estando bem consigo mesmo, indubitavelmente não pode estar bem com os outros. Os pais provocam no filho a atitude de não estar bem consigo mesmo se não o respeitam naquilo que faz ou expressa, se o desdenham e desvalorizam. Essa desconformidade parental será depois sua própria desconformidade.

Não se conheça: pode incluir o próprio corpo e suas funções, além dos próprios pensamentos, sentimentos e valores. Muitas mulheres, por exemplo, por terem recebido uma educação sexual restritiva, têm um conhecimento distorcido do seu corpo.

Não seja humorístico: inibe o prazer das coisas e das conquistas, impedindo-o de desenvolver o otimismo, que é uma atitude muito valiosa e estimulante das realizações.

Não seja adquedamente autocrítico: conduzi-lo-á a uma crítica excessiva ou a evitar a mesma. Uma e outra forma o impedem de fazer uma experiência válida que o leve à aprendizagem. Se a crítica é exagerada, haverá uma distorção da realidade e talvez de suas verdadeiras possibilidades. Se, pelo contrário, a atitude é acrítica, não poderá reconhecer erros nem procurar emendá-los.

Não seja imaginativo: pode restringir-se ao projeto de vida ou generalizar-se, estendendo-se a todos os níveis. Significa anular a faculdade de imaginar. Isto inibe, é claro, toda a possibilidade criativa. Há pessoas que são eficazes no seu trabalho, mas precisam ser dirigidas, não podem programá-lo por si mesmas. Isso acontece por inibição do processo imaginativo na organização de trabalho. Portanto, um Mandato pode instaurar-se para um papel e depois estender-se a todos os outros papéis.

Não seja ético: é um Mandato que atua sobre a estrutura do Adulto Ético, entorpecendo o seu desenvolvimento. Deste modo, carecerá da capacidade para o conhecimento do estético, para a compreensão e a ação ética e para proteger e cuidar de forma adulta.

O aspecto ético permite a diferenciação da pessoa em relação à sua escala de valores. Quem não tem a capacidade de ser ético ou a Permissão para sê-lo não completará o desenvolvimento do estado adulto, que é importantíssimo porque representa a verdadeira personalidade do indivíduo.

c) *Não seja pertinente*: inibe parcial ou totalmente a capacidade de participar, de integrar-se participativamente ao mundo que o rodeia. Vem acompanhado de outros Mandatos gregários, que se interinfluenciam e que ajudam a reforçá-lo.

Não seja sociável: favorece o não seja solidário e não seja colaborador, não compartilhe.

Para que cada Mandato vá sendo cumprido precisa de uma ou mais Permissões negativas e cada Permissão negativa pode servir a um ou mais Mandatos.

Por exemplo, o Mandato "Não conheça", pode ser acompanhado das Permissões negativas para se ignorar, para ignorar o mundo e ser irreflexivo.

Um indivíduo pode aceitar ser ignorante se sente que, ao sê-lo, recebe atenção do meio familiar. Essa atenção, que representa um estímulo negativo, é um modo de ser levado em conta.

Seja solitário, é um convite a isolar-se do mundo e, ao se isolar, não tem que ser reflexivo, não tem que pensar em si mesmo. A conjugação de alguns Mandatos e Permissões negativos pode chegar ao bloqueio total da pessoa.

Sistema Positivo

Uma pessoa que tem Permissão para se conhecer, auto-afirmar e ser pertinente, será segura de si mesma. Se tem Permissão para conhecer será pensante, reflexiva, intelectual.

Uma pessoa com Permissão para afirmar seu eu será correta, ética, sóbria.

Uma pessoa que tem Permissão para ser pertinente integrará grupos, será sociável, participante, solidária.

Uma pessoa que tenha tido as Permissões necessárias para estes três aspectos, será curiosa, capaz de imaginar, reflexiva, emotiva (entenda-se, ʿsensível), expressiva, humorística, integrada na família, nos grupos.

Será correta, sociável, afetiva, sentimental, imaginativa, adequada.

Sistema Negativo

Um adolescente que tenha reforçado os Mandatos para Não conhecer, Não afirmar seu eu e Não ser pertinente, no futuro será inseguro, abúlico, apático, rígido, inescrupuloso, desinteressado por conhecer-se e conhecer o mundo. Será isolado e egoísta. Agirá por impulsos, irrefletidamente e, portanto, seu comportamento será inadequado às diversas situações.

Terá dificuldade para dialogar e discutir. Tenderá ao isolamento ou fará aproximações sem compromisso participativo.

QUADRO SINÓPTICO

IDADE 13 A 16 ANOS   • ATUAÇÃO E REAFIRMAÇÃO DE PERMIS-
SÕES E MANDATOS

EDE   • TODOS   • REFORÇAM-SE: P — AS — AE e AC

ED = I   • ALTERAÇÕES MORFOLÓGICAS E HORMONAIS

EI = M   *13 ANOS*:   MOTIVAÇÕES: CONHECIMENTO DE SI MESMO:
SER ELE MESMO (INDEPENDENTE); PENSA-
MENTO REFLEXIVO; ESTAR CONSIGO MESMO
   14 ANOS: • PERTENÇA
   • SER EXPRESSIVO
   • SER HUMORÍSTICO
   15 ANOS: • PERTINÊNCIA
   E   • SER IMAGINATIVO
   16 ANOS: • AUTOCRÍTICO

ATIVIDADE   • ESTUDOS COM ALTOS E BAIXOS
   • ESPORTIVA
   • ARTÍSTICA
   • INTELECTUAL
   • INTRODUZ-SE NA POLÍTICA
   • ATIVIDADE GRUPAL (AMIGOS — COMPANHEIROS)

V. EMOCIONAL   *13 ANOS*:   • ALEGRIA SEM MOTIVOS E POUCO
DURADOURA
   • TRISTEZA VIVIDA INTENSAMENTE
   • TACITURNO E MELANCÓLICO
   • SUSCETÍVEL (AMEAÇA AO EU)

   14 ANOS: • MAIS EXPANSIVO
   • EXTROVERTIDO
   • SOCIÁVEL
   • OTIMISTA
   • BOM HUMOR

   15 ANOS: • CONTROLA A RAIVA
   • DEFENDE-SE VERBALMENTE
   • DISCUTE COM OS ALUNOS, DESA-
FIA-OS
   • NECESSIDADE DE MOSTRAR-LHES
QUE SABEM MAIS
   • COSTUMAM SER SIMPÁTICOS E HU-
MORISTAS
   • SÃO FELIZES E ORGULHOSOS

   16 ANOS: • MAIS SERENOS
   • MAIS AUTOCRÍTICOS
   • SEU HUMOR É MAIS ESTRUTURADO
E COM DESDOBRAMENTOS
   • MAIS ESTÁVEIS

NECESSIDADES	13 ANOS:	• QUE RESPEITEM SEUS SILÊNCIOS, AUSÊNCIAS E REFLEXÕES
		• QUE O ORIENTEM PARA SE CONHECER A SI MESMO
		• QUE NÃO SE RIAM DE SUAS MUDANÇAS MORFOLÓGICAS
		• QUE COMPREENDAM AS SUAS INCONGRUÊNCIAS
	14 ANOS:	• QUE ACEITEM AS SUAS EXPRESSÕES
		• QUE PARTICIPEM DO SEU HUMOR
		• QUE RESPEITEM SEUS AMIGOS E COMPANHEIROS
		• QUE ACEITEM DIALOGAR COM ELES
		• QUE QUALIFIQUEM SEUS PENSAMENTOS
		• QUE VALORIZEM A SUA PRESENÇA NO GRUPO FAMILIAR
	15-16 ANOS:	• QUE SE INTERESSEM POR SEUS PROJETOS
		• QUE VALORIZEM E ORIENTEM SUA IMAGINAÇÃO
		• QUE O FAÇAM PARTICIPAR DA PROBLEMÁTICA FAMILIAR
		• QUE ORIENTEM A SUA AUTOCRÍTICA, EVITANDO REFORÇÁ-LA
		• QUE VALORIZEM A SUA CAPACIDADE INTELECTUAL
		• QUE ORIENTEM O SEU PROJETO DE VIDA, A ELABORAÇÃO DA SUA INDEPENDÊNCIA

INFORMAÇÃO • IDEATIVA — SIMBÓLICA

MEIO FAVORÁVEL

AFIRMAÇÃO E REAFIRMAÇÃO DE PERMISSÕES BÁSICAS PARA:

PERMISSÕES GREGÁRIAS

| • CONHECER | • SER REFLEXIVO DE SEUS | SENTIMENTOS PENSAMENTOS VALORES |
| | • DO MUNDO | SENTIMENTOS PENSAMENTOS VALORES |

• AFIRMAR O EU
- • SER REFLEXIVO
- • ESTAR BEM CONSIGO MESMO
- • SER EXPRESSIVO
- • SER HUMORÍSTICO
- • SER ADEQUADAMENTE AUTOCRÍTICO
- • SER IMAGINATIVO
- • SER ÉTICO

• PERTENCER E SER PERTINENTE	• INTEGRADO • SOCIÁVEL • SOLIDÁRIO • ÉTICO • COLABORADOR • COMPARTILHAR

MEIO DESFAVORÁVEL
AFIRMAÇÃO E REFORÇO DE
MANDATOS E PERMISSÕES NEGATIVOS

MANDATOS BÁSICOS	*MANDATOS GREGÁRIOS*	*PERMISSÕES NEGATIVAS*
• NÃO CONHEÇA	• DE V. SENTI-MENTOS E DO PENSA-MUNDO MENTOS VALORES • NÃO SEJA REFLE-XIVO	• IGNORE-SE • IGNORE O MUNDO • SEJA IRREFLEXIVO • SEJA IGNORANTE • SEJA APÁTICO • SEJA ISOLADO • SEJA TEMEROSO • SEJA SUPERFICIAL • SEJA MEDÍOCRE
• NÃO AFIRME O EU	• NÃO ESTEJA BEM COM V. MESMO • NÃO SE CONHEÇA • NÃO SEJA EXPRESSIVO • NÃO SEJA HUMORÍSTICO • NÃO SEJA ADÉQUADAMENTE AUTOCRÍTICO • NÃO SEJA IMAGINATIVO • NÃO SEJA ÉTICO	• SINTA-SE MAL • SEJA INEXPRESSIVO • SEJA MAL-HUMORADO • INIBA-SE MUITO • CERTIFIQUE-SE NADA • NÃO TENHA IMAGINAÇÃO • SEJA INCORRETO
• NÃO PERTENÇA NÃO SEJA PERTINENTE	• NÃO SEJA SOCIÁVEL SOLIDÁRIO ÉTICO COLABORADOR • NÃO SE INTEGRE FAMÍLIA À SUA/SEU GRUPO • NÃO COMPARTILHE	• ISOLE-SE • SEJA INCORRETO • SEJA EGOÍSTA

PERSONALIDADE	• FORTE DESENVOLVIMENTO DO SISTEMA NORMATIVO — A:S — C — e E

SISTEMA + SERÁ:

- CURIOSO
- PESQUISADOR
- REFLEXIVO
- EMOTIVO
- EXPRESSIVO
- HUMORÍSTICO
- INTEGRADO   FAMÍLIA GRUPOS
- CORRETO
- INDEPENDENTE
- COLABORADOR
- SOCIÁVEL
- AFETIVO
- SENTIMENTAL
- IMAGINATIVO
- ADEQUADO

SISTEMA — SERÁ:

- ABÚLICO
- APÁTICO
- RÍGIDO
- INESCRUPULOSO
- EGOÍSTA
- SOLITÁRIO
- INCORRETO
- DEPENDENTE
- INSOCIÁVEL
- DESAFETUOSO
- RETRAÍDO
- INADEQUADO
- IRREFLEXIVO

SÍNTESE DO DESENVOLVIMENTO MOTIVACIONAL

O fim último do desenvolvimento da pessoa é chegar à afirmação do eu. Quando o consegue é uma pessoa autônoma e pode aspirar à transcendência.

As motivações de conhecimento e de pertinência são motivações básicas que, em definitivo, levam à afirmação do eu. Quer dizer, contribuem para que o indivíduo possa atingir sua afirmação como pessoa.

Dizemos que um indivíduo afirmou o eu quando é capaz de reconhecer seus próprios sentimentos, pensamentos e valores e age coerentemente com esse reconhecimento.

Que significa reconhecer seus próprios sentimentos? Significa que uma pessoa sabe o que está sentindo nesse momento, sente-o por si mesmo e não tenta atribuí-lo a outros.

Acho isto bom ou mau, bonito ou feio, doente ou são, quer dizer, faço uma avaliação, são meus valores e não aceito as apreciações do outro se não concordo com elas.

Se reconheço que é isto que sinto, que penso, que avalio, tenho o eu afirmado. Este é o trabalho mais difícil do ser humano. Nos primeiros anos de vida a criança avalia através dos pais, quer dizer, são eles que dizem: isto é bom, isto é mau, isto é bonito ou feio. A única coisa que pode apreciar por si mesmo é aquilo de que gosta ou não. Por exemplo, a comida, especialmente quando está na fase oral, nos primeiros anos, em que há um predomínio do prazer pela boca. Todavia, também isso é relativo, porque há uma parte da energia diferenciada, ligada ao instinto de conservação, que faz com que, se tenha fome, goste e coma de tudo. Isto é, a fome elimina a seletividade. Quando não temos necessidade de comer somos seletivos, queremos comer aquilo de que gostamos, mas, se temos fome, a seletividade se perde e comemos tudo o que nos dão.

Quando ocorre uma perda de glicose no sangue, o instinto de conservação faz com que se sinta um mal-estar no estômago e, portanto, a criança se dirige para a comida ou pede que lha dêem, seja o que for. Quando está satisfeita já não come qualquer coisa. Mas, se depois de ter comido, de estar satisfeita, lhe oferecem chocolate, e ela gosta de chocolate, come-o apesar de já não ter fome. Quer dizer que, uma vez recuperado o nível de glucídios no sangue, o hipotálamo dá uma ordem de que já não necessita mais de alimento e a criança deixa de comer, mas não resiste diante de um chocolate. Ou seja, volta à fome seletiva.

Cada uma das motivações que precederam outras, fazem e facilitam o desenvolvimento e o surgimento das que se seguem. Quer dizer que as motivações de conhecimento, afirmação do eu, pertinência não surgem de per si, mas a partir de uma série de motivações anteriores que as ensejam. A motivação de conhecimento tem como precursoras as de esquadrinhar e de ter curiosidade.

Aos três meses, por exemplo, de acordo com a sua maturação neurológica, a única coisa que pode fazer é esquadrinhar. Entre os seis e os doze meses, a maturação neurológica lhe permite já ter curiosidade. Surge, então, internamente, uma necessidade de ser curiosa (sem a curiosidade não poderia jamais chegar ao conhecimento). Essa curiosidade não é um simples agregado à motivação que tinha anteriormente, mas sim o desenvolvimento dela. Significa que o esquadrinhar fica integrado com a curiosidade. Se estas motivações estiverem inibidas não chegará a desenvolver a motivação de conhecimento.

Os pais devem orientar a criança para que possa desenvolver suas motivações sem ter que passar por experiências negativas. Estabelecer limites úteis, proibindo experiências prematuras também é orientar, no tempo, o desenvolvimento motivacional. Quando uma criança tenta pôr os dedos numa tomada, tenta conhecer. Este conhecimento deverá ser diferido até o momento em que tenha capacidade para antecipar os riscos e se proteger. A orientação dos pais implica a facilitação das experiências adequadas em cada etapa da vida.

Os limites úteis correspondem ao Pai Crítico Positivo, de acordo com a Análise Transacional clássica e, de acordo com a Terapia Refocalizadora, ao Estado do Eu Normativo Positivo. Estes limites devem ser estabelecidos muito cedo, para que a criança se vá sensibilizando a eles e os possa ir aceitando em seu benefício.

A verbalização é uma nova motivação, que leva a favorecer o desenvolvimento da motivação do conhecimento. Permite perguntar a respeito das coisas, de sua razão de ser e permite, ao mesmo tempo, o desenvolvimento do pensamento abstrato, através da fantasia.

Antes de ter a capacidade de abstração, a criança pensa de forma concreta, quer dizer, pensa o que vê, representando-o com imagens, mas não pode fazer uma elaboração a respeito disso.

A motivação de conhecimento faz com que um indivíduo possa adquirir consciência de si e do outro, afirmando o eu.

A motivação de pertinência faz que o indivíduo desenvolva aquilo que Freud, num dado momento, chamava de instinto gregário, no sentido de que desenvolve a necessidade de ser pertinente num grupo social. Com efeito, dizia Sartre, o grupo social faz-lhe tomar consciência de que existe.

Portanto, em último caso, a pertinência e o conhecimento favorecem a afirmação do eu.

A presença se inicia por volta dos 12 meses, quando começa a ter êxitos, a se fazer notar, como dizendo: "Aqui estou."

É o primeiro esboço da *motivação psicossocial*, é o primeiro esboço quanto à *pertinência*. Antes maneja basicamente com a energia diferenciada, pois há um predomínio do instintivo, impõem-se as necessidades biológicas que despertam a atenção dos pais, os quais, com seus cuidados, fazem que ela sinta visceralmente a sua presença. A motivação de pertinência, que é uma destilação desse tipo de contato, por ser uma vivência que vai ocorrendo internamente, com a certeza de estar comprometido com o grupo, começa a se preparar nessa idade, embora ainda não surja. Começará aos 6 ou 7 anos, preparando o aparecimento da pertinência entre os 11 e os 12 anos.

Todas as motivações que vão surgindo nas diferentes fases da vida vão interagindo entre si. Assim como a energia diferenciada vai preparando o surgimento da energia indiferenciada, também os primeiros processos de aparecimento da energia indiferenciada vão preparando as outras motivações. O fato de esquadrinhar vai preparando o conhecimento do ambiente, do que a cerca, vai preparando a criança como indivíduo e o grupo para recebê-la. Mais adiante, vai ficando curiosa, começa a explorar e a experimentar, conectando-se desse modo com o meio, não só para conhecer, como para sentir a incorporação do que foi explorando, do que está experimentando, do que está tocando, e isso, por sua vez, prepara a afirmação do eu e do pertencer, porque já há uma interação mais ativa com o meio. O fato de se movimentar pelo quarto, porque engatinha, o fato de poder parar, lhe possibilita a vivência de estar no espaço com os objetos e com as pessoas formando uma situação. Deste modo vai tendo a vivência de estar situado. Ainda não se sente pertencer, mas está, pois que primeiro surge o estar. Está como presença, ainda não pertence, não pode pertencer, mas, a partir desta motivação de presença, vai interagir com os demais.

Finalmente, começa o diálogo mais ativo a partir de perguntas, preparando a motivação de pertença. Mas esta motivação de pertença ainda não pode instaurar-se, porque não há maturação neurológica que o permita.

A presença já é o prenúncio da motivação de pertença.

Faz notar essa presença de diversas maneiras: com palavras, com gracinhas, gritando, fazendo coisas com as quais os pais não concordam. Quando a criança percebe que não lhe estão prestando atenção, que não notam a sua presença, faz alguma coisa diferente para que reparem nela.

É a exigência da motivação de presença, antecessora da de pertença, utilizando para isso a motivação de conhecimento e a verbalização.

Por outras palavras, a motivação de conhecimento está aqui favorecendo a anunciação da motivação de pertença.

O desenvolvimento vai se tornando mais complexo com as novas aquisições. O maior conhecimento de seu próprio corpo será o prenúncio da concepção de seu próprio eu, não havendo eu, ainda, por estar em simbiose com a mãe. Nesta fase, a simbiose materna começa a entrar em crise, prenuncia-se a separação do bebê da mãe, portanto está a prenunciar-se o ser independente da criança.

Para se sentir independente, para ser um indivíduo, tem também que ser diferente dos outros e, para se sentir diferente dos outros, exige dos pais coisas diferentes das que são exigidas pelos irmãozinhos, ou mostra que sabe fazer mais coisas que eles. Por exemplo, corre, ajoelha-se etc. e pede que lhe prestem atenção. E quer uma atenção diferente da dispensada ao irmãozinho. Se atendida, ocorre, então, a motivação de afirmação do eu. Se todos são tratados da mesma forma, a afirmação do eu não ocorre.

A criança não tem consciência da crise da simbiose materna, nós é que interpretamos esta crise à medida que vão ocorrendo mudanças de conduta e transformações físicas.

A criança dos 18 aos 24 meses já perdeu o medo a rostos desconhecidos e começa a brincar junto com outras crianças. Começa a aceitar que outra pessoa lhe dê de comer, que não seja a mãe a lhe fazer tudo. Isto já é o prenúncio da crise da simbiose materna.

Nesta etapa brinca sem compartilhar a brincadeira, pois ainda não é um indivíduo, ainda vive sincreticamente.

Por volta *dos 2 ou 3 anos* já verbaliza muito bem, parece que está conversando, mas não está, uma vez que não ouve o que o outro diz, só percebe seus diálogos internos. É como se fosse uma comunicação por difusão.

Estes dois elementos interagem entre si: a possibilidade de brincar com os outros favorece a crise da simbiose materna, e esta, por sua vez, favorece a possibilidade de brincar com os outros. Ou seja, há interação entre as duas motivações: a de pertença e a de afirmação do eu. Ao mesmo tempo, quando quer conhecer o que é, o que corresponde à motivação do conhecimento, está favorecendo a afirmação do eu, porque está incorporando dentro de si novos elementos. Se quer conhecer o que é, é porque começa a separação entre o objeto e o eu, e, se separa o objeto do eu, já se sente diferente do objeto.

Não é por acaso que este tipo de motivação, como conhecer o que é a crise da simbiose materna, ocorra na mesma fase da brincadeira com outras crianças; visa a afirmar o eu em definitivo, numa etapa da vida em que o desenvolvimento o permite. Resumindo, em face do seu desenvolvimento, está preparada para brincar com outros, para ir se separando da mãe e ir afirmando sua individualidade por ser diferente.

A posse de objetos lhe dá o sentido de propriedade. Se tenho algo, sou diferente de quem não o tem e, além disso, se tenho algo é porque eu sou alguém. Isto não corresponde ao seu raciocínio, mas à afirmação do eu. Significa que é a motivação de afirmação do eu que se vai desenvolvendo, o que fará também através do negativismo.

O negativismo não é um capricho da criança. Essa não constância é justamente uma resposta à afirmação do eu, porque se se opõe ao outro é porque é diferente, é porque é ele mesmo.

Lamentavelmente, o negativismo, a posse do objeto, o ser diferente e a crise da simbiose, são os elementos mais combatidos pelos pais. A mãe, sentindo que o filho já não necessita tanto dela, tenta manter a simbiose e se sente mal, ou não lhe permite brincar com outras crianças. Pode cometer muitos erros, começando ali o prolongamento da simbiose, que se pode tornar patológica, pois não deixa a criança crescer como indivíduo.

Suponhamos que a criança tente segurar outra pelas mãos e lhe dizem: "Isso não se faz." Desta vez ela não pára, tenta novamente porque a motivação se lhe impõe. Sendo impedida nas vezes seguintes, já deixará de fazê-lo, já não brincará com outras crianças, não desenvolvendo a motivação de pertença social e, portanto, não se integrando aos grupos. Se não desenvolve a motivação de pertença, ser-lhe-á difícil desenvolver a afirmação do eu, porque não poderá fazer a diferenciação eu-você, portanto, não saberá bem quem é. Significa que inclusive a motivação de conhecimento não se desenvolverá adequadamente, porque todas as motivações vão se interinfluenciando.

Instala-se aqui o Mandato "Não se divirta com os outros", "Não brinque com os outros", "Não pertença", "Não sejas sociável" e como

Permissões negativas: "Seja solitário", "Seja retraído", "Fique só", "Aborreça-se."

Vários são os Mandatos e Permissões negativos que podem instalar-se nesta fase da vida, se não forem adequadamente acompanhadas, por não se compreender que isso não é um capricho, mas uma necessidade imposta pela própria maturação. Na natureza, quando o fruto está maduro, se não for colhido e comido, apodrece. Com as pessoas acontece o mesmo, se uma motivação está madura para se estruturar e não é favorecida, apodrece, transforma-se em Mandato e vai formar o Argumento negativo.

Os pais devem ensinar os filhos a participar. De que modo? Em primeiro lugar, compartilhando com eles, para ser o modelo que a criança vai incorporar cotidianamente. Ela não sabe o que é compartilhar, mas vê a conduta e a vai gravando. De modo que, quando o pai ou a mãe lhe ensinam alguma atitude de colaboração, de participação, ela aceita, porque é o que seus pais fazem.

As crianças aprendem muito mais pela observação do que pelo que se lhes diz. O que observam é concreto, o que lhes dizem é abstrato e isso elas ainda não entendem. Com o crescimento, continua o desenvolvimento das motivações, que se vão completando cada vez mais, porque o que antes era um o *que é*, em relação à motivação de conhecimento, passa agora a ser um *por que é*.

As perguntas que a criança faz a respeito de seus comportamentos emocionais, tais como: por que me assustei? por que chorei? são perguntas para ir estampando e classificando as vivências, fazendo que se transformem em emoções. Levam, basicamente, à afirmação do eu, ao conhecimento de si mesmo, da sua vida emocional.

Não perguntará *por quê*, se não lhe permitiram perguntar *o quê*. A resposta aos *por quê* é mais difícil e pode favorecer a proibição. Poderão instalar-se Mandatos como "Não pergunte", "Não seja curiosa", e o mais importante que é "Não pense".

Se não pensa, não poderá chegar à afirmação do eu, porque não poderá reconhecer seus próprios pensamentos.

Até esta fase, a criança está se sensibilizando e, se a partir dela os pais mudam, esses Mandatos podem ser evitados porque não se estruturarão. Mas se os pais, como sói acontecer, continuam coerentes com o que tinham sido até agora, de forma negativa, certamente a criança estruturará os mandatos para os quais tinha sido sensibilizado.

Portanto, se tomamos pais com crianças de 3 até 5 anos, é bem possível ainda evitar a estruturação de Mandatos, eliminando atitudes negativas que eles não conhecem como tais.

O reconhecimento dos próprios pensamentos, junto com os sentimentos, necessita de uma escala de valores. Vai adquirindo a escala de valores através das conversas com os adultos, isto é, a motivação de pertinências, em seu desenvolvimento, ajuda a ir incorporando essa escala. Em princípio, as crianças avaliam pela avaliação dos pais: o pai e a mãe dentro da cabeça é que lhe dizem o que é bom ou mau, o que presta e o que não presta, o que é bonito e o que é feio.

Depois, quando o Adulto Ético se vai desenvolvendo e questionando os aspectos da avaliação paterna, é que incorpora a sua própria escala de valores. Aquela avaliação, porém, é a precursora. Se não fizesse uma incorporação de valores paternos, não poderia incorporar nenhum, e, portanto, teríamos um psicopata.

O desenvolvimento das motivações de base para atingir a autonomia vai ocorrendo coerentemente, nesta fase, para poder interagir melhor entre si, cada uma delas, e, finalmente, chegar ao objetivo final, que é a afirmação do eu.

A separação gradual da simbiose faz com que possa perguntar, que possa conversar, porque é um indivíduo e já se sente como uma pessoa que se apresenta ao mundo.

O decidir por si mesma é a complementação do que anteriormente era o negativismo. Isto é, o negativismo, ao se desenvolver, faz surgir o decidir por si mesmo. A criança não diz: não, não quero: não, não vou. Agora diz: não quero pôr este vestido, quero aquele outro, aquele combina melhor. Aos 3 anos, já tem uma verbalização muito mais rica.

O decidir por si mesma o que vestir, brincar do que, o que fazer, implica em enfrentar os pais e, diante da oposição, pode tomar uma atitude vingativa.

Se tudo ocorre adequadamente, no final desta fase a criança já adquire o sentimento do eu, primeiro passo para a estruturação em seu Adulto do sentimento do eu. O sentimento do eu é a Criança do Adulto.

Por volta dos 3 anos, ocorre uma maturação neurológica muito importante, porque a mielinização dos filetes nervosos se completa.

Até este momento, a motivação de conhecimento estava dirigida ao espaço, ao meio, ao toque e à exploração dos objetos. Agora começa a tocar o corpo, os genitais. Simplesmente por curiosidade, para descobrir algo novo em si mesma. Porque essa motivação impulsiona-a a conhecer seu corpo, e isso vai levá-la depois a conhecer-se a si mesma, para afirmar o eu. Quer dizer, vai descobrindo partes novas do corpo. As crianças não tem consciência total do corpo, porque não é freqüente que lhes ensinem.

Os pais precisam saber que se as crianças nessa idade se apalpam, é normal, não o fazem para se masturbar, porque nem sabem disso. Além do mais, ainda não sentem prazer em tocar os genitais, o que só acontecerá aos 5 anos. Nesta idade não sentem prazer porque não há uma maturação genital e, portanto, a masturbação está na cabeça dos pais, não na cabeça das crianças. É preciso deixá-las, acompanhá-las e explicar-lhes quando se apalpam.

A afirmação do eu manifesta-se, também, com a necessidade de receber estímulos do ambiente, para se sentir uma pessoa importante através da aprovação.

Entre os 3 e 5 anos, tem uma aquisição motora importantíssima. Por volta dos 4 anos sabe pular corda, pular de um lado para outro, ajoelhar-se etc. Quando realiza estas proezas, espera o estímulo do reconhecimento. Esta é uma necessidade que surge na criança como uma exigência diante de suas conquistas. A atitude adequada por parte dos pais é a equanimidade: nem o excesso de estimulação, nem a desqualificação.

No final desta fase acontece, em relação à afirmação do eu, o começo da incorporação dos próprios valores, pois já começa a questionar os pais.

Anteriormente, usava o negativismo diante deles, depois seguiu-se a necessidade de decidir por si e logo mais a expressão de seus próprios valores, com o que começa o desenvolvimento do Adulto Ético, que contribui substancialmente para a afirmação do eu, pois completa o desenvolvimento do Adulto.

O Adulto Ético constitui-se mediante o questionamento dos valores do outro, para conformar os próprios. Esse questionamento é feito a partir do Adulto Científico, que não admite a norma moral nem a crença pela fé. O Adulto Científico questiona todos os valores do Pai, tanto positivos como negativos, o que lhe permite rever algum aspecto dos valores negativos do Pai. Essa avaliação negativa do Pai seria, por exemplo: não se deve ter relações sexuais pré-matrimoniais. Isso é negativo, pois, por natureza, há o direito de ter relações sexuais quando a maturação o permite, mesmo sem casamento.

A conclusão da revisão destes valores é que vai formando o Adulto Ético, constituindo assim a estrutura do Adulto completo.

Com a incorporação de seus valores há maior filtro para as mensagens paternas, portanto, reduz-se a incorporação de Mandatos. Não obstante, como o desenvolvimento do Adulto Ético é ainda precário, está sujeito a Mandatos relacionados e expressar-se. Os Mandatos gregários, instalados previamente, continuam atuando a nível inconsciente e podem favorecer o desenvolvimento dos Mandatos básicos correspondentes.

Com o começo do questionamento, a criança não só questiona os valores paternos interiorizados, mas também os valores externos. Fá-lo a partir do aparecimento de uma nova motivação, que é a de discutir. Essa necessidade de discutir está, indubitavelmente, a serviço da motivação de conhecimento, da afirmação do eu e da formação dos próprios valores.

A criança tem que ir formando sua escala de valores, entendendo as coisas, tem que afirmar seu conhecimento e afirmar o eu e, então, discute — discussão essa que muitas vezes é mal interpretada pelos pais, que não a entendem como uma necessidade, obrigando-a a calar--se: "Cale-se, que é que você sabe?". Estas palavras deveriam ser substituídas pela discussão, ensinando a criança a conversar e a analisar, orientando-a neste sentido para que não discuta por discutir. Daqui podem surgir os famosos "discordo", que são diferentes dos opositores. Estão em desacordo com tudo o que se diz com o único fim de discutir. Não vem como uma opinião formada contra a opinião do outro, simplesmente vem contestá-la e a sua discussão não contém nada de sólido; é pueril, porque está sendo feita por uma criança de 7 anos (não importa a idade real que tenha), pois a sustenta a partir de sua Criança, detida aos 7 anos por não ter sido orientada adequadamente.

Os pais têm que saber que as crianças entre 5 e 7 anos têm por natureza a necessidade de discutir e que discutir e conversar com elas é ensinar-lhes os fundamentos para aprender a raciocinar. Se a criança se opõe e critica o que os pais lhe dizem, é necessário conhecer as razões em que se apóia, portanto, é preciso convidá-la a explicitá-las.

Os adultos costumam ter dificuldades para aceitar que as crianças contradigam as suas colocações, porém, é adequado pensar na distância e no tempo que nos separa delas, o que costuma modificar as situações.

Aquilo que foi bom para a mãe pode ser mau para o filho. Para a mãe pode ter sido bom não ir dançar aos 14 ou 15 anos, porque no seu tempo assim estava socialmente estabelecido. Atualmente, ir dançar aos 14 ou 15 anos, com os colegas, em festas juvenis, é adequado, há proteção suficiente. O que foi uma norma positiva para a mãe poderia agora ser uma norma negativa para a filha. É preciso ter cuidado de não achar que, como pais, temos sempre razão na discussão com nossos filhos; convém antes analisar seus argumentos.

A criança quer ser diferente e preferida.

Quer ser a preferida dos pais e, para isso, procura ser agradável, obediente e mostrar que sabe muito. Os pais devem ter cuidado no reforço disto, porque pode registrar uma mensagem de "Seja o melhor".

A necessidade de discutir, de ser preferido e de ser importante também contribuem para a afirmação do eu, são motivações que surgem para afirmar o eu, para afirmar a pertença e preparar a pertinência.

Ser importante para os pais e ser preferido por eles vão criando o sentimento familiar. Dentro da família tem que sentir que todos os filhos são considerados igualmente, mas que são preferidos a outras crianças. Isso vai gerando o sentimento familiar.

Ter amigos prepara a motivação de pertença também para o que está fora. A motivação de pertença pode ser preparada para dentro e não para fora, como pode ser preparada para fora e não para dentro. Se se prepara apenas para dentro, ou não se deixa desenvolver para fora, quando for grande será uma pessoa que terá sua família, estará bem com a mulher e os filhos, mas não terá amigos, nem terá um contato fluido com o exterior. E, ao inverso, aqueles que não pertencem ao que está dentro e sim ao que está fora, serão bons amigos, bons companheiros no trabalho, serão sociáveis, mas terão dificuldades como esposos ou pais.

Ter amigos é muito importante e os pais devem estimular isso, fazendo convites e promovendo encontros com outras crianças. A prática de esportes também ajuda neste sentido.

No final desta fase, poderá ter alguma atividade esportiva, patinação, natação, o que esteja ao alcance de seu desenvolvimento. Não deve praticar esportes para os quais ainda não esteja preparado, pois seria um veículo de frustrações. É importante que possam desfrutar do que faz, mas sem competir. Se competir, rende menos do que é capaz.

Na fase dos 7 aos 10 anos, a personalidade vai se completando, embora sem o apoio da maturação cerebral, que prosseguirá até os 18 anos.

Com relação à motivação de conhecimento, vemos que não surgem coisas novas e sim aplicações de tudo o que havia antes, porque já formou os três aspectos do Adulto. Não surgem coisas novas, mas as anteriores continuam a desenvolver-se com a intervenção do Adulto Sentimental, Científico e Ético, que agora precisam de se expandir.

Começa o verdadeiro sentido da propriedade: cuidam das suas coisas e lhes custa muito desprenderem-se delas. Esta forma de reter seus pertences tem a ver com a afirmação do eu. Para afirmá-lo também aumenta o sentimento de independência, querem ter seus amiguinhos, querem fazer as coisas por sua conta, como uma forma de se afastar da dependência paterna.

E, finalmente, nesta altura da vida, adquirem algo muito importante, algo que já sabiam, mas que não era tão claro: o sentido de temporalidade. Entendem exatamente o que é hoje, ontem e amanhã. Entendem exatamente a relação entre presente, passado e futuro, o que também serve à afirmação do eu.

Nesta etapa gostam de conversar. A necessidade de discutir que tinham antes é substituída pelo diálogo. Quer dizer, houve um processo de maturação, o que antes era discussão é agora diálogo, se a orientação daquela necessidade de discutir foi feita adequadamente. Se não o foi, continuará discutindo e não adquirirá a capacidade de diálogo.

Há pessoas que quando falam parece que discutem. Não aprenderam a conversar, provavelmente, não tiveram o acompanhamento para que essa necessidade de discutir amadurecesse.

Sentir-se preferida e importante faz que a criança se sinta aceita e, ao sentir-se aceita, sente que pertence, com o que, finalmente, consegue o desenvolvimento da motivação de pertença, que favorecerá a de pertinência. A pertinência levará, finalmente, à integração na família e nos grupos.

Entre os 10 e 12 anos pode falar quase como um adulto, mas ainda não pode sentir-se adulto porque não tem experiência. Com relação à motivação de conhecimento, contudo, já tem uma visão conceptual das coisas. É capaz de entender, adequada e perfeitamente, as qualidades essenciais e gerais das coisas e dos fatos.

É um período difícil, porque a motivação de pertença existe, porém, não surge nenhum elemento novo para sua afirmação, embora algumas coisas que levem a essa afirmação, quando ocorrem adequadamente.

Nesta fase da vida, as meninas especialmente, são muito críticas. Às vezes, cruéis e depreciativas, sobretudo com as mães: "Que penteado feio você fez", "Quem você pensa que é?", "Ai, que vestido horrível você pôs!".

A escala de valores que foram formando na fase anterior, ensaiam-na lá fora. Esta avaliação para o exterior é feita de modo inadequado. São os primeiros atos críticos que podem fazer por si mesmos, com seus próprios valores, e é como se tivessem que vencer uma inibição interna para pô-los para fora — e a vencem mais facilmente com a compulsão do que com a adequação. O que dizem,

dizem com força e com acidez, para ter dominância sobre o outro, como se houvesse, subjacente, o medo de ainda não acreditar nas suas próprias apreciações. Trata-se, definitivamente, de uma atitude compensatória da insegurança interna.

A capacidade de síntese e a capacidade de compreensão conceptual lhe dão uma fantasia de adulto. É aqui que se sentem adultos, querem ser adultos.

Quando discutem com os pais, é como se acentuassem aquela motivação de discussão dos 5 aos 7 anos. Não obstante, tendem a procurar os pais, são atitudes ambivalentes, com momentos de discussão azeda e outros de diálogo cordial. Isso ocorre por terem ambas as possibilidades: a de discutir e a de dialogar, por causa das motivações que desenvolveram na fase anterior com relação à pertinência.

Todavia, muitas vezes desafiam os pais para provar-lhes o quanto sabem. Isto acentua-se na fase seguinte e ficam felizes se conseguem surpreendê-los em algum erro.

Muitos pais ficam irritados com a atitude e reforçam a discussão. Seria mais adequado que reconhecessem acertos dos filhos e a aprendizagem que toda essa situação representa para eles. Isso seria satisfazer a motivação de reconhecimento de forma adequada, porque o filho busca, através do desafio, que o pai o reconheça nos seus progressos no conhecimento. Quando o pai implica porque não pode aceitar que o filho saiba o que ele não sabe, quando enfrenta o filho, está inibindo o adequado desenvolvimento dessa motivação.

Esse tipo de diálogo, com o qual tenta provar o que sabe, demonstrar quanto sabe, quanto aprendeu, na realidade é a base, é o íntimo, é o essencial da motivação.

Isso contribui também para a motivação de pertinência, porque se ele pode dar algo ao pai, já está se sentindo pertencente a ele e, além disso, tem a fantasia de lhe ser útil, com o que satisfaz a fantasia de ser grande. Indubitavelmente, é preciso dar-lhe razão quando ele a tem, do contrário estar-se-ia favorecendo a fixação de conceitos equivocados. Se o pai acha que o conceito do filho está equivocado, deverá corrigi-lo afetiva e racionalmente, e não com atitude de crítica agressiva. Ensiná-lo e orientá-lo sem o diminuir. Pelo contrário, valorizando seu desejo de saber, de conhecer. Nesta idade costumam ter mais razão que os pais, especialmente se estes continuam agindo a nível de preconceitos, isto é, do que aprenderam quando eram pequenos.

Neste momento, os meios de comunicação, tais como a televisão, o cinema, o teatro, o rádio, permitem uma informação a que antes não se tinha acesso e que representa conhecimento que os mais velhos ignoram. Referir esses conhecimentos, especialmente aos seus pais, lhes permite sentirem-se importantes, conhecedores e, se são bem recebidos, além de contribuir para afirmar o eu deles, também afirmarão a pertença.

Temos que favorecer e aceitar que nossos filhos nos podem ensinar muitas coisas, sem falar que desde que nasceram nos foram ensinando, não intencionalmente. Todavia, ao seu lado aprendemos muitas coisas. Em primeiro lugar, aprendemos a ser pais, em segundo lugar aprendemos a amar de modo diferente como amávamos antes, não sabíamos como era amar um filho antes dele: sabíamos amar um pai, um marido, um amigo, um irmão, mas não um filho.

A partir das coisas básicas que nos ensinaram podemos, devemos e é bom aceitar que nos possam brindar com conhecimentos que ainda não temos. Não é tanto o que nos podem ensinar nos primeiros anos de vida quanto à parte intelectual, já que em geral retemos os conhecimentos da escola primária. Não obstante, esquecemos com certeza os detalhes e precisões que nosso filho tem de atualizados, porque os está estudando nesse momento. A aprendizagem satisfaz-lhe a necessidade de conhecimento e o faz sentir-se feliz. Cada vez que uma criança satisfaz uma motivação, seja qual for, sente-se feliz; cada vez que satisfazemos uma motivação nos sentimos felizes.

O ser humano, quando é feliz, sente a imperiosa necessidade de dividir a felicidade com as pessoas queridas, assim como se se sente triste tem imperiosa necessidade de compartilhar com elas.

A criança, diante da necessidade de dividir essa felicidade, quer comunicar aos pais o que aprendeu e é importante que receba deles uma reação adequada de interesse.

Uma atitude OK-Não OK de rejeição e desvalorização equivaleria a gravar uma mensagem de "Não me supere".

Mostrar-lhe interesse e ser honesto com relação ao que desconhecemos é transmitir-lhe um bom modelo. As crianças aprendem muito mais com o que vêm do que com o que ouvem. Aprendem muito mais com a conduta paterna do que com o que os pais dizem. Se a conduta e as palavras são coerentes, a aprendizagem é imensa.

Entre os 13 e os 16 anos, temos um período de atuação e reafirmação, ou retificação de Permissões e Mandatos.

É uma etapa de importantes transformações físicas, algumas ligadas a intensa revolução hormonal.

Estas transformações colocam-na diante de um corpo novo, diferente, que em muitos aspectos se torna rejeitante, e ao qual irá se adaptando lentamente.

As motivações que se impõem com mais força são do Conhecimento, da Afirmação do eu e da Pertinência. As três interagem, levando à consecução de sua afirmação como pessoa, para deste modo alcançar a autonomia que, em seguida, tornará possível a transcendência.

Nos quatro anos a que este período abrange, essas motivações e outras que coadjuvam a sua reafirmação irão se expressando de maneiras diferentes. Cada um desses anos caracteriza-se por traços singulares. Em síntese, poderíamos apontar como os de maior destaque: a) 13 anos: reflexão

b) 14 anos: expressão

c) 15-16 anos: projeção do futuro.

a) *Aos 13 anos* inicia-se um período de introversão por momentos de isolamento, que está a serviço do pensamento reflexivo. Começa uma análise e um questionamento que asseguram o conhecimento de si mesmo: seus sentimentos, pensamentos e valores e o conhecimento do mundo, o que lhe favorecerá uma adequada discriminação do próprio e do alheio. Este conhecer não só ampliará o campo de sua experiência mas também contribuirá para afirmar sua personalidade.

Durante este processo apresenta-se emocionalmente instável: breves momentos de alegria alternam com outros de intensa tristeza e melancolia. A insegurança torna-o altamente suscetível aos estímulos do meio, está como em estado de alerta diante de uma possível ameaça para o eu em vias de afirmação definitiva.

Este estado emocional repercute em suas atividades e em suas relações. Nos estudos, que é a atividade que exigiria maior organização, aqueles altos e baixos se refletem claramente. É mais propenso aos esportes, que lhe permitem uma boa descarga de energia, bem como a outras atividades sociais que o mantêm perto do grupo de pertença, que lhe serve de reforço e apoio para o eu.

Começa a esboçar uma maior preocupação pelo que o cerca: interessa-se pelas coisas do lar e também pelos assuntos da política. Percebemos como, nestes comportamentos, se vai insinuando a consolidação da motivação de pertinência.

Embora mantenha certa ambivalência na relação com os pais, aproxima-se deles, procurando o diálogo não sobre seus assuntos pessoais, mas sobre questões mais gerais que o preocupam.

É, então, muito importante que neles encontre um eco favorável de compreensão, respeito e orientação, que lhe permitam consolidar as Permissões para refletir (conhecer), estar bem consigo mesmo (afirmar o eu) e integrar-se participativamente nos grupos (pertinência). Esta atitude parental representa um modelo de aceitação e comunicação que lhe dará confiança e segurança para outras relações interpessoais.

b) *Aos 14 anos* ocorre uma reversão de seu comportamento. O isolamento e a introversão reflexiva são substituídos agora por uma conduta mais expansiva. Aquilo que antes guardava dentro de si procura agora comunicar. Este é um momento de expressividade e de humor. Contata com as diferentes situações manifestando uma veia humorística que é indicadora de otimismo vital, produto da maior segurança em si mesmo e no que o rodeia.

Antes, estivera numa fase de conhecimento reflexivo, de avaliação, mas agora, com algumas respostas básicas para aquelas especulações, vai à experiência cotidiana para corroborá-las na prática. Portanto, agora é mais ativo, passou do meditar para a ação.

Para consolidar estas aquisições, precisa que os pais aceitem e respeitem suas opiniões, valorizando-as num diálogo espontâneo e franco, onde seus pensamentos sejam considerados numa relação Adulto-Adulto que servirá para reafirmar sua confiança em si mesmo.

Necessita que compartilhem de seu humor, o que significa a aprovação de um estado de ânimo que será importantíssimo estímulo para suas realizações.

c) *15-16 anos.* Os 15 anos representam uma síntese dos anos anteriores. O tom emocional torna-se mais estável. Tem maior controle de suas reações e é mais sereno no mundo de expressar-se.

Neste período, entre os 15 e 16 anos, vão se decantando as apreciações de si e do que está à sua volta, permitindo-lhe planejar sua futura situação no mundo. Isto se refere à elaboração de um incipiente projeto de vida, que assoma como síntese de suas especulações e maiores possibilidades.

A preocupação vai se dirigindo agora para o modo de como se integrar e compatibilizar. Por esta razão, sua conduta evidencia cada vez mais os aspectos sociais. É mais colaborador e compartilha melhor, porque o desenvolvimento de sua própria escala de valores lhe imprime uma segurança em si mesmo que irá se reafirmar nessa integração.

Vemos pois como a motivação de afirmação do eu e de pertinência interagem para sua mútua consolidação. Para que esse processo se consolide com eficácia necessita, uma vez mais, do apoio parental no que se refere à atenção e orientação destas novas aquisições.

Se o apoio é dado adequadamente, instalará as Permissões facilitadoras para conhecer, afirmar o eu e ser pertinente, que se apresentarão de modo diferente ao longo de toda a vida. No futuro será um indivíduo adequado, emocionalmente estável, capaz de integrar-se eficazmente nos diferentes grupos.

Se, pelo contrário, as condições do meio forem hostis às suas necessidades, reafirma Mandatos inibitórios para seu desenvolvimento pessoal e social.